Claude Paradis

Thérèse Dion

Du même auteur

Un minou fait comme un rat, Leméac, 1982.

Croquenote, La Courte Échelle, 1984.

De Laval à Bangkok, Québec/Amérique, 1987.

Guy Lafleur. L'Ombre et la lumière, coédition Art Global/ Libre Expression, 1990.

Overtime, Viking, 1991.

Christophe Colomb. Naufrage sur les côtes du paradis, Québec/ Amérique, 1991.

Le Moulin Fleming, LaSalle et ministère des Affaires culturelles, 1991.

Québec-Québec, Art Global, 1992.

Inuit. Les Peuples du froid, Libre Expression, 1995.

Le Génie québécois. Histoire d'une conquête, Libre Expression et Ordre des ingénieurs du Québec, 1996.

Céline, Libre Expression, 1997.

Le Château, Art Global, 2001.

Les Coureurs des bois. La Saga des Indiens blancs, Libre Expression et Musée canadien des civilisations, 2003.

Un musée dans la ville. Une histoire du Musée des beaux-arts de Montréal, Libre Expression, à paraître en 2007.

Georges-Hébert Germain

Thérèse Dion

La vie est un beau voyage

Libre Expression
QUEBECOR MEDIA

Catalogage avant publication de Bibliothèque et Archives Canada

Germain, Georges-Hébert, 1944-

Thérèse Dion : la vie est un beau voyage

ISBN-13 : 978-2-7648-0297-7

ISBN-10 : 2-7648-0297-8

1. Dion, Thérèse, 1927- . 2. Dion, Céline - Famille. 3. Femmes –
Québec (Province) – Charlemagne – Biographies. 4. Charlemagne –
(Québec) – Biographies. I. Titre.

CT310.D56G47 2006   920.7209714'416   C2006-941879-9

Éditeur
ANDRÉ BASTIEN
Chargée de projet
ANNIE OUELLET
Maquette de la couverture
FRANCE LAFOND
Infographie et mise en pages
ÉDISCRIPT ENR.

L'éditeur a mis tout en œuvre pour rechercher les auteurs et propriétaires
des photographies paraissant dans cet ouvrage. En cas d'omission, il reste
néanmoins ouvert aux remarques des lecteurs attentifs.

Remerciements

Les Éditions Libre Expression reconnaissent l'aide financière du
gouvernement du Canada par l'entremise du Programme d'aide au
développement de l'industrie de l'édition (PADIÉ) pour ses activités
d'édition. Nous remercions le Conseil des Arts du Canada et la Société de
développement des entreprises culturelles du Québec (SODEC) du soutien
accordé à notre programme de publication. Gouvernement du Québec –
Programme de crédit d'impôt pour l'édition de livres – gestion SODEC.

Les Éditions Libre Expression
7, chemin Bates
Outremont (Québec) H2V 4V7
Téléphone : 514 849-5259

Distribution au Canada
Messageries ADP
2315, rue de la Province
Longueuil (Québec) J4G 1G4
Téléphone : 450 640-1234
Sans frais : 1 800 771-3022

Dépôt légal – Bibliothèque et Archives nationales du Québec, 2006

ISBN-10 : 2-7648-0297-8
ISBN-13 : 978-2-7648-0297-7

*Je remercie mes enfants
de m'avoir permis
de grandir avec eux
Maman*

Préface

Pour découvrir celle que tous appellent affectueusement « Maman Dion », il fallait lui consacrer davantage que des entrevues ou des émissions télévisées. Pour comprendre le vécu et la personnalité de cette femme tout aussi capable de rester dans l'ombre que de savoir se placer en avant juste au bon moment, la rédaction d'une biographie s'imposait. La voici enfin, rédigée par la main experte de Georges-Hébert Germain. Cela aura probablement représenté, pour lui, un passionnant défi que de tracer le portrait de cette femme incontestablement attachante et demeurée intègre, forte et authentique sur le chemin de gloire de sa fille Céline, dans sa capacité de ralliement et malgré les événements difficiles comme le départ ultime de son Adhémar. Dans une société en changement, dans une civilisation où la consommation est presque sacralisée, dans un monde qui glorifie l'immédiat et l'individualisme, Thérèse Tanguay-Dion contraste admirablement en offrant une image de pérennité, de valeurs familiales et traditionnelles, de conscience sociale, de foi et de partage. Inspirante, Maman Dion ? Bien sûr, et je peux en témoigner, car, au fil de nos rencontres, elle est devenue une amie que je tiens à

9

accompagner dans la joie comme dans la peine. Je la trouve inspirante dans sa jovialité quotidienne et sa simplicité empreinte de sérénité. Inspirante, aussi, par ses cheveux blancs, symbole de sagesse, par sa cuisine experte et son souci des jeunes qu'elle accompagne dans leurs études grâce à la Fondation Maman Dion. Et magnifiquement accomplie, dans l'établissement du premier gouvernement humain que représente la famille pour accueillir, conseiller, recommander, évaluer, transmettre, guider. Aimer.

Bonne lecture !

Lise Thibault
Lieutenant-gouverneure du Québec

Prologue

En juillet de l'an 2000, Thérèse Tanguay-Dion est revenue sur les lieux de son enfance qu'elle n'avait pratiquement pas vus depuis près de soixante ans, sauf une fois, une dizaine d'années plus tôt, quand elle était allée y faire un tour avec sa grande sœur Jeanne. Saint-Bernard-des-Lacs n'était déjà plus qu'un village fantôme que la rude forêt gaspésienne avait peu à peu envahi et dévoré. Pendant ce temps, Thérèse était devenue maman Dion, mère de quatorze enfants. Elle s'était beaucoup promenée d'un bout à l'autre de la planète, passant, avec une aisance remarquable, d'un monde à un autre, franchissant des frontières naturelles, culturelles et sociales, du fond des bois de la Gaspésie et de la Haute-Mauricie aux palaces parisiens, tokyoïtes et new-yorkais, du statut de ménagère effacée à celui de vedette de la télévision et de femme d'affaires connue du grand public québécois.

Et tout au long de ces années, partout où Thérèse Tanguay-Dion s'est rendue, elle a porté ce paysage avec elle, sans jamais en parler, ou si peu, sauf avec ses sœurs

11

Jeanne et Jacqueline quand, à l'occasion, elles se revoyaient, et avec Monique, bien sûr, Monique Pelletier, son amie d'enfance qui, ce jour-là, en juillet 2000, l'accompagnait. À ses enfants ou aux journalistes qui la rencontraient, elle disait seulement qu'elle avait eu une enfance heureuse et comblée, et que son père et sa mère étaient des gens admirables. On ne parle pas aux autres de ce qui est incroyable, de ce qui a été trop beau pour être resté vrai.

Elle a facilement retrouvé le ruisseau bordé d'iris et de salicaires. Elle est descendue, pieds nus, sur la rive du grand lac dont les eaux toujours fraîches étaient étrangement calmes, attentives et pensives, aurait-on dit, curieuses ; elle avait l'impression qu'on l'observait, que son enfance et tous ceux qui avaient peuplé son passé étaient là, étonnamment vivants et présents, qui regardaient, incrédules, Thérèse et Monique, devenues de vénérables dames, toutes deux maintes fois mères et grands-mères et arrière-grands-mères.

Près des vestiges du moulin à scie qu'avaient construit le père et les frères de Thérèse, une cane promenait ses petits. Et Thérèse croyait entendre les rires de son père et de ses frères, la voix de sa mère au loin qui l'appelait, qui les appelaient tous, « venez manger, le souper est prêt ». Sous les épinettes et les sapins, elle a repéré les fondations de la grande maison où la famille a vécu à partir de 1937, l'année de ses dix ans, quand le bon Dieu aimait encore le monde, jusqu'en 1943, l'année de la fin du bonheur, de l'insouciance et de l'enfance, l'année de toutes les désillusions, de tous les désastres. Elle n'a pas cherché plus loin. Partout autour, elle le savait, elle aurait trouvé, mêlés à la terre, mangés par la rouille et couverts de lichen, d'autres fondations, des outils, des haches et des râteaux sans manche, des murets de pierre, des ustensiles, tout ce qui, autrefois, avait fait leur vie et leur bonheur.

Les deux vieilles amies ont marché lentement, long-temps, silencieusement, sur le vieux chemin du rang 9, qui traversait autrefois leur village, leur monde ; encore carrossable, il est aujourd'hui bordé de chaque côté par une forêt opaque où le regard ne pénètre jamais plus qu'à une dizaine de mètres. En haut de la montée, elles savaient toutes les deux qu'elles se trouveraient devant la maison qu'habitait Monique quand elle était petite. Mais là-haut, il n'y avait plus rien, que la forêt encore, et beaucoup de soleil, un peu de vent. Et Monique a dit : « Fais-moi penser, quand on sera au refuge, de te montrer quelque chose. »

Elles sont revenues sur leurs pas, face au soleil couchant, pensant à ce qu'elles étaient devenues, à toutes ces femmes qu'elles avaient été depuis leur départ de ce beau pays, mères, ménagères, infirmières, économes, institutrices, bricoleuses, épouses, sœurs, consolatrices...

Elles ont soupé avec quelques-uns de leurs enfants au restaurant du refuge du mont Albert, au cœur des monts Chic-Chocs. Après le repas, Monique a sorti un petit paquet de son sac à main. En regardant son amie Thérèse, elle a placé au centre de la table une petite soucoupe en porcelaine blanche lisérée de fleurs de lys et de trèfles d'or.

Thérèse n'en croyait pas ses yeux.

« Tu l'as gardée ! Je peux pas croire ! Ça fait presque soixante-dix ans !

— Tu te souviens donc ?

— Je m'en rappelle comme si c'était hier. C'était ta fête, tes quatre ou cinq ans. Ma mère m'avait donné ce cadeau pour toi. C'est tout ce qui reste de mon service à thé de poupée.

— Tu m'avais apporté une pomme en sucre aussi.

— Une pomme glacée, je me souviens. Je me souviens de tout.

— Moi aussi. »

1

Le bonheur à Saint-Bernard-des-Lacs

Il faisait encore nuit quand Antoinette s'est levée. Elle a vu, par la fenêtre sans rideau qui donnait sur l'église toute proche, que la neige tombait à plein ciel, estompant la lueur de la lampe du sanctuaire.

La neige tant attendue ! On allait enfin pouvoir partir !

Elle s'est habillée en silence, elle a nourri le poêle une dernière fois et mis de l'eau à bouillir pour le thé. Puis elle est allée dans la chambre des garçons. Elle a poussé Valmont, tout doucement, pour ne pas réveiller Pit, et lui a chuchoté à l'oreille :

« Lève-toi, Valmont. Faut aller chercher Alexis. Et t'arrêteras demander au curé de venir nous bénir quand il aura dit sa messe. On part aujourd'hui. »

Elle était heureuse, inquiète. Elle aurait souhaité laisser dormir les enfants encore un moment. Et profiter de la quiétude de cette fin de nuit pour mijoter tranquillement sa journée, penser à tout ce qu'elle devait faire et à tout ce qu'elle allait laisser derrière elle, la mer qu'elle ne reverrait pas de sitôt, les religieuses du couvent parmi lesquelles elle avait de très chères amies, et plein de choses douces et rassurantes qu'on ne trouve que dans un vrai village. Elle voulait repasser dans sa tête le chemin de Saint-Bernard-des-Lacs qu'Achille, son mari, lui avait tant de fois décrit. Mais déjà, Thérèse était dans la cuisine et courait à la fenêtre, poussant des oh! et des ah! et criant: « La neige, la neige, on va partir, on va partir. » Antoinette était à la fois émerveillée et agacée par la vivacité et l'exubérance de sa fille. Cette enfant-là ne dormait jamais, elle parlait tout le temps, elle voulait toujours se mêler de tout, tout voir, goûter à tout…

« Combien de fois faudra que je te dise de pas te promener nu-pieds en plein hiver. Va t'habiller, Thérèse. Et réveille Jeanne. »

Mais Thérèse était trop excitée, trop heureuse. Elle sautillait dans la cuisine faisant voleter les pans de sa jaquette de flanellette. Elle allait enfin retrouver son père et ses frères, Henry et Lauréat, qu'elle aimait tant. Elle a dit à sa mère que le plus beau jour de sa vie venait de commencer.

« Tais-toi, tu vas réveiller les autres. Va te chausser, va t'habiller. »

Thérèse était souvent peinée des remontrances et des admonestations de sa mère. Elle aurait tant aimé qu'elle soit avec elle comme avec sa grande sœur Jeanne, qu'Antoinette ne disputait jamais, avec qui elle travaillait tout le jour. Le soir venu, quand les petits étaient couchés, elles parlaient pendant des heures, comme des amies. Elles avaient des fous rires et partageaient des secrets. Tout ce qu'Antoinette connaissait, elle le montrait à Jeanne. Elles faisaient tout ensemble, de la couture, des confitures, du ménage, de la lessive, toutes choses que Thérèse rêvait aussi de faire. Mais sa mère ne lui montrait jamais rien. Elle lui

disait toujours : « Non, touche pas, t'es encore trop petite. »
Thérèse aurait aimé plus que tout au monde être proche
de sa mère, parce que celle-ci savait accomplir tant de
choses, probablement même des miracles. Mais ce jour-là,
qui serait le plus beau de sa vie, rien ne pouvait la peiner,
pas même l'indifférence ou l'impatience de sa mère.

Le jour se levait quand Robert Barriault est arrivé. Il a
rangé la voiture tout contre la porte. Il a donné de
l'avoine au cheval et a attendu sur la galerie qu'Antoinette
lui fasse signe d'entrer. Peu après, Valmont est revenu
avec Alexis Pelletier et le curé. Antoinette leur a servi du
thé qu'ils ont bu en silence, debout dans la cuisine
étrangement vide. Au cours des jours précédents, Jeanne
et Antoinette avaient entassé dans le salon les quelques
meubles qu'on gardait, dont le plus précieux, le moulin à
coudre, que Barriault viendrait chercher plus tard,
demain ou après-demain, en même temps que les barils
de lard salé, de morue, de hareng et de turbot salés et les
seaux de mélasse, les canisses d'huile à lampe et les
poches de patates et d'oignons, de pois chiches, de farine,
tout ce qu'Antoinette avait commandé au magasin
général d'Olivier Roy.

Là-haut, dans la chambre des filles, Jeanne achevait de
langer et d'habiller Jacqueline et Annette qui pleurnichait, comme toujours. Elle est descendue, portant les
deux petites dans ses bras. Pit, qui s'était cassé une jambe
deux semaines plus tôt en descendant la grande côte en
traîneau, est arrivé en sautillant. Le ramancheux, qui était
passé le voir la veille au soir, avait dit que sa jambe devrait
être maintenue par des éclisses pendant une dizaine de
jours encore.

Jeanne a fait déjeuner les enfants. Et préparé le repas
qu'on prendrait en chemin : du pain, du fromage et du
jambon, des œufs durs.

« La neige durera pas, a laissé tomber Alexis Pelletier.
Il va faire beau finalement. » Au-delà du quai tout blanc

17

de neige, on voyait briller la mer, grise et calme, sous le ciel pâlissant contre lequel se détachaient les masses sombres de l'église et du couvent des sœurs.

« Qu'il fasse beau, ça me dérange pas, ajouta Robert Barriault, du moment que ça se met pas à fondre sur les hauteurs. Chargés comme on est, on passera jamais, si ça se met à dégeler. »

Avec l'aide de Valmont et du curé, il a arrimé sur la voiture les gros ballots de vêtements, de draps, de rideaux, formant un épais matelas dans lequel ils ont ménagé des sortes de caches et sur lequel ils ont étendu des couvertures de fourrure.

« On ira vous voir, a dit le curé à Antoinette.

— On ira vous rejoindre l'été prochain, en même temps que les Bergeron et les Vallée, a dit Alexis. Et il a rappelé à Antoinette que son mari Achille lui avait promis de faire préparer son bois pendant l'hiver par ses garçons.

— Je vas aller bâtir mon campe au printemps. »

Puis tous se sont mis à genoux, et le curé a béni la famille d'Achille Tanguay, sa femme et ses six plus jeunes enfants, et Robert Barriault, son homme engagé, et Alexis Pelletier, son meilleur ami, qui avait, comme lui, autour de quarante ans, une grosse famille, et le désir d'échapper à la misère qu'avait créée la Grande Crise dans tout le pays. Il a également béni Black, le cheval. Et il a dit à Antoinette :

« Achille et tes garçons sont bénis eux autres aussi. Tu leur diras. »

Barriault a porté Pit dans la voiture. Puis il a aidé Antoinette, qui avait Jacqueline dans les bras, et Jeanne portant Annette qui, pour une fois, ne pleurait pas. Il a tiré sur elles les couvertes, sous lesquelles Thérèse et Valmont se sont glissés. La neige avait cessé de tomber. Le ciel était maintenant tout bleu. Le pâle soleil sortait de la mer quand Barriault, debout sur son marchepied, a pris les cordeaux en main. Il a fait claquer sa langue, le cheval s'est cambré, et la voiture, doucement, sans bruit, a glissé sur la neige étincelante.

Robert Barriault était un grand homme de vingt-cinq ans environ, mince et droit, blond aux yeux bleus, aux dents très blanches, le visage hâlé par le soleil et le vent. Il ne parlait jamais beaucoup. Il adorait les enfants d'Achille et d'Antoinette, surtout Thérèse, parce qu'elle n'écoutait personne et qu'elle le faisait rire avec ses questions et ses réflexions.

On n'avait pas encore atteint la première montée qu'elle était sortie trois ou quatre fois de sous les couvertures, avait rampé à quatre pattes d'un bout à l'autre de la voiture, chatouillant son frère Valmont, faisant hurler Pit qui avait peur qu'elle touche sa jambe cassée ou qu'elle lui brise l'autre, Jeanne, parce qu'elle avait réveillé Annette, et sa mère qui craignait qu'elle tombe en bas de la voiture. Forcée de se tenir tranquille, elle s'était mise à faire des claquements de langue, comme Barriault, et s'amusait de la réaction du cheval.

« Elle va me rendre folle », disait Antoinette.

Finalement, Barriault a pris Thérèse et l'a assise entre ses jambes. Il a passé ses cordeaux de chaque côté d'elle, elle s'en est saisie et, pendant un long moment, ils ont conduit Black à quatre mains. Thérèse est restée bien tranquille pendant tout le restant du voyage, savourant le plus beau jour de sa vie et découvrant, émerveillée, le sauvage et rude paysage de la Haute-Gaspésie. Le chemin, étroit et cahoteux, s'enfonçait dans une dense forêt d'épinettes et de sapins dont les branches se délestaient au passage de la folle neige dont elles s'étaient chargées pendant la nuit.

Thérèse n'avait pas beaucoup vu son père et ses deux grands frères au cours des derniers mois. Ils étaient presque tout le temps là-haut, à Saint-Bernard-des-Lacs. Et quand l'un ou l'autre descendait à Sainte-Anne-des-Monts, ce qu'il racontait la ravissait au plus haut point.

À quatre, Achille, ses deux garçons et son homme engagé, ils avaient d'abord ouvert un chemin à partir du rang 4, où Achille avait passé son enfance et où habitait encore Alphonse, son grand frère, jusqu'au rang 9, qui se trouvait à plus de douze milles de la mer. Là-haut, ils avaient construit un campe en bois rond où la famille allait vivre ce premier hiver, et fait du désert tout autour pour qu'au printemps, Antoinette et Jeanne puissent avoir leur potager et semer un carré de patates. L'hiver précédent, Henry et Lauréat avaient scié, fendu et mis à sécher une trentaine de cordes de bois de chauffage. Pendant l'été, Henry était venu au village chercher une vache qu'il avait montée là-haut en la tirant au bout d'une longe, puis Barriault avait transporté des poules et un coq et de la moulée, et avait fait du foin pour nourrir les bêtes.

« Vous avez vu des ours, aussi ? demandait Thérèse.

— Souvent, répondait Barriault. Et des loups, beaucoup de loups, des pékans et des carcajous aussi, et parfois des loups-garous qui mangent les petites filles. »

Il savait fort bien, en disant cela, qu'il ne faisait pas peur à la gamine, mais qu'il l'excitait davantage. À cinq ans et demi, Thérèse Tanguay voulait toujours voir du jamais vu, rencontrer des loups-garous, aller au bout de tous les chemins.

Au milieu de l'après-midi, on y était justement, au bout du chemin, au bout du monde. À son commencement, en fait. Le commencement d'un nouveau monde, d'une nouvelle vie, aux tout premiers jours d'une colonie qui, au cours des années suivantes, deviendrait un vrai village, avec une église, une école, un dispensaire, un bureau de poste, une trentaine de maisons, des femmes, des enfants, beaucoup d'enfants, et des fêtes, des chicanes, de la musique et des amours… On était arrivés à Saint-Bernard-des-Lacs, le chef-d'œuvre d'Achille Tanguay, le père bien-aimé et admiré de la petite fille.

Achille Tanguay, dernier-né d'une famille de six garçons, est venu au monde en 1893, à Charlesbourg. Il avait quatre ans quand sa mère est morte. Son père s'est remarié et est allé s'établir dans le rang 4 de Sainte-Anne-des-Monts, à cinq kilomètres de la mer, pays montagneux, rêche, tout neuf. Il a commencé, très jeune, à travailler dans le bois, comme son père et ses oncles. Achille aimait bien la forêt, ses parfums sauvages, ses animaux et ses oiseaux. Et il connaissait tous les travaux de la forêt, la coupe, la drave, le sciage et le planage, la construction. Il aimait le monde aussi. Pas au point d'aller travailler dans les manufactures américaines et de vivre dans de grosses villes bruyantes et affairées comme avaient choisi de faire ses trois frères aînés, mais il adorait parler, discuter, rire. Chanter aussi, raconter des histoires, toutes sortes d'histoires, des vraies, des pas vraies, des grivoises, des épeurantes, des histoires de disparus et de revenants. Certaines, il les connaissait depuis toujours ; les autres, il les inventait.

En 1913, à l'âge de vingt ans, il a épousé Antoinette Sergerie, seize ans, une femme intelligente et vive, toute petite, mais très forte, timide, mais déterminée, têtue, accrochée aux valeurs que lui avaient transmises ses parents, résolument soumise à son mari. Au moment où elle est partie vivre avec lui et ses enfants à Saint-Bernard-des-Lacs, à l'automne de 1932, Antoinette avait trente-cinq ans, elle avait déjà eu onze enfants, dont trois morts en bas âge.

Achille et Antoinette possédaient de nombreux savoir-faire, comme tous les gens qui, à l'époque, vivaient de la terre, de la mer ou de la forêt. Pour élever une famille, il fallait en effet savoir tout faire : les vêtements, les outils, les meubles, se trouver à boire et à manger, soigner les enfants aussi et les animaux. Antoinette n'était restée à l'école que le temps d'apprendre à lire et à compter, mais elle n'avait jamais cessé, depuis sa courte enfance, d'apprendre des choses ou, comme elle disait, d'essayer des choses, en cuisine, en couture, en jardinage, en pharmacopée. En plus, elle n'hésitait jamais à aller chercher les connaissances dont elle avait besoin auprès des vieilles et des vieux du village.

Le jeune couple s'était d'abord établi à Amqui, petit village forestier de la vallée de la Matapédia. C'est là qu'étaient nés Henry et Lauréat que plus de deux ans séparaient, parce que, entre les deux, Antoinette avait perdu un enfant, à la suite d'une chute en se rendant à l'église faire ses Pâques. Peu de temps après, le feu a détruit la petite maison qu'ils habitaient et ils ont déménagé à Sainte-Anne-des-Monts, où Achille est devenu bedeau. Ils ont vécu dans une grande maison propriété de la fabrique et située entre l'église et le quai, sans doute les deux lieux les plus animés de toute la côte gaspésienne, depuis la baie de Cap-Chat jusqu'au cap du Gros Morne. Antoinette a vite développé de solides liens d'amitié avec les religieuses du couvent de Sainte-Anne-des-Monts. Les sœurs, à cette époque, avaient beaucoup de pouvoirs et possédaient de nombreux savoirs. Achille, lui, à cause de son métier et aussi par goût, voyait plein de gens. Le soir, la maison des Tanguay était presque toujours pleine de monde, des hommes surtout, dont le curé et le vicaire qui venaient régulièrement faire un tour, après souper. Puis Alexis Pelletier, Case, Roy, Bergeron, des hommes dans la trentaine qui parlaient politique, fumaient, riaient beaucoup et parfois s'engueulaient ferme.

Le Parti libéral de Louis-Alexandre Taschereau détenait le pouvoir à Québec depuis plus de vingt ans et semblait pour le moment inamovible. Comme Mackenzie King, cet autre libéral, solidement accroché au pouvoir fédéral. Certains, dont Achille, considéraient que Taschereau était un beau parleur et un petit faiseur, qu'il ne songeait qu'à enrichir les riches et ne connaissait rien à la vie des pêcheurs, des bûcherons, des vrais habitants de ce pays. Les uns soutenaient que les libéraux étaient très progressistes. Les autres, qu'ils l'étaient beaucoup trop. Et immanquablement, on se mettait à parler des femmes qui constituaient à l'époque un brûlant sujet de préoccupation pour tout politicien.

Quelques années auparavant, le gouvernement fédéral avait accordé le droit de vote aux femmes mariées à des soldats ou parentes de soldats en devoir ou mort à la guerre. Pour ne pas être en reste, Taschereau avait créé la Commission Dorion sur les droits civils des femmes. À Sainte-Anne-des-Monts, comme partout ailleurs au Québec, on déblatérait contre le Comité provincial pour le suffrage féminin, contre l'Alliance canadienne pour le vote des femmes au Québec, contre la Ligue de la jeunesse féminine qu'avait fondée Thérèse Casgrain, ligue qui refusait de s'adjoindre un aumônier. Là, forcément, le curé et le vicaire ne pouvaient faire autrement qu'être en total désaccord avec elle.

Antoinette ne se mêlait jamais à ces conversations. Elle laissait ses grands garçons, Henry et Lauréat, écouter ce que les hommes avaient à dire et parfois même intervenir. Mais elle envoyait Jeanne se coucher dès que la conversation devenait le moindrement sérieuse ou que fusait quelque histoire salace.

L'église qu'Achille avait la responsabilité d'entretenir était une énorme construction de pierre grise, dont l'austère façade faisait face à la mer et aux vents. Achille chauffait l'église et le presbytère, pelletait, peinturait, cirait les planchers, posait les fenêtres doubles, sonnait l'Angélus à six heures du matin, midi, six heures du soir. Tous les matins de la semaine, il servait la messe basse dont il connaissait par cœur les répons en latin, et il chantait aux grands-messes du dimanche, aux mariages, aux baptêmes, aux funérailles et aux vêpres, aux saluts du Saint Sacrement. Les gens aimaient bien l'entendre et disaient qu'il chantait mieux que le curé, ce qui amusait ce dernier qui n'avait pas beaucoup de talent dans ce domaine.

Peu de temps après qu'ils se furent établis à Sainte-Anne-des-Monts, Antoinette avait donné naissance à des jumelles, Jeanne et Malvina, celle-ci étant décédée avant d'avoir atteint l'âge de deux ans de la grippe espagnole. Valmont est né un an plus tard. Puis un premier Louis-Olivier mort à la naissance. Et un autre Louis-Olivier qui a survécu, même s'il a toujours été fragile et souffreteux, et qu'on n'a jamais appelé autrement que Pit.

Thérèse est arrivée le 20 mars 1927. Un dimanche, pendant la grand-messe. Jeanne, qui avait alors neuf ans, a couru chercher son père et le docteur à l'église. Thérèse était un gros bébé de plus de dix livres, presque autant que les deux jumelles et Pit réunis, qui pesaient chacun moins de quatre livres. Jeanne, l'unique grande sœur de Thérèse, avait été « un bébé facile », disait souvent Antoinette, une enfant docile et une jeune fille obéissante et serviable. Ce que, toujours selon Antoinette, ne serait vraisemblablement pas Thérèse.

Deux mois après sa naissance, les 20 et 21 mai 1927, un événement fascinant relégua le sujet des femmes au second plan et supplanta tout autre sujet des conversations tenues en soirée chez Achille Tanguay ou au presbytère. Un jeune Américain, Charles Lindbergh, avait franchi l'océan Atlantique à bord de son petit avion, le *Spirit of St. Louis*. Il était ainsi devenu l'homme le plus adulé de l'époque, un héros immense. Sa photo, publiée à la une de *L'Action catholique*, fut punaisée sur le mur de la maison des Tanguay, à côté de l'horloge. Elle n'y est pas restée longtemps.

Quelques semaines plus tard, par une nuit de grands vents, le feu s'est jeté sur Sainte-Anne-des-Monts, dont il a détruit plus de la moitié des habitations. Il courait déjà sur le toit de la maison où se trouvaient Antoinette et les enfants quand Achille, parti au secours de voisins sinistrés, est venu réveiller la maisonnée. Antoinette a eu juste le temps de s'emparer de Thérèse, qui dormait dans son berceau, et de sortir dans la nuit avec son mari et ses enfants. Quand le jour s'est levé, toutes les familles du voisinage, en pyjamas et en jaquettes, pelotonnées sur le quai ou sur la grève, contemplaient avec stupeur l'étendue des dégâts. On ne pouvait rien faire que regarder flamber les dernières maisons. L'église et le presbytère, seules constructions aux murs de pierre et aux toits de tôle du village, furent totalement épargnés, et on a crié, comme de raison, au miracle. De leur maison, les Tanguay n'ont pratiquement rien pu récupérer.

Achille aimait bien, plus tard, raconter cette tragique nuit à ses enfants. Il terminait immanquablement son récit en disant que tout ça, au fond, n'avait pas été bien grave. « On avait encore la santé. Et dans ce temps-là, le bon Dieu avait pas encore arrêté de nous aimer. »

Pendant plusieurs mois, les Tanguay ont vécu au couvent des sœurs. Puis Achille a loué un logement, rue Principale, au-dessus de la banque, où la famille est restée pendant deux ans et demi. C'est là que sont nées Annette et Jacqueline. Et que les temps durs ont commencé. Achille et bien d'autres, presque tout le monde en fait, se sont alors mis à penser que, cette fois, le bon Dieu avait vraiment cessé d'aimer le monde.

La crise économique qu'a provoquée le krach de la Bourse de New York, en octobre 1929, n'a pris que quelques semaines pour atteindre la Gaspésie. En novembre déjà, le taux de chômage était monté à 20 %. Il fut bientôt à 25 %, puis à 30 % et enfin à 50 %. Pendant ce temps, les commandes de bois d'œuvre et de pulpe tombaient presque à zéro, de sorte que beaucoup d'hommes ne sont pas retournés dans les chantiers après les fêtes, ou ils en sont revenus bien vite. Et sans le sou, les propriétaires des chantiers étant incapables de leur remettre leurs gages. Au printemps, les bateaux de pêche sont restés amarrés au quai de Sainte-Anne-des-Monts. Les gens n'avaient plus les moyens de payer la dîme au curé, ni de donner à la quête du dimanche. Bientôt, la fabrique, pratiquement ruinée, fut incapable de payer son bedeau. Il n'y avait nulle part où aller. Les trois frères aînés d'Achille écrivaient de temps en temps des États-Unis et, à les croire, les choses étaient encore pires là-bas qu'ici. Toutes les usines et les manufactures étaient fermées, et le gouvernement n'avait pas les moyens d'aider les gens.

Mais Achille et Antoinette semblaient stimulés par la misère. Avec ses grands garçons, Achille montait bûcher, ils ramassaient des coques et des bigorneaux, chassaient la perdrix, tendaient des collets à lièvre. Avec Jeanne, Antoinette ramassait des fraises, des framboises, des bleuets ; elles cousaient, tricotaient. De sorte qu'ils ont toujours réussi à nourrir convenablement leur famille. Et même à aider parfois quelques voisins moins débrouillards ou moins vaillants, ou, comme disait Achille qui abhorrait la médisance et plus encore la calomnie, « moins chanceux ».

La seule vraie grande richesse qu'avaient alors Achille et Antoinette, à part leurs huit enfants, était leurs savoir-faire. En tant que bedeau, Achille avait pu pratiquer tous les métiers ; la charpenterie et la menuiserie, la maçonnerie et la plomberie n'avaient pas de secrets pour lui. Antoinette savait tenir maison, faire un jardin, nourrir et habiller son monde. Ils avaient deux grands garçons forts, vaillants et très habiles eux aussi. Henry allait avoir seize ans quand avait éclaté la crise. Lauréat en avait déjà quatorze. Et Jeanne, à douze ans passés, pouvait aider Antoinette à tenir maison. Les Tanguay seraient fort capables de se débrouiller, même seuls, surtout seuls. En forme, Achille n'avait pas quarante ans, et n'avait pas froid aux yeux.

L'idée de demander une terre de concessions leur est donc venue naturellement. Le gouvernement devait juste leur allouer un lot et leur prêter de quoi acheter un cheval, un harnais, une voiture, quelques outils, un roulant de ferme, et de quoi payer pendant quelques mois un homme engagé.

Mais avant, Achille était monté avec ses garçons explorer les contreforts des moyennes montagnes adossées aux puissants monts Chic-Chocs, à une douzaine de milles derrière Sainte-Anne-des-Monts. Ils ont découvert une région très densément boisée, trouvé de l'eau en abondance, quelques très beaux lacs, des rivières peu profondes, mais très actives et très bien nourries. Il y avait du chevreuil et de l'orignal, de la perdrix, du lièvre, de la truite et du doré. De quoi vivre très bien, pourvu qu'on ait un peu de cœur au ventre.

Achille a alors entrepris les démarches auprès du gouvernement. Il avait toujours eu beaucoup de facilité pour ce genre de choses. Il parlait au curé, au député, même à l'évêque, lorsque celui-ci daignait venir à Sainte-Anne-des-Monts, avec respect, bien sûr, mais avec autant d'aisance que s'il se fut agi de ses voisins. C'était l'une des grandes qualités qu'on lui reconnaissait : Achille Tanguay savait parler et se faire comprendre de tout le monde. Écrire au gouvernement, au ministre de la Colonisation, décrire en quelques mots, à l'intention de hauts fonctionnaires, la situation intenable des populations côtières, présenter son projet de colonie, avec un échéancier, un budget, tout cela, qui rebutait à presque tout le monde autour de lui, constituait pour Achille un pur plaisir. Dans sa lettre, il a clairement expliqué qu'il n'avait pas l'intention d'aller se réfugier dans une colonie déjà ouverte et fonctionnelle ; il voulait partir de rien, fonder une colonie où d'autres viendraient ensuite s'installer. On ferait un vrai village au fond des bois, dans les hauteurs du rang 9 de Sainte-Anne-des-Monts, à douze milles de la mer.

Il ne put cependant convaincre ses amis de partir avec lui. En fait, ni Pelletier, ni Paradis, ni Bélanger, ni Vallée, ni tous les autres que son projet pourtant fascinait, n'avaient entrepris la moindre démarche auprès du ministère de la Colonisation. Personne, à part lui, n'avait en 1931 les moyens ou le courage de partir.

« On ira te rejoindre », disaient-ils.

Tout à son projet, Achille n'entretenait aucune inquiétude. Il a reçu son lot et son octroi. Il s'est acheté un bon cheval qui avait auparavant servi dans les chantiers. Il a engagé Robert, le frère d'Ernestine Barriault, une connaissance d'Antoinette. Puis il est parti fonder sa colonie.

L'endroit se résumait à bien peu de choses, à l'automne de 1932, quand Antoinette et les six plus jeunes sont arrivés sur les lieux où vivaient déjà Achille et ses deux plus vieux. Mais tout le monde dans la famille a gardé de ce moment un souvenir impérissable, heureux, qu'on allait se remémorer pendant des années.

Ce jour-là, Thérèse a retrouvé son père et ses frères qui lui avaient tant manqué. Barriault n'avait pas encore immobilisé la voiture qu'elle avait sauté dans les bras de Lauréat qui l'a roulée sur son épaule et l'a tenue longuement la tête en bas, en la faisant tournoyer. Et c'est ainsi que Thérèse a découvert le campe où ils passeraient l'hiver, le plus bel hiver de sa vie.

C'était une construction de bois rond au toit de bardeaux de cèdre taillés à la hache. L'entrée donnait au sud, où il y avait une porte aveugle et une petite fenêtre. Du côté du vent, un hangar à bois s'appuyait sur la maison que flanquait de l'autre côté une modeste étable où la vache, le cheval et les poules cohabiteraient pendant l'hiver. Un sentier bien dégagé menait à un gros ruisseau où on irait puiser l'eau.

Toute la famille est restée un instant dehors à admirer le paysage. Au grand étonnement de tous, Pit a enlevé ses éclisses et, malgré les cris de sa mère, s'est mis à marcher tout seul vers le campe en disant que sa jambe ne lui faisait plus mal.

Le campe ne comprenait qu'une seule pièce où tout le monde dormirait dans des lits superposés alignés contre le mur. Les hommes avaient rempli de feuilles sèches, de ramilles de cèdre et de sapin, et de fine écorce de bouleau effilochée les paillasses qu'Antoinette et Jeanne avaient cousues. Presque au milieu prenait place un petit poêle en fonte, ce qu'on appelait une truie. Dans un coin, derrière un rideau, la chambre des parents et des bébés Annette et Jacqueline.

Barriault est parti le lendemain matin, après avoir longuement expliqué à Thérèse où elle pourrait voir des loups-garous et comment agir avec eux. Puis l'hiver est venu pour de bon. Et avec lui, une profusion d'images et de sons qui rempliraient à jamais la vie de Thérèse Tanguay.

La nuit, sous la lourde couette de neige, on entendait le crépitement du feu dans le poêle, le tic-tac de l'horloge, le vent, inlassable, parfois lent, parfois follement agité, mais toujours là, comme les pleurnichages d'Annette, et tout à côté les remuements et les ébrouements du cheval qui, à l'occasion, se frottait contre le mur du campe où entrait, certaines nuits, la pâle lumière de la lune. Puis le coq chantait pour faire lever le jour. On se lavait à la main le samedi soir, chacun son tour, dans un grand bassin que Jeanne remplissait d'eau tiède. Pour l'éclairage, il y avait la lumière du jour et de la lampe à l'huile. Pour les besoins de nuit comme de jour, il y avait une cuvette derrière un rideau. Et, dans la chambre des parents, un pot de chambre.

Ensuite, le printemps est arrivé, un fou, avec ses trop vives lumières, ses gazouillis et ses cris assourdissants, ses couleurs, ses immenses oiseaux qui montaient de la mer. Et l'été, enfin, inoubliable, le plus bel été du monde, la rosée qui jetait ses perles dans l'herbe bleue, le vent encore qui, certains jours, se tenait caché dans les bois épiant les enfants tout occupés à leurs jeux. Puis le soir tombait doucement, avec ses éclairs et ses ciels chamarrés. Jour après jour, c'était un émerveillement total. En tout cas, tel en est le souvenir resté dans la mémoire de Thérèse Tanguay.

Au printemps suivant, Achille et ses garçons ont construit un autre campe, plus grand, avec une petite galerie où, les beaux soirs d'été, on pouvait se bercer et voir le soleil se coucher. Les trois chambres, séparées par des cloisons, une pour les parents, une pour les filles et une pour les garçons, avaient chacune une fenêtre. Dans la salle de séjour qui donnait sur le chemin, on préparait et on prenait les repas et, dans l'après-midi, Jeanne montrait à Pit et à Thérèse comment lire et compter. Sans papier, sans crayon. Elle traçait les lettres et les chiffres avec un caillou dur et pointu sur une plaque de calcaire ou d'ardoise qu'elle essuyait ensuite. Si le temps le permettait, elle faisait l'école dehors ; on écrivait dans la terre, le sable ou la neige. Thérèse adorait étudier avec Jeanne, qu'elle trouvait plus patiente et plus souple que sa mère et qui semblait prendre plaisir à lui enseigner toutes sortes de choses et à lui communiquer des secrets.

Peu après qu'ils furent entrés dans le grand campe, Achille a conduit sa femme à Sainte-Anne-des-Monts et l'a installée chez Alexis Pelletier. Antoinette allait avoir un autre bébé. Pendant son absence, Jeanne, treize ans, tiendrait maison toute seule, ferait les repas et la lessive, cuirait le pain, raccommoderait et entretiendrait le jardin qui n'était pas encore bien grand, mais exigeait tout de même des soins constants. Or, Antoinette s'était trompée dans ses calculs. Le bébé qu'elle attendait début d'août n'est arrivé que le 3 septembre. La petite Jeanne a donc été maîtresse de maison pendant plus de deux mois.

Thérèse s'était alors beaucoup ennuyée de sa mère. Mais, en même temps, elle avait vécu un véritable bonheur. Parce qu'elle se sentait enfin utile. Jeanne, qui seule ne fournissait pas à la tâche, avait en effet besoin de son aide. C'est ainsi que Thérèse, au cours de l'été de ses six ans, s'est beaucoup rapprochée de sa grande sœur, qu'elle a eu accès pour la première fois de sa vie à la machine à coudre de sa mère qui la fascinait tant. Il y eut ce jour inoubliable où les deux sœurs ont défait un vieux pantalon que Lauréat avait usé et en ont fait un pour Valmont.

Quand Antoinette est rentrée, à la mi-septembre, elle avait un tout nouveau bébé dans les bras, Noël, qu'on appellera presque toujours Petit ou Bébé. L'arrivée d'un poupon a été une grande source de joie pour Thérèse. Et de frustration. Elle ne pouvait le prendre dans ses bras et le cajoler un peu que lorsqu'elle était assise, et seulement pendant quelques minutes.

« T'es trop petite, disait Antoinette. Laisse faire Jeanne. »

Et Thérèse regardait Jeanne donner le bain au bébé, Jeanne, toujours si douce, qu'elle admirait presque autant que sa mère. Elle savait tant de choses, elle aussi. Thérèse aurait tellement voulu lui ressembler pour que sa mère lui fasse confiance, qu'elle parle et rie avec elle, qu'elle la considère comme une amie, elle aussi, une complice. Un jour, peut-être, quand elle serait plus grande, quand elle saurait être sage, comme Jeanne. Elle cesserait de courir nu-pieds jusqu'au ruisseau ou à travers champs quand elle portait de l'eau à son père et à ses frères.

Mais Thérèse ne savait pas être sage. Elle cherchait toujours à faire rire les autres. Elle voulait toujours prendre des risques, enjamber clôtures et fossés, monter à cheval, sauter en bas des rochers. Elle rentrait à la maison les genoux écorchés, les pieds couverts de boue, des teignes accrochées au bas de sa robe. En attendant qu'elle s'assagisse, elle s'amusait avec Lauréat qui avait toujours mille jeux à lui proposer. Il la promenait sur ses épaules, sur son dos. Lauréat pouvait faire toutes les folies qui lui passaient par la tête. Sa mère ne le disputait jamais. Pour Antoinette, une femme ne devait jamais gronder ou contredire un homme, même son propre fils. En plus, Lauréat la faisait rire, comme il faisait rire et charmait tout le monde. Lauréat racontait des histoires aussi, remplies de fées et de princesses, mais aussi des histoires de peur, de monstres, de loups-garous, de démons. À l'occasion, Thérèse en était sûre, il en inventait. Et c'était ce qu'elle aimait le plus.

Henry, le grand frère admiré qui confectionnait encore plus de choses que son père, n'était pas si enjoué. Mais il était un héros, fort, habile, mystérieux, et un grand artiste aussi. Il partait parfois des jours entiers, seul, en forêt. Il revenait avec des bêtes et des oiseaux qu'il avait tués et qu'il éviscérait lui-même. Il donnait la viande à cuire et gardait la peau, les plumes, les os, les griffes, avec lesquels il créait toutes sortes de choses. Il savait fabriquer ses raquettes, courber le bois, tailler sa babiche dans du cuir de veau ou de chevreuil qu'il avait dépilé et mis à sécher. Il avait construit une cathédrale miniature en fines lattes de cèdre qu'il avait lui-même découpées. C'est lui qui, le plus souvent, descendait faire les courses à Sainte-Anne-des-Monts, à dos de cheval, à pied, en raquette, selon les saisons et l'état du chemin.

Un jour, un chien errant l'a suivi depuis le rang 4 jusqu'à la maison et n'a jamais voulu repartir. On l'a appelé Duc. Henry lui ayant fait un harnais de cuir, il l'attelait à une voiturette et, en hiver, à un traîneau qu'il avait également fabriqué. Ensemble, ils allaient chercher de l'eau au ruisseau et même, plus tard, faire les commissions à Sainte-Anne-des-Monts. Duc était un bon gardien et un remarquable chasseur. Sous son règne, jamais oiseau, siffleux ou mouffette ne s'est approché du jardin.

Quand il descendait à la ville, Henry partait avant l'aube et ne rentrait qu'à la nuit tombante, ou parfois le lendemain, parcourant vingt kilomètres à l'aller et au retour sur de méchants chemins de bois. Il voyait le vaste monde. Lorsqu'il rentrait, Thérèse voulait qu'il lui raconte tout ce qu'il avait vu, entendu, dans les bois, dans la grande ville au bord de la mer, dont elle n'avait plus que de vagues souvenirs. De temps en temps, Henry la prenait sur ses genoux pour lui conter son voyage. Mais il n'inventait rien, lui. Jamais de démons, de fées, même pas de loups-garous.

Un jour, il est revenu avec une bombarde, une mince lame de métal qu'on tient entre ses dents et qu'on fait vibrer avec le pouce, la bouche servant de caisse de résonance. Il la prêtait à Thérèse qui en jouait pendant des heures, même si elle se pinçait les joues et se cognait les dents.

Puis, un jour de mai, comme le soir tombait, l'air s'est rempli d'une musique, mais pas celle des goélands. Elle était plus coulante et plus résonnante, très gaie. C'était Henry qui rentrait de Sainte-Anne où il s'était acheté un harmonica. Après le souper, il a fait danser les enfants. Le lendemain, dès son départ aux champs avec son père, Thérèse s'est emparée de l'harmonica.

En un rien de temps, elle a retrouvé les airs qu'avait joués son frère et d'autres que connaissait son père, des chants religieux ou même des chansons grivoises qu'il chantait quand il recevait ses amis... Quand elle jouait, Thérèse regardait sa mère. C'était beaucoup pour elle qu'elle jouait. Parce qu'elle aurait aimé qu'elle l'admire. Mais sa mère était occupée avec le bébé, ou en train de préparer les repas, de coudre, de désherber le jardin, ou en grande conversation avec Jeanne ou avec Achille, dans le cercle des grands auquel Thérèse n'avait toujours pas accès. Son père, lui, s'arrêtait parfois de parler pour lui dire qu'elle jouait bien.

Achille Tanguay était un homme heureux. Il était content de la vie qu'il menait ; voir grandir sa famille et se développer la petite colonie qu'il avait créée était pour lui une grande joie. En 1935, plusieurs familles sont venues s'établir dans le rang 9, chacune occupant un lot concédé par le ministère de la Colonisation. Achille avait aidé chacun des nouveaux arrivants à choisir ce lot. « Il te faut du terrain planche, du bois dur et du bois mou, de l'eau courante, et du cœur au ventre », disait-il à chacun. Auprès de tous, il faisait figure d'autorité, de maître d'œuvre.

Le grand campe des Tanguay est vite devenu le lieu de rendez-vous de la petite colonie. C'est chez eux que le curé qui montait chaque mois de Sainte-Anne-des-Monts, sauf au plus fort de l'hiver, venait confesser tout le monde. Et c'est là qu'il a célébré la première messe à Saint-Bernard-des-Lacs.

Achille organisait de temps à autre des parties de cartes, dame de pique ou 31 le plus souvent, auxquelles il conviait tous les hommes de plus de seize ans. On ne jouait pas à l'argent, mais aux pommes, des petites pommes très sucrées dont il distribuait un certain nombre à chaque joueur. Ainsi, ceux qui ne gagnaient pas ne perdaient rien. Ceux qui gagnaient rapportaient chez eux de quoi cuisiner une tarte ou de la compote. Il y avait parfois un peu de whisky, toujours beaucoup de tabac. À la fin de la soirée, on discutait des besoins de la petite colonie : un prêtre, une institutrice, une garde-malade, ce qui voulait dire une chapelle, un presbytère, une école, un dispensaire, un chemin carrossable... Achille se chargerait d'acheminer les demandes à l'évêché et aux ministères de l'Éducation, de la Colonisation, de la Voirie.

Parfois aussi, le whisky aidant, la soirée tournait à la fête, et les hommes chantaient des chansons qui faisaient fâcher Antoinette. Elle disait tout le temps qu'elle ne voulait pas que les enfants entendent ça. Surtout pas quand Achille déformait les paroles d'un cantique religieux pour le transformer en chanson grivoise de son cru.

« Saint-Esprit, descendez en nous/Embrasez notre cœur… » devenait « Saint-Esprit, descendez chez moi/Et prenez une chaise/Embrassez pas l'Antoinette/Même si elle vous fait des yeux doux ».

Antoinette lui faisait alors les gros yeux.

Thérèse, elle, avait une folle envie de prendre la musique à bouche d'Henry, d'accompagner les hommes dans leurs chansons et de taper du pied comme eux. Mais elle savait trop bien que ce n'était pas la place d'une petite fille de sept ans, ni même d'une fille de dix ans ou de dix-huit ans. Sa mère lui avait assez dit et répété que les femmes n'avaient pas leur place dans les conversations et dans les jeux des hommes. Elle devait donc se taire, se contenter d'écouter.

À l'été de 1935, Henriette, la fille aînée d'Alexis Pelletier, était nommée institutrice à Saint-Bernard-des-Lacs. On a vite construit une école. Puis un presbytère où est venu habiter un jeune curé, Charles Allard, très autoritaire, mais très proche des jeunes, trop peut-être au goût de certains parents. Il reluquait les jeunes filles avec un évident et bien compréhensible appétit. Achille répétait à ses filles qu'un prêtre, en dehors de ses fonctions religieuses, était un homme comme les autres, et qu'il ne fallait jamais le laisser s'approcher de trop près, surtout, ne jamais rester seules avec lui…

« Quand il dit la messe, le prêtre est le représentant de Dieu sur Terre, affirmait-il. Hors de l'église, c'est un homme comme un autre. » Pour Thérèse, comme pour toutes les filles et toutes les femmes, les hommes représentaient un danger, mais aussi le pouvoir. Et quoi qu'ils fassent et quoi qu'ils disent, on se devait de les respecter. C'étaient eux qui prenaient toutes les décisions, qui ouvraient les chemins, bâtissaient les maisons, les granges, qui pourvoyaient aux besoins de tous.

Chaque été, Achille et ses garçons travaillaient pendant quelques semaines pour le ministère de la Voirie, élargissant le chemin qui montait depuis Sainte-Anne-des-Monts, creusant des fossés, posant des ponceaux et des caillebotis. Bientôt, le chemin fut carrossable. On pouvait descendre à Sainte-Anne en voiture à cheval en moins de deux heures. Alors, Henry commença à penser à s'acheter une automobile.

Les Tanguay avaient une bonne longueur d'avance sur tous les autres colons. Ils s'étaient établis il y a longtemps, plus de deux ans, avant tous les autres. Pendant que les nouveaux arrivants étaient encore occupés, souvent seuls, à faire du désert et à monter leur campe, les Tanguay avaient déjà des champs défrichés, épierrés, drainés, fumés, engraissés et cultivés. Henry et Lauréat avaient obtenu leurs lots du gouvernement. Ils allaient se marier un jour et se bâtir une vraie maison en planches et non en bois rond. Antoinette aussi en voulait une vraie avec un balcon, des lucarnes, un garde-manger froid, un salon pour recevoir, de grandes fenêtres et des moustiquaires.

Au fur et à mesure qu'affluaient les colons, la demande en planches et madriers augmentait. Achille et ses garçons ont installé un moulin à scie fonctionnant à vapeur au bord du lac situé sur le lot d'Henry, juste en face de celui d'Achille, qui avait d'abord baptisé ce lac le lac Rond, mais que tout le monde avait par la suite pris l'habitude d'appeler le lac Tanguay. Quand les autres colons sont arrivés, ils ont tous apporté leurs billots au moulin d'Achille, qui leur fabriquait des planches et des madriers. Ce moulin à scie a fait, pendant plusieurs années, la prospérité de la famille. À cette période-là, il y avait toujours, à Saint-Bernard-des-Lacs, quelques maisons en construction, des granges, des remises, des étables, des hangars. Et ça sentait partout le bois frais, le mortier, le ciment, la terre, le neuf.

Certaines années, en plus d'Henry, Lauréat, Valmont et Pit, une dizaine d'hommes engagés travaillaient au moulin, lieu brutal et bruyant où les femmes n'avaient pas leur place, mais qui fascinait néanmoins Thérèse, qui s'y rendait presque tous les jours porter à boire et à manger à ses frères et qui demeurait dans les parages à observer les travaux.

Elle aurait voulu rester avec eux et travailler comme eux avec ce gros jouet qu'était le moulin à scie. Les petites filles comme elle n'avaient jamais rien d'aussi intéressant à faire. À part peut-être aller à l'école. Elle y apprenait plein de choses. Mais surtout, elle y retrouvait d'autres filles de son âge. Henriette, la maîtresse d'école, avait trois petites sœurs, Mathilda, Cécile et Monique, laquelle était un peu plus âgée que Thérèse. Elles étaient toujours ensemble, chez l'une ou chez l'autre. Monique était une petite fille sage, toujours bien mise et tranquille, très obéissante. Elle était fascinée par Thérèse qui, contrairement à elle, avait toutes les audaces, n'avait peur de rien, courait souvent pieds nus à travers champs, savait conduire et monter le cheval, traire la vache, et qui, de surcroît, était bonne à l'école et savait jouer de la bombarde et de l'harmonica.

Un jour, Henry est rentré de Sainte-Anne avec un accordéon dans les bras. Thérèse a été bouleversée par tant de beauté, l'ivoire finement ouvragé, le chrome rutilant, les cuirs magnifiquement souples. Mais Henry ne voulait pas que sa petite sœur, qui en avait tout de suite manifesté le désir, touche à son instrument, trop lourd et trop fragile pour une gamine de huit ans. Thérèse dut se contenter de regarder jouer son grand frère.

Or, quelque temps plus tard, voyant la fascination de sa fille, Antoinette a pris sur elle de lui prêter l'accordéon d'Henry, à condition qu'elle en joue assise. Thérèse s'est installée sur une chaise droite, sa mère a posé l'instrument sur les genoux de sa fille et a ajusté le harnais à ses épaules. L'accordéon était très lourd, en effet, mais paraissait s'alléger au fur et à mesure que Thérèse le pressait et le faisait respirer.

Elle était doublement heureuse. Elle aurait l'immense plaisir de jouer de l'accordéon. Mais surtout, pour la première fois, une sorte de complicité semblait s'être établie entre elle et sa mère. Elle se disait que celle-ci, par son geste, admettait ou reconnaissait qu'elle avait du talent, qu'elle saurait tirer de beaux airs de l'accordéon d'Henry. Thérèse a donc pris l'habitude, pendant qu'Henry travaillait aux champs ou dans les bois, de jouer de l'accordéon.

Elle a vite retrouvé tous les airs qu'elle avait entendus, ceux que chantait son père, ceux que connaissait Henry. Il lui semblait qu'elle jouait pour sa mère. Elle voyait bien que celle-ci prenait plaisir à l'écouter. Et que Jeanne aussi aimait sa musique.

Mais ce qui devait arriver arriva, un jour frisquet et pluvieux de septembre. Antoinette et Jeanne étaient assises près de la fenêtre de la cuisine, occupées toutes les deux à des travaux d'aiguille, pendant que Thérèse jouait de l'accordéon. Elle avait par moments l'impression que l'instrument jouait tout seul, et trouvait que les sons qui en sortaient étaient plus beaux que jamais. Elle a jeté un regard dans la cuisine ; sa mère et Jeanne avaient posé leurs ouvrages et l'écoutaient. Sa mère lui a souri, mais, soudain, son sourire s'est cassé. Thérèse a entendu la porte de la cuisine s'ouvrir, il y a eu des pas, et Henry est venu se planter droit devant elle. Thérèse a cessé de jouer. Les larmes lui sont venues aux yeux. Elle savait bien qu'Henry ne la battrait pas. Il adorait sa petite sœur Thérèse et, chez les Tanguay, on ne frappait jamais personne. Mais elle a pensé qu'il allait lui enlever l'accordéon et qu'elle ne pourrait plus jamais en jouer. Elle voyait, derrière Henry, sa mère et Jeanne qui regardaient, inquiètes.

Henry s'est approché.

« Rejoue-moi ça, » a-t-il dit.

Thérèse était perdue. Henry a redemandé tout doucement :

« Joue-moi ce que tu jouais tantôt quand je suis entré. »

Thérèse s'est exécutée du mieux qu'elle pouvait.

Henry s'était mis à genoux tout près d'elle et observait ses petits doigts courir sur les touches.

« Sais-tu que c'est très beau, ce que tu joues là ? Qui t'a montré ça ?

— J'ai trouvé ça par hasard, en répétant des airs. »

Elle avait encore envie de pleurer. De joie. Pour la première fois de sa vie, on lui disait que ce qu'elle faisait était très beau. Et loin de lui arracher l'accordéon des bras, Henry voulait maintenant qu'elle en joue, encore et encore. Mieux : il lui demandait de lui enseigner comment elle y arrivait. Pour la première fois de sa vie, Thérèse allait montrer à quelqu'un à faire quelque chose de beau. Et pas à n'importe qui, à son grand frère Henry qui connaissait tant de choses, qu'elle admirait tant.

Ils ont pris l'habitude, après souper, de jouer ensemble, l'un à l'harmonica, l'autre à l'accordéon. Valmont, parfois, les accompagnait à la bombarde. Et certains soirs, Achille chantait avec eux. Antoinette, elle, ne chantait pas et ne faisait pas de musique, ni Jeanne ni Lauréat. De temps en temps, quand elle travaillait, il lui arrivait de chantonner ou de siffloter, pour elle-même, de petits airs qui ne ressemblaient à rien d'autre, qu'elle paraissait inventer au fur et à mesure. Elle avait de l'oreille, mais n'aimait pas qu'on l'entende chanter. Elle aimait cependant faire rire et se moquer. « Si tu vaux pas une risée, disait-elle, tu vaux pas grand-chose. »

Pour le neuvième anniversaire de sa petite sœur Monique, le 3 mai 1935, Henriette Pelletier, la maîtresse d'école, lui avait offert une poupée de chiffon qu'elle avait fait venir par catalogue de chez Simpson Sears, la première poupée « achetée » de Saint-Bernard-des-Lacs. Un an plus tard, pour marquer le dixième anniversaire de Monique, madame Pelletier avait organisé une petite fête à laquelle elle avait invité les sœurs Tanguay, Jeanne et Thérèse, et quelques autres filles du voisinage.

Monique, elle, pour souligner le premier anniversaire de sa poupée, avait ressorti la soucoupe miniature en porcelaine ornée de fleurs de lys que lui avait donnée Thérèse pour son quatrième ou cinquième anniversaire, quand elles vivaient toutes les deux à Sainte-Anne-des-Monts.

« J'avais presque oublié, a dit Thérèse.

— Moi, je n'oublie jamais rien, a poursuivi Monique. Je ne perds jamais rien, moi. »

Elle savait fort bien que Thérèse avait perdu ou brisé toutes les autres pièces de son service à thé miniature. Thérèse ne faisait pas autant qu'elle attention aux choses. Pendant que les grandes prenaient le thé, les petites ont dorloté la poupée. Monique était inquiète chaque fois que son amie prenait le jouet dans ses bras. Elle trouvait que Thérèse ne prenait jamais soin de rien. Monique, même si elle jouait avec sa poupée tous les jours, depuis un an, avait su la garder en parfait état. Comme elle gardait en parfait état la soucoupe du service à thé de poupée que son amie Thérèse lui avait offert pour ses quatre ans. Et elle a promis :

« Je la garderai toujours. Quand on sera grandes, tu viendras me voir, et je l'aurai encore. Ma poupée aussi. »

*

Un soir, à table, Henry avait dit qu'il aimerait bien avoir un violon. Depuis, chaque fois qu'il descendait à

Sainte-Anne-des-Monts, Thérèse attendait son retour le cœur battant. Un de ses frères allait un jour lui rapporter une mandoline. Il y eut une vieille guitare aussi. Et tous ces instruments, on les mettait d'abord dans les mains de Thérèse, qui savait d'instinct comment les accorder et en tirer de la musique. Personne d'autre dans la famille, pas même Henry, trop occupé par ses amours avec Alphonsine Kenny, une fille de Sainte-Anne-des-Monts, et par le moulin et son lot qu'il avait commencé à défricher, n'était capable de les faire chanter aussi bien qu'elle.

Puis un jour, la musique est entrée pour de bon dans la vie de Thérèse Tanguay. Elle venait d'avoir neuf ans, c'était un soir de printemps infiniment doux. Elle était allée sur la route attendre le retour d'Henry. Dès qu'elle l'a aperçu, elle a su, au soin qu'il mettait à porter son sac, qu'il y avait dedans quelque chose de très précieux. Lui, en la voyant, n'a pu s'empêcher de rire, parce qu'il savait le grand plaisir qu'il allait procurer à sa petite sœur chérie.

Pendant un long moment, elle n'a pas osé y toucher. Elle laissait Henry en jouer, fascinée par la diversité et la qualité des sonorités qu'on pouvait tirer de ces quatre cordes. Elle avait eu beaucoup de bonheur avec tous les instruments dont elle avait joué, mais avec le violon, elle allait découvrir une grande liberté. Henry connaissait plusieurs reels qu'il lui a montrés, *Le Reel de Sainte-Anne*, évidemment, *Le Reel de Pointe-au-Pic*, *Le Reel du Pendu*, *de l'Aurore*, *du Caribou*, *des Lilas*. Et des valses. Le bonheur !

En 1937, cinq ans presque jour pour jour après être arrivés à Saint-Bernard-des-Lacs, les Tanguay sont entrés dans la grande maison qu'Achille avait construite avec ses garçons, une vraie maison, avec un toit à pignon, des lucarnes, des planchers de pin vernis, de grandes fenêtres à guillotine. Les chambres des enfants se trouvaient à l'étage. Jeanne et Thérèse dans l'une ; les garçons,

41

Valmont et Pit, dans l'autre. Annette et Jacqueline, encore toutes petites, dormaient dans le passage, leurs petits lits rangés de chaque côté de la grille d'aération par où, en hiver, montait le bon air chaud que le tuyau du poêle faisait courir sur toute la longueur de la cuisine. La chambre des parents était en bas. Et Antoinette avait enfin son garde-manger froid du côté du nordet.

Quand on sortait de la maison par la porte d'en avant et qu'on marchait un peu sur le chemin, le regard se butait, d'un côté, à la formidable masse des Chic-Chocs, dont les plus hauts sommets gardaient de la neige jusqu'en juin, et, de l'autre côté, il était porté vers le nord jusqu'à l'horizon par l'immense forêt de conifères.

Les Tanguay coupaient leur bois, produisaient leur laine, leur pain, leurs légumes, leur sirop d'érable, leur jambon fumé, leur lard salé, le tissu et le cuir de presque tous leurs vêtements, ainsi que leurs meubles. Antoinette et Jeanne cardaient, filaient et teignaient la laine des moutons de Lauréat, qui s'était construit sur une hauteur. Le jardin s'était agrandi année après année. Antoinette réussissait à faire pousser des choses étonnantes, même du céleri. Puis il y eut des fleurs, des pavots surtout, des pieds-d'alouette, des iris, des pivoines, les fleurs que préférait Thérèse… Un printemps, Achille et Henry ont semé dans le lac Tanguay des alevins de truites qu'ils se sont interdit de pêcher avant quatre ou cinq ans, le temps qu'ils jugeaient nécessaire à une bonne acclimatation.

Trois ou quatre fois pendant la belle saison, Antoinette se rendait à Sainte-Anne-des-Monts acheter du fil, des cahiers d'école et des crayons pour les enfants, des pots pour ses conserves, et prendre livraison de ce qu'elle avait commandé par catalogue. Elle passait au couvent d'où elle ramenait des plants de fraisiers, des semences, des graines de pavot, de la soie. Et des prospectus, des catalogues et des patrons, des modèles en papier d'après lesquels elle taillait les vêtements des enfants, des manuels, de petits ouvrages didactiques sur les teintures, les conserves, le soin des cheveux. Elle adorait faire des expériences. Elle avait tenté sans succès de fabriquer un vin de framboises ; le vin avait fermenté au point de faire éclater la bouteille. Elle eut plus de chance avec une petite baie qu'on appelait la chasse-pareille. Elle allait en cueillir avec ses filles et obtenait un vin bleu foncé, presque noir, très doux.

Chaque printemps, avant le dégel, Achille et ses deux garçons sciaient de gros blocs de glace sur le lac. Ils les plaçaient dans un trou naturel, une sorte de caverne située sur le lot d'Henry, et ils les recouvraient d'une bonne couche de bran de scie du moulin. On avait ainsi de la glace jusqu'à la fin de l'automne.

Un jour, Antoinette est rentrée de Sainte-Anne avec un moule à crème glacée.

« Thérèse, va chercher tes amies. »

Monique, Rolande, Mathilda sont venues, et même Henriette, qui venait de se marier. Et pour la première fois de leur vie, en plein été, les filles ont mangé de la crème glacée que Jeanne et Antoinette avaient préparée dans ce moule, avec de la glace et du gros sel. Quand les hommes sont rentrés des champs, Jeanne et Antoinette leur en ont aussi offert. Henry a prêté son violon à Thérèse. Il est allé chercher son accordéon. Et on a fait la fête.

Dans ce temps-là, qui était à Saint-Bernard-des-Lacs celui du bonheur, on fêtait souvent, surtout chez les Tanguay, dont la maison était le lieu de rendez-vous des jeunes du village.

Mais un soir de novembre, on fêta chez les Pelletier. Lauréat y est allé et a dansé toute la soirée. Ayant eu très chaud, il est sorti en chemise se rafraîchir et il a attrapé froid. Dans la nuit, il a commencé à tousser et à faire de la fièvre. Le lendemain, il délirait. Antoinette l'a installé dans la chambre du bas, où il était plus facile de le garder

43

au chaud. Deux jours après, il était si gravement malade qu'on a mandé le curé Allard pour qu'il lui administre l'extrême-onction. Achille et les enfants, à genoux dans la grande pièce, récitaient des prières. Quand il est sorti de la chambre, le prêtre a soulevé le rideau (la maison était toute neuve, il n'y avait pas encore de portes aux chambres). Et Thérèse a vu avec effroi qu'il avait tiré le drap sur la tête de Lauréat, comme on faisait aux morts.

Dès le départ du curé, Antoinette est retournée dans la chambre, a retiré le drap du visage de Lauréat et s'est mise à donner des ordres à tout le monde.

« Henry, va chercher cinquante livres de blé. Toi, Achille, découpe-moi un drap de flanellette en bandes de un pied. Jeanne, prépare le moulin à coudre. Valmont, nourris le poêle. Les autres, vous continuez de prier. »

Tout le monde a obéi en silence. Jeanne a cousu des sachets de drap qu'Achille et Henry remplissaient de blé et qu'ils plaçaient dans le four. Dès que les sacs étaient bien chauds, ils les portaient dans la chambre et Antoinette les plaçait autour du corps de Lauréat. Pendant tout ce temps, elle lui parlait, calmement, tout en continuant de donner des ordres aux autres.

« Achille, apporte-moi un linge mouillé d'eau fraîche, pas froide, fraîche. »

Elle essuyait le visage de Lauréat.

« Jeanne, couche les enfants. »

Toute la nuit, elle a tenu son garçon au chaud. Au matin, il a ouvert les yeux.

« Achille, apporte-moi de l'eau tiède sucrée. »

Jamais, dans toute sa vie, Antoinette n'avait donné autant d'ordres, ni à ses enfants ni surtout à son mari. Tout le monde lui avait obéi. Toute cette nuit et le jour d'après, elle a été la maîtresse absolue de la maisonnée, celle qui prenait toutes les décisions.

« Jeanne, fais manger les petits. Prépare les filles pour l'école. »

Une autorité irrésistible, forte, efficace.

Dans l'après-midi, quand elle a eu l'assurance que Lauréat était sauvé, Antoinette, épuisée, s'est endormie sur la chaise qu'elle avait placée près de lui. Achille l'a soulevée doucement et l'a portée dans son lit. Il faisait encore clair. Mais par respect pour leur mère qu'ils avaient vu réaliser de grandes choses, les enfants, même les tout-petits, Jacqueline et Noël, sont restés calmes et silencieux jusqu'à l'heure du coucher.

Thérèse a été dès lors en admiration absolue devant sa mère qui, selon elle, avait accompli un véritable miracle. Elle avait compris aussi, grâce à elle, qu'un miracle n'arrive jamais tout seul. Elle avait vu, de ses yeux vu, que c'était énormément d'ouvrage, que c'était très dur et très exigeant. Et fatigant.

Antoinette a passé le reste de l'hiver à soigner son garçon, à le dorloter. Un jour d'avril, comme elle rentrait de l'école avec Annette et Jacqueline, Thérèse a aperçu Lauréat, emmitouflé, qui prenait le soleil sur la galerie. Elle sut alors qu'elle resterait à jamais persuadée que sa mère avait ramené son frère du monde des morts.

Après la maladie de Lauréat, Achille a écrit à plusieurs reprises au gouvernement pour demander la présence d'une garde-malade dans la petite colonie. En vain. Il a eu beau promettre que les colons construiraient eux-mêmes un dispensaire, que le gouvernement n'aurait qu'à fournir l'équipement et les médicaments, on ne lui accordait rien. On lui répondit une année que les médicaments coûtaient cher. Une autre fois qu'on ne trouvait pas d'infirmière disponible. Ou qu'on allait considérer sa requête. Que l'an prochain, peut-être...

En attendant, Achille et Antoinette avaient commencé à amasser des fonds pour construire une église. Chaque fois qu'ils descendaient à Sainte-Anne, ils collectaient les dons des paroissiens, vaisselle, outils, vêtements, pots de confiture, barils de poisson fumé. De retour au village, ils organisaient un bazar et vendaient tous ces produits aux colons. Antoinette tricotait des foulards, des chandails, des ensembles pour bébé qu'elle faisait tirer. Thérèse et Annette allaient de porte en porte et vendaient des billets (5 cents) dans toutes les maisons du village.

À l'automne, Antoinette a ramené de chez les sœurs les textes de trois pièces de théâtre que les jeunes ont montées sous la direction de la maîtresse d'école, Henriette Pelletier, qui venait d'avoir un bébé. Les recettes serviraient aussi à la construction de l'église. Thérèse jouait dans les trois pièces. Dans l'une, elle interprétait Sophie, une jeune fille de la campagne qui partait pour la grande ville. Jeanne tenait le rôle de sa mère. Et Henry, celui du chef de gare. Dans la deuxième pièce, Thérèse jouait une bonne noire dans une famille riche. Elle portait un petit tablier rond impeccablement blanc. Le curé Allard lui avait couvert le visage et les mains de suie. Dans la dernière pièce, elle a joué au violon *Quand le soleil dit bonjour aux montagnes*. La scène fut, pour Thérèse, une délicieuse découverte, celle du contact troublant avec un public attentif qu'elle faisait crouler de rire avec ses répliques ou s'émouvoir d'un coup d'archet.

Mais elle allait bientôt perdre ce cher violon. Henry s'était marié. Il s'était construit une grande maison à deux étages (avec des planchers de bois franc, les premiers de Saint-Bernard-des-Lacs), avec trois chambres, parce qu'il espérait avoir au moins cinq enfants, même si sa femme Phonsine disait que deux ou trois seraient amplement suffisants pour faire son bonheur.

Henry est parti vivre sur son lot, en emportant son violon et son accordéon. Thérèse a vécu une sorte de deuil. Henry lui avait assuré qu'elle pouvait venir jouer chez lui, «tu feras le violon, je ferai l'accordéon», mais Phonsine ne semblait vraiment pas priser la présence de Thérèse, ni apprécier sa musique. Clairement, elle n'aimait pas que son Henry, qu'elle menait par le bout du nez, s'intéresse à autre chose qu'à sa personne. Qu'il joue du violon ou de l'accordéon pour elle, passe encore. Mais qu'il cherche des airs et répète des reels ou des valses avec sa sœur, ça ne pouvait lui plaire. Si bien que Thérèse, se sentant mal à l'aise en présence de Phonsine, jouait moins bien. Henry aussi.

Thérèse cessa donc d'aller chez son frère et se contenta de gratter sa vieille guitare, à l'occasion, ou de jouer avec l'accordéon que lui prêtait parfois Henry pendant quelques jours. Les temps devenaient lourds, tristes. Non seulement pour Thérèse, mais pour tout le village de Saint-Bernard-des-Lacs.

À la reprise des classes, Henriette Pelletier, la maîtresse d'école, avait une mauvaise toux qu'elle traînait, en fait, depuis le début de l'été. En octobre, sa petite sœur Mathilda entra au sanatorium de Mont-Joli, où Henriette la suivit un peu avant les fêtes. Elles souffraient toutes deux d'une maladie qui, à l'époque, faisait de terribles ravages dans tous les pays industrialisés : la tuberculose, qu'on appelait aussi la consomption, la phtisie ou la peste blanche. Et on nommait poitrinaires les personnes qui en étaient infectées.

Mathilda et Henriette sont revenues mourir l'une après l'autre à Saint-Bernard-des-Lacs. Le village était atterré. On avait toujours cru que la tuberculose frappait dans les grandes villes, où on chauffait les maisons au charbon et où l'air était, disait-on, insalubre et vicié. On ne pouvait comprendre comment et pourquoi le mal était entré en Haute-Gaspésie, où l'air et l'eau étaient si purs, et qu'il s'était attaqué à une jeune maman et à une fille de dix-huit ans.

C'est Antoinette qui a fait la toilette des deux filles Pelletier, mortes à quelques mois d'intervalle. Avec l'aide d'Achille, elle les a couchées dans les cercueils qu'il avait fabriqués en bois de pin rouge, et dont ils avaient tapissé l'intérieur de molleton et de satin, et tendu l'extérieur de crêpe noir.

Mathilda et Henriette ont été, l'une après l'autre, exposées dans le salon des Pelletier. Et tout le monde, même les enfants, devait aller les voir, s'agenouiller devant elles et prier pour le repos de leur âme. Thérèse était totalement épouvantée, comme jamais elle ne l'avait été de toute sa vie, pas même le jour où, partie cueillir des framboises avec Pit et Valmont, ils avaient dérangé un ours qui les avait observés pendant ce qui leur avait semblé un bon quart d'heure.

Elle n'avait pas peur de la mort, ni de la maladie, même si on disait que la tuberculose était dangereusement contagieuse. C'étaient les mortes qui lui faisaient peur, leur teint cireux, leurs lèvres et leurs yeux clos à jamais. Tout de suite, elle a été persuadée qu'elle garderait longtemps, peut-être toute sa vie, cette peur intolérable des morts. Même les animaux morts la terrorisaient. Quand, à l'automne, il y avait eu une tuerie de poules ou quand, quelques semaines plus tard, on avait fait boucherie, elle était restée enfermée dans sa chambre et s'était enfouie la tête sous son oreiller pour ne pas entendre les caquètements affolés de la volaille et les cris horribles de la truie qu'on égorgeait. Pit avait ri d'elle, ce qu'il n'osait pas souvent faire, parce qu'il la savait capable de lui river son clou, même si elle avait un an et demi de moins que lui et qu'elle aurait le dessus sur lui, tant avec des coups qu'avec des mots.

Elle avait parlé de ses peurs à son amie Monique, qui avait été franchement étonnée. Thérèse Tanguay n'avait jamais eu peur de rien, ni de personne. Si sa mère ne l'avait pas empêchée, elle aurait passé, comme ses frères, des jours entiers dans les bois, peut-être même des nuits…

Thérèse était quand même allée prier chez les Pelletier, à la mort de Mathilda, puis à la mort d'Henriette, mais elle avait évité de regarder les visages

des mortes, et leurs mains jointes qui tenaient un chapelet. Par la suite, pendant des jours, la nuit surtout, quand
elle était incapable de dormir, elle les imaginait couchées
dans la terre froide. Elle ne pouvait s'empêcher de leur
prêter des pouvoirs étranges, comme ceux des revenants
dans les histoires de peur qu'aimait raconter son père.

Le jour de ses onze ans, le 20 mars 1938, Thérèse a
reçu ce qu'elle allait longtemps considérer comme le plus
beau cadeau de toute sa vie : un violon que ses parents
avaient commandé par catalogue chez Eaton.

«Devine ce que c'est!» s'est exclamé son père qui
était allé chercher le colis dans la grande chambre du bas.

Thérèse se doutait bien du contenu de la boîte de
carton que lui tendait son père. Mais de peur de se tromper et d'être déçue, elle n'a pas osé le dire.

«Ouvre, c'est pour toi», a lancé Achille.

Alors, elle a su, au son de la voix de son père, à son
sourire.

«Mon violon! a-t-elle dit. C'est mon violon!»

En réalité, Achille et Antoinette s'étaient fait un
cadeau à eux-mêmes et à toute la famille. Depuis le départ
d'Henry et de son violon, tout le monde à la maison
s'était rendu compte à quel point la musique de Thérèse
remplissait leurs soirées, accompagnait leurs rêves,
rythmait leur vie.

Désormais, Thérèse pouvait faire de la musique tant
qu'elle le voulait. Même emmener son violon chez
Monique Pelletier, si elle le désirait. Celle-ci découvrait
alors une nouvelle Thérèse : elle jouait avec vigueur,
faisait chanter, crier, pleurer de joie son violon, mais elle
en prenait un soin maniaque, ce qu'elle n'avait jamais fait
pour rien au monde, pas même pour la poupée de
chiffon de son amie ; elle le couchait délicatement dans
son boîtier, où elle rangeait son archet, son arcanson et
un chiffon huilé.

Achille adorait voir sa fille jouer du violon. Antoinette aussi, même si elle lui reprochait souvent de jouer comme les garçons, en se déhanchant et en tapant du pied comme eux. Chaque fois que Thérèse se laissait emporter par la musique, chaque fois qu'elle avait cette enivrante impression que son violon s'était mis à jouer tout seul, sa mère lui faisait des remontrances. Thérèse, qui voulait toujours que sa mère l'aime et l'admire, essayait alors de jouer bien sagement, le corps droit, presque immobile, ses pieds se touchant presque. Mais la magie, alors, disparaissait.

Son père était plus compréhensif, plus patient. S'il avait quelque chose à reprocher à l'un ou l'autre de ses enfants, il cherchait toujours à discuter, plutôt qu'à le réprimander ou lui imposer des punitions sans appel, comme le faisait souvent Antoinette. Toutefois, ces confrontations étaient parfois plus pénibles que les interdictions les plus strictes ou les pénitences les plus sévères. Si, par exemple, Valmont, Pit ou Thérèse avaient fait un mauvais coup, il commençait par poser des questions : « Pourquoi t'as dit ça ? » ou « Pourquoi t'as fait ça ? » Il fallait alors s'expliquer, démontrer en quelque sorte qu'on avait dit une sottise ou fait une bêtise.

Thérèse adorait son père. Elle sentait qu'il l'aimait profondément et qu'il lui faisait confiance. Mais c'étaient l'attention et l'approbation de sa mère qu'elle cherchait sans cesse.

« Un jour, elle m'appréciera, se disait-elle, elle m'admirera, comme elle apprécie et aime Jeanne. Un jour, je serai comme Jeanne. Je saurai tout faire moi aussi. »

Elle allait voir sa mère pour lui demander comment confectionner des confitures aux fraises ou coudre un bas de robe ou n'importe quoi d'autre qu'elle l'avait vue expliquer à Jeanne. Immanquablement, Antoinette lui disait : « Va voir Jeanne, elle va te montrer. »

Ainsi, Thérèse ne parvenait jamais à entrer vraiment en contact avec sa mère, cette femme tant admirée, tant aimée et toujours crainte, infiniment respectée. Elle allait voir Jeanne. Et celle-ci lui livrait tous les secrets qu'elle connaissait.

« Viens, Thérèse, je vais te montrer à tricoter. »

Jeanne aimait transmettre ce qu'elle savait à Thérèse, sa petite sœur la plus âgée. Elle lui avait enseigné à lire, à écrire, à compter. Elle lui montrait maintenant à coudre, à tricoter, à préparer la pâte à pain, à faire des confitures aux fraises. Elle lui enseignait les choses de la vie.

Quand, un matin de décembre, Thérèse, onze ans, s'est réveillée avec un gros mal de ventre et qu'elle a trouvé du sang dans sa petite culotte, elle est allée voir Jeanne, qui lui a expliqué ce qui se passait, et qui lui a préparé une tisane au gingembre. Elle l'a prévenue que, chaque mois, ce serait ainsi, qu'elle était devenue une femme. Ce matin-là, quand Thérèse est descendue dans la cuisine, sa mère lui a dit qu'elle pouvait, si elle voulait, ne pas aller à l'école et rester toute la journée à la maison avec elle et Jeanne. Et les aider à préparer des tartes et des pâtés.

Quelques jours plus tard, peu après le jour de l'An, alors qu'elle jouait dehors avec Valmont, Pit et le chien Duc, Thérèse a été prise d'une quinte de toux. Elle a craché comme une fleur de sang sur la neige. Valmont est tout de suite allé prévenir Antoinette, qui n'a pu s'empêcher d'imaginer le pire, la tuberculose. Achille aussi craignait pour sa fille et il pestait contre le gouvernement à qui, depuis trois ou quatre ans, il demandait toujours en vain une garde-malade.

Or, le lendemain justement, il devait descendre à Sainte-Anne-des-Monts chercher Henry qui avait été opéré pour une appendicite. Il a donc emmené Thérèse avec lui. Le médecin qui l'a examinée, imaginant lui aussi le pire, a décidé de la garder quelque temps en observation.

Pour la première fois de sa vie, à presque douze ans, Thérèse Tanguay allait être séparée de sa famille pendant plusieurs jours, « peut-être plusieurs semaines, avait dit le médecin. On ne sait jamais». Thérèse était navrée. Mais personne, à l'hôpital, ne la verra pleurer. Même à la maison, quand elle avait de la peine ou qu'elle se blessait, elle ne pleurait que très rarement devant ses frères et ses sœurs, même devant sa mère. Celle-ci disait parfois, en parlant d'elle : «Cette enfant-là ne pleure jamais.» Thérèse ne parvenait pas à savoir s'il s'agissait d'un compliment ou d'un reproche.

Les premiers soirs, à l'hôpital, elle a étouffé ses sanglots sous son oreiller... Au cours des jours suivants, plusieurs médecins sont venus l'examiner et lui faire passer des tests. Ils étaient tous très gentils, mais ne semblaient pas trop savoir de quelle maladie elle souffrait. Ils lui ont annoncé un jour qu'elle n'avait pas la tuberculose, mais qu'elle était en train de développer un goitre... Puis, quelque temps plus tard, que ce n'était pas tout à fait un goitre, mais une amygdalite cryptique. Pendant trois mois, elle allait devoir rester à l'hôpital et porter jour et nuit un collier de caoutchouc rempli de glace.

La salle des femmes contenait une vingtaine de lits. Certains étaient occupés par des femmes âgées, mais beaucoup l'étaient par de jeunes mamans dont Thérèse s'est rapidement fait des amies. Elle parlait à toutes et chacune, leur apportait de l'eau ou des toasts et du thé qu'elle avait elle-même préparés dans la cuisinette attenante au dortoir. Et, ô bonheur, de temps en temps, les femmes qui venaient d'accoucher lui laissaient tenir leur nourrisson dans ses bras. Pour les divertir, Thérèse menait le diable dans le dortoir. Elle découvrait avec elles un monde tout nouveau; même la nourriture était différente, la manière de faire les lits et de dormir, les sons, la lumière électrique qu'elle n'avait jamais connue, tout était neuf, fascinant. Et ces femmes avaient aussi d'autres façons de penser, de vivre, de parler.

Et quoi que fasse ou dise Thérèse, jamais personne ne la rabrouait, pas même la sœur-surveillante qui, l'apercevant parfois en train de s'enfuir à quatre pattes sous les lits, semblait amusée par sa vivacité, son entrain, son intelligence et sa maturité. Thérèse connaissait alors les choses de la vie. Elle avait eu ses règles à quelques reprises, et son corps de femme avait commencé à prendre forme. Mais, étonnamment, tout cela fut interrompu pendant son séjour à l'hôpital.

Une jeune religieuse, sœur Hébert, une Française, l'avait également prise en amitié. Elle lui avait montré sa cellule. Thérèse s'était alors mise à rêver de vivre un jour dans un semblable lieu, propre, bien rangé, si paisible, si merveilleusement dépouillé : un lit étroit, un crucifix sur le mur, une table, deux chaises droites, un prie-Dieu, une bassine pour les ablutions, quelques livres pieux. Cet univers de paix et d'ordre la ravissait. Sœur Hébert lui a montré comment broder des nappes d'autel. Elle l'a emmenée avec elle à la chapelle de l'hôpital, où les sœurs pratiquaient leurs chants religieux. Thérèse, privée de son violon, se rendait chaque jour entendre chanter la chorale. Elle ne pouvait mêler sa voix à celles des sœurs, à cause de son mal de gorge, mais elle écoutait, charmée, éblouie par tant de beauté. La musique de l'harmonium, les voix aériennes, les figures de saints et de saintes peintes sur les murs et au plafond, tout ce monde de grandeur et de beauté semblait l'appeler. Sœur Hébert lui a dit un jour que si elle voulait devenir religieuse, il était déjà possible de commencer à préparer son trousseau, même si elle ne pouvait prendre le voile avant plusieurs années. Thérèse s'est mise alors à rêver d'une vie de prière, de dévouement, de chant…

Mais à la fin de mars, quand Achille et Antoinette sont venus chercher leur fille qui venait d'avoir douze ans, ils ont signifié aux bonnes sœurs qu'elle était encore trop jeune pour être donnée au bon Dieu. Thérèse a retrouvé alors avec bonheur ses frères et sœurs, son violon, ses montagnes, ses champs, son amie Monique. Dès son retour à

Saint-Bernard-des-Lacs, elle eut de nouveau ses menstruations. L'été venait. Ce serait encore très certainement le plus beau de sa vie.

Mais sa grande sœur Jeanne était en amour. Avec Wilfrid Martin, un jeune homme timide, doux, délicat, contrairement à son frère jumeau, Gérard, bâti comme un bœuf et avec du front tout le tour de la tête. Avant de constater que sa fille préférait Wilfrid à Gérard, Antoinette aurait bien aimé qu'elle sorte avec ce dernier. Pour elle, un homme devait être fort, dur, brutal même. Mais pour une fois, Jeanne, l'obéissante et douce Jeanne, avait fait à sa tête et agi selon son cœur. Elle fréquentait sérieusement Wilfrid qui, lorsqu'il n'était pas parti dans l'un ou l'autre des moulins à scie où il travaillait, venait veiller régulièrement chez les Tanguay.

Cet été-là, Henry et Lauréat avaient fabriqué une radio à cristaux de galène avec lequel ils réussissaient parfois, à travers des crépitements de toutes sortes, à entendre de la musique américaine, des *big bands*, du jitterbug, du boogie-woogie, toute musique qui semblait déplaire à Antoinette et ravissait Thérèse, créant entre elles de nouveaux conflits. On pouvait aussi, avec cette radio, prendre des nouvelles du monde. Alors, tous restaient un moment en silence, atterrés, pas sûrs d'avoir bien saisi, bien compris. Car les nouvelles n'étaient pas bonnes, et même, à la fin de cet été 1939, franchement mauvaises, terrifiantes.

Il était question d'une guerre terrible qui allait, disait-on, embraser le monde entier, une autre guerre mondiale. L'inquiétude grandissait, parce qu'on sentait que le danger était partout, inévitable et envahissant. On disait même que cette guerre serait la pire ayant jamais eu lieu sur Terre, que le monde entier serait à feu et à sang, qu'il y aurait peut-être des millions de morts. La peur était partout. Antoinette aurait voulu garder tous ses enfants, surtout ses filles, bien sûr, sous ses jupes.

Cette guerre allait en effet tout changer, même à Saint-Bernard-des-Lacs, briser bien des rêves, et mettre fin brutalement à l'enfance heureuse et libre de Thérèse Tanguay.

D'abord, Jeanne et Wilfrid se sont mariés, le 30 août 1941, pendant ce qu'on a appelé la course au mariage. Pour échapper à la conscription, beaucoup de jeunes gens devançaient la date de leur union. Jeanne est alors partie vivre à l'autre bout du village, à près de deux milles de chez Thérèse. Celle-ci serait désormais privée de la présence de sa grande sœur bien-aimée qui lui avait appris tant de choses de la vie. Puis un soir, son père est venu s'asseoir près d'elle sur la galerie. Elle savait ce qu'il lui dirait. Elle avait saisi des bribes de conversation entre lui et sa mère. Elle avait compris que le temps de l'enfance, de l'insouciance et des jeux était à jamais révolu.

« Maintenant que tu sais lire et compter, t'as plus vraiment de raison d'aller à l'école, lui a dit son père. Et ta mère a besoin de toi. Tu vas prendre la place de ta sœur auprès d'elle. Elle va te montrer tout ce qu'il faut savoir pour que tu deviennes plus tard une femme de maison compétente et une bonne épouse. »

Il avait parlé doucement. Il n'ignorait pas qu'il causait beaucoup de peine à sa fille. Il savait bien qu'elle adorait l'école. Parce qu'elle apprenait beaucoup. Et avec une grande facilité. Mais aussi pour les rencontres qu'elle y faisait, les amies, les conversations. Thérèse était comme lui ; elle aimait le monde. Et comme sa mère ; elle aimait apprendre.

Elle, qui avait autrefois envié si fort sa sœur Jeanne d'être proche de leur mère, de qui elle apprendrait tout plein de choses, voyait enfin son rêve se réaliser. À quarante-deux ans, Antoinette ne cessait d'essayer de nouvelles recettes, de faire des expériences de toutes sortes. Mais, en même temps, Thérèse était terrorisée à la pensée d'être confinée au petit espace domestique, astreinte tous les jours aux travaux ménagers toujours à recommencer, privée peut-être à tout jamais de ces grands moments de liberté qu'elle avait toujours eus. Depuis qu'elle allait à l'école, elle pouvait sortir chaque jour de la maison, s'en éloigner pendant des heures, rencontrer tous les jeunes du village, toutes ses amies qu'elle aimait tant faire rire. De plus, elle craignait de ne pas être à la hauteur, d'être totalement incapable de rivaliser avec Jeanne à la patience d'ange et aux doigts de fée. Jamais, cependant, l'idée de se soustraire à l'autorité parentale ne l'a effleurée. C'était son devoir. Ce serait sa vie. Il faudrait bien qu'elle y trouve le bonheur.

Ce soir-là, elle s'est quand même rendue chez son amie Monique, qui devait elle aussi, ses deux grandes sœurs étant décédées, rester à la maison, comme Céline, son autre sœur, pour aider sa mère. Pour la première fois de leur vie, elles ont parlé comme des jeunes femmes, adultes et responsables. Thérèse n'avait pas apporté son violon ; Monique a laissé dormir sa poupée. Elles ont bu du thé, comme en avaient l'habitude leurs grandes sœurs et leurs parents. Elles ont parlé de leurs nouvelles vies.

Sortir de la maison allait rester une priorité pour Thérèse. Elle aiderait sa mère de son mieux, mais elle profiterait de chaque miette de liberté qui lui serait donnée. Elle s'était portée volontaire pour toutes les activités de bienfaisance de la paroisse. Et elle était de toutes les pièces de théâtre que montait le curé. Comme c'était pour de bonnes causes, sa mère ne s'y opposait jamais. Parfois aussi, elle descendait à Sainte-Anne-des-Monts dans la vieille Ford qu'avait achetée Henry, chargée chaque fois par Antoinette de diverses missions auprès des bonnes sœurs du couvent et de courses à faire au magasin général ou chez le marchand de fils et de tissus. En juillet, elle est allée vendre au docteur Dontigny, un ami des parents, les framboises qu'elle avait cueillies dans la montagne. Et elle a rapporté les sous à sa mère, qui lui a dit de les garder.

« Ce sont tes sous, tu en fais ce que tu veux. »

La fois suivante, elle s'est rendue au magasin général avec l'intention d'y effectuer quelque achat, mais il y avait tant de choses qu'elle désirait, des mouchoirs, des gants, des fichus, des chemisiers, qu'elle n'a pas su choisir et n'a rien acheté. Pas aujourd'hui. Mais elle appréciait cette liberté dont elle jouissait pour la première fois de sa vie : avoir des sous à elle et pouvoir acheter ce qu'elle désirait.

Elle n'aurait pas voulu vivre à Sainte-Anne-des-Monts pour tout l'or du monde. Mais elle aimait bien voir la mer, les gros cargos amarrés au quai, parfois aussi, mais plus rarement à cause de la guerre, de grands voiliers et des bateaux de plaisanciers américains, qui promenaient leur bonheur aux quatre coins du monde. Elle pouvait se promener pendant des heures dans la trépidante ville qui comptait, à cette époque, quelque quatre mille habitants, dix fois plus que Saint-Bernard-des-Lacs. Elle y retrouvait parfois des jeunes du village, Rolande Bélanger, Monique Pelletier, Ti-Gus Paradis, Ti-Louis Collin, par exemple, qui faisait de l'œil à toutes les filles, mais surtout à Thérèse. Parce que Thérèse faisait rire tout le monde et qu'elle n'avait pas froid aux yeux.

Un soir d'été, ils sont allés tous ensemble « aux vues », chacune des filles bien sûr accompagnée d'un de ses frères ou d'une grande sœur faisant office de chaperon. Les films étaient projetés sur un drap tendu contre le mur du hangar à bois du presbytère. C'étaient des documentaires didactiques sur l'agriculture canadienne, sur les industries de guerre et sur les mesures à prendre lorsqu'un feu de forêt menaçait. Il y en avait eu beaucoup au cours des récentes années, qui avaient dévasté des milliers d'hectares et détruit des villages entiers. On a vu ensuite un western avec Gene Autry, le cow-boy chantant, dont

Thérèse, contrairement à ses amis, n'a pas du tout prisé la voix nasillarde et les chansons sirupeuses. Mais elle a adoré les paysages de l'Oklahoma, le désert, ses mesas, au point d'en rêver ensuite pendant des jours et des jours.

Sainte-Anne-des-Monts, c'était aussi la mode, les produits de beauté pour les filles, l'occasion de voir de ses yeux des coiffures, des jupes et des chemisiers aperçus dans les catalogues de Simpson ou d'Eaton. Puis, au magasin général, il y avait un rayon de vêtements pour femmes où les filles n'entraient que si Thérèse, frondeuse, était avec elles. Elles y passaient parfois des heures. Thérèse s'était acheté un jour une ravissante robe noire avec de grandes fleurs turquoise. Le dimanche suivant, à la grand-messe, elles étaient deux à porter la même robe. L'autre, Céline Pelletier, a pleuré ; Thérèse a ri de bon cœur.

Quand elle jouait au théâtre, sa mère lui glissait dans la main quelques sous pour qu'elle passe chez la coiffeuse. Bien que ses cheveux fussent déjà naturellement très frisés, Thérèse a eu un jour l'étonnante idée de se faire donner une permanente.

« Pourquoi t'as fait ça ? a demandé sa mère.

— Pour voir de quoi j'aurais l'air.

— T'as l'air de ce que t'es, un mouton noir », a répondu Antoinette, en pouffant de rire.

Thérèse et sa mère s'étaient beaucoup rapprochées, forcément. Antoinette découvrait que sa fille, même si elle n'était jamais assez réservée à son goût, était fort sensée, vaillante, très responsable, et qu'elle savait déjà exécuter, grâce aux enseignements de Jeanne, plein de choses en couture, en cuisine et en jardinage.

Au printemps de 1942, dix ans après qu'Achille Tanguay en eut fait la demande pour la première fois, le gouvernement annonçait qu'il envoyait une garde-malade à Saint-Bernard-des-Lacs, Odile Létourneau, une vieille fille costaude et rougeaude, charmante. Elle a pris une chambre chez Jeanne, dont la maison était voisine du modeste dispensaire qu'on avait construit à la hâte. Pour Jeanne, qui était enceinte et dont le mari était souvent parti dans les chantiers, elle constituait une présence rassurante… et fort divertissante.

En plus de faire des piqûres, des pansements, des accouchements, d'arracher des dents (à froid), Odile lisait la musique. Elle a fait savoir qu'elle jouait de l'harmonium et eut accès librement et en tout temps à celui de l'église qui se trouvait tout près de chez Jeanne, devant le bureau de poste de Johnny Truchon. Dès son arrivée, elle a formé une chorale, dont Monique et Thérèse ont tout de suite fait partie.

Depuis les débuts de la colonie, avant même qu'il y ait une chapelle, un curé, un harmonium, Achille Tanguay s'était chargé de tous les chants religieux. Même après l'arrivée du curé, il était resté le chantre attitré de la jeune paroisse. Mais il désirait depuis un bout de temps passer le flambeau à quelqu'un d'autre. À sa demande, Odile a ajouté tous les chants liturgiques au répertoire de sa chorale.

Thérèse avait une connaissance de la musique infiniment plus vaste que toutes les autres filles du village. Elle chantait juste, elle était capable de faire des harmonies, du contre-chant. Odile, tout heureuse d'avoir quelqu'un à qui parler de musique et capable d'en faire, lui a enseigné les rudiments du solfège et a entrepris de lui apprendre à lire les notes. Thérèse étudiait avec application. Grâce à la chorale, elle restait en contact avec les filles du village. Elle pouvait continuer à les faire rire, ce qui lui procurait toujours un grand bonheur. Thérèse Tanguay aimait bien être le centre d'attraction du monde dans lequel elle vivait. Comme le faisait son père, elle s'amusait à changer les paroles des cantiques ou des chants profanes qu'on pratiquait.

« En m'en allant aux vêpres, j'ai perdu un d'mes gants, m'man » devenait « En m'en allant aux champs, j'ai perdu un d'mes yeux, vieux » ou « un d'mes bas, p'pa » ou « un de mes pieds, moé », « ou un de mes joes, Joe ». Et les filles riaient, surtout Monique, qui n'aurait jamais osé faire ce genre de choses.

Puis, Valmont est parti à la guerre. Et Thérèse a commencé à correspondre avec un de ses compagnons de régiment. Dans ses courtes lettres, elle lui parlait à peine de la vie qu'elle menait. La première fois qu'elle lui a écrit, après s'être présentée rapidement : « Je suis la sœur de votre ami Valmont Tanguay, je m'appelle Thérèse, j'ai quinze ans », elle lui a posé plein de questions sur la guerre, les lieux, les paysages qu'il voyait. Elle ne lui a même pas parlé de la musique, même pas dit qu'elle jouait du violon, de la guitare et de l'accordéon, ni qu'elle savait faire de la confiture de fraises et tricoter des bas. Il lui semblait que le monde où vivait son correspondant était cent mille fois plus intéressant que le sien.

Le jour où elle a appris dans l'une des lettres de son correspondant qu'il y avait des femmes dans l'armée, elle a fait le projet d'y entrer. Elle n'en a parlé à personne, bien évidemment. Sauf à Monique. Ce serait leur secret, son espoir, son but : être libre et voyager dans le monde. Quand elle aura dix-huit ans, elle s'enrôlerait, elle irait soigner les soldats blessés sur les champs de bataille. Seul gros problème, elle avait toujours cette peur panique des morts. Et sans doute qu'il y en aurait sur les champs de bataille. Peut-être même que des soldats très gravement blessés mourraient dans ses bras pendant qu'elle les soignerait. Il lui fallait donc trouver une façon de vaincre sa peur des morts. Mais comment ?

Quand quelqu'un mourait, dans la colonie, c'était toujours son père ou sa mère, selon qu'il s'agissait d'un homme ou d'une femme, qui se chargeait de la toilette funèbre. Quand ils rentraient à la maison, après leur charitable et sinistre besogne, Thérèse avait peine à les approcher, tant elle avait peur, comme si la mort s'était accrochée à eux. Elle les trouvait tous les deux extraordinairement braves et généreux. Son père était incapable de tuer lui-même ses poules, ses lapins, son cochon. Quand venait le temps de faire boucherie, il confiait toujours le travail à quelqu'un d'autre. Pourtant, il s'occupait des morts, il les prenait dans ses bras, faisait leur toilette, les couchait délicatement dans leur cercueil, peignait leurs cheveux, les rasait. Il était le seul du village capable de faire ça. Son père ne voulait donner la mort à personne, pas même à un petit chat, mais il n'avait pas peur d'elle. Thérèse se disait qu'un jour elle serait brave, elle aussi, comme son père et sa mère. Ce n'est pas la peur de la mort qui l'empêcherait d'être libre.

Parce que la majorité des femmes et des filles de la chorale étaient occupées le jour, à l'école ou à la maison, Odile Létourneau avait proposé que la chorale répète le soir après souper.

« Pas question, avait dit Antoinette à sa fille. Tu peux pas rentrer à la noirceur. À moins que ton frère Pit t'accompagne. »

Pit avait un an et demi de plus que Thérèse, mais elle le battait régulièrement au bras de fer, à la course, au saut en hauteur. Pit était tout petit, plutôt chétif. Elle était la plus forte et la plus costaude fille du village. Mais pour Antoinette, un homme, même chétif et petit, était une protection assurée, le bon sens et la sécurité.

Ils sont donc partis ensemble, par ce beau soir de fin d'été, vers les cinq heures et demie. Pendant que Thérèse répéterait avec la chorale, Pit irait veiller chez sa sœur Jeanne.

Ils sont rentrés alors que le soir tombait. Thérèse aimait marcher sur ce chemin de terre et de gravier le long duquel se tenaient toutes les maisons du village et qui offrait parfois des vues époustouflantes, surtout en haut de la côte d'Alexis. Il y avait là un grand arbre couché et ébranché, ce qu'on appelait un corps d'arbre, sur lequel on s'assoyait pour souffler un peu et regarder le paysage. Quand ils y sont arrivés ce soir-là, ils ont découvert une grande tache rouge sur l'horizon.

« C'est Sainte-Anne-des-Monts qui est en feu, a dit Pit.

— Non, c'est du côté de l'anse du Cap-Chat, on dirait.

— J'irai voir demain ce que c'est. »

Depuis que Valmont était parti à la guerre, Pit était chargé de faire les courses à Sainte-Anne-des-Monts, tâche que Thérèse lui enviait énormément. Dans l'après-midi, Pit avait huilé la chaîne de sa bicyclette et en avait soigneusement inspecté les pneus en prévision de ce voyage.

Thérèse et Pit sont arrivés à la maison tout énervés, en annonçant que quelque chose de grave s'était produit dans l'anse du Cap-Chat, où Antoinette avait de la famille. Inquiète, Antoinette a vite préparé la liste des courses qu'elle a remise à Pit.

« Et tu te feras couper les cheveux. »

On s'est couchés, ce soir-là, en pensant que la guerre était arrivée dans le pays. Et c'était un peu ça, en effet. Le lendemain soir, Pit est rentré encore plus surexcité avec un récit d'horreur. Un navire étranger avait explosé sur des mines dans l'anse du Cap-Chat. Il y avait eu beaucoup de morts. Pit avait vu des hommes qui pleuraient sur la grève. Et qui parlaient une langue qu'il ne comprenait pas, mais qui, selon lui n'était pas de l'anglais. De l'allemand, probablement.

Tout le monde avait peur, bien sûr. Et Thérèse, autant sinon plus que les autres. Mais elle aurait quand même voulu voir, savoir, comprendre ce qui s'était passé. Elle pressait son frère de questions.

« Tu les as vus, les morts ? Tu sais combien y en a eu ? Sais-tu si le bateau a coulé ? Est-ce que les hommes étaient en uniforme ? » Jusqu'à ce que sa mère la fasse taire, sa mère pour qui la curiosité chez une femme était un vilain défaut.

Thérèse avait vu quelquefois des soldats en uniforme quand elle était descendue avec ses parents ou ses amis à Sainte-Anne-des-Monts. En les apercevant, si beaux, si libres, si fiers, elle avait voulu plus que jamais être un garçon. Comme quand elle voyait ses frères partir chasser la perdrix ou chausser leurs raquettes pour aller tendre des collets à lièvre ou abattre des arbres, ou simplement se promener librement dans les bois. Comme tout cela était excitant à côté de la vie de ménagère qu'elle était désormais forcée de mener !

En plus, parce qu'ils se portaient à la défense de la patrie et, en principe, risquaient leur vie pour elle, les soldats pouvaient impunément faire tout ce qu'ils voulaient. On leur pardonnait tout, ou presque. Ils pouvaient rencontrer une fille et faire la fête avec elle, personne ne trouvait quoi que ce soit à redire. Thérèse leur enviait furieusement cette liberté, cette impunité.

« Dans trois ans, quand j'aurai mes dix-huit ans… »

Mais la guerre était en train de tout détruire, les villes, les maisons, les rêves, les vies. Même si on ne la voyait pas et si on ne l'entendait pas, on sentait partout sa présence maléfique. Les colons avaient cessé de s'établir à Saint-Bernard-des-Lacs, où on ne construisait plus. Le moulin à scie qui avait fait la prospérité d'Achille Tanguay et de ses fils a fonctionné un temps au ralenti, puis il s'est arrêté. Achille est alors allé travailler à l'entretien de la voirie en été, et dans les chantiers en hiver. Il rentrait fatigué, les traits tirés, prétextant qu'il digérait mal. En fait, il commençait à faire de l'angine de poitrine. Antoinette était inquiète et triste.

« Tout se démanche, on dirait. »

La terre ne pouvait plus nourrir son monde. Tout occupé à son effort de guerre, le gouvernement canadien laissait tomber les colons. Il ne travaillait plus qu'à stimuler les usines de guerre. Pour vaincre les nazis, il fallait fabriquer des tanks, des avions, des destroyers, des canons. On construisait, au Québec, de grands barrages hydroélectriques, des usines d'aluminium et des aciéries. Plus question d'ouvrir des routes ou de bâtir des écoles ou des dispensaires dans les concessions.

« On a été abandonnés, a dit un soir Achille. On va être obligés de partir d'ici, tôt ou tard. »

Et cet homme qui aimait tant la vie de famille dut partir au loin, car les chantiers forestiers de la Haute-Gaspésie fonctionnaient eux aussi au ralenti. Les ingénieurs et les scientifiques canadiens avaient outillé de gigantesques usines pour produire dans des secteurs de pointe : caoutchouc synthétique, plastiques, acier de blindage, aluminium. Au tout début de la guerre, on avait ressorti les plans du barrage de Shipshaw que la crise des années trente avait rendus irréalisables. La demande en aluminium (et en énergie pour produire cet aluminium) augmentait si rapidement que les ingénieurs ont dû à plusieurs reprises revoir les plans de la centrale hydro-électrique, qui devait produire, une fois achevée, en 1943, près de un million de kilowatts.

Shipshaw était, au moment où Achille et son garçon Valmont y sont arrivés, à l'été de 1942, le plus gros chantier de construction jamais entrepris au Canada. Près de dix mille employés étaient alors inscrits au rôle du maître d'œuvre et des sous-traitants. En un rien de temps, on avait construit, sur la rive nord du Saguenay, un village dix fois, vingt fois plus gros que Saint-Bernard-des-Lacs et infiniment mieux équipé : une petite école, un hôpital, deux chapelles, des dortoirs (dont les lits étaient occupés jour et nuit), quatre réfectoires totalisant près de trois mille couverts, un auditorium de six cents places, une patinoire, un terrain de base-ball, etc. Une ville provisoire, hyperactive, où se rencontraient des gens venus de la Gaspésie, de la Mauricie, de Montréal, et de nombreux immigrants, des Polonais et des Italiens surtout.

Quand ils sont revenus, quelques mois plus tard, Achille Tanguay était un homme désillusionné, vieilli, fatigué. Le barrage de Shipshaw était terminé, il n'y avait plus rien à faire là-bas pour un homme comme lui. Il entrevoyait la perspective d'être, comme beaucoup de gens des régions, un travailleur itinérant, allant de chantier en chantier, quémandant çà et là du travail. Lui qui avait toujours été totalement maître de sa vie, qui avait, depuis douze ans, travaillé à créer un milieu de vie, qui savait toujours quoi faire, à quelle porte frapper, se retrouvait pratiquement sans ressource, sans recours. Ses savoir-faire ne lui servaient plus à rien. C'était la première fois que Thérèse voyait son père à ce point désemparé.

Henry et Phonsine, eux, étaient partis vivre à Rivière à Matte, où il a été taxi et où elle a fait la cuisine au presbytère. Mais ils n'étaient pas heureux ni l'un ni l'autre. Plus personne n'était heureux. À Saint-Bernard-des-Lacs, il n'y avait plus jamais de soirées dansantes, plus jamais de parties de cartes, plus d'espoir...

Un soir, Antoinette a fondu en larmes en récitant le chapelet en famille. Achille a continué, mais il avait lui aussi la voix brisée. Les enfants répondaient tout bas. Puis tous sont restés à genoux, silencieux, prostrés.

C'est quand Valmont est revenu que Thérèse a compris que le bonheur, lui, ne reviendrait jamais à Saint-Bernard-des-Lacs. Valmont n'était finalement jamais parti tout à fait pour la guerre. Cantonné en Nouvelle-Écosse, il avait développé une maladie de l'oreille et avait dû être opéré à Rimouski. Il était ensuite venu passer une semaine dans sa famille, sur la terre familiale qu'il n'avait pas vue depuis des mois. Il a constaté avec effarement le délabrement des lieux. Les bâtiments et les clôtures étaient mal entretenus. Il manquait des bardeaux au toit de la maison. La grange n'avait pas été chaulée, alors qu'elle en aurait eu grand besoin. Les champs n'étaient plus proprement épierrés, on risquait fort de manquer de bois de chauffage pour l'hiver. Et les sillons de labour du carré à patates étaient tout croches et d'inégale profondeur.

« Qui c'est qui a fait ça ? » a-t-il demandé.

C'étaient Thérèse et Pit, elle tenant les cordeaux, lui, les manchons de la charrue.

Valmont n'a plus rien demandé. Il a seulement dit, le soir, à table :

« Faut partir d'ici. »

Personne n'a protesté, personne n'a parlé, même pas quand Achille a ajouté :

« Le plus vite sera le mieux. »

Cette fois, Thérèse ne s'est pas cachée pour pleurer. Elle était inconsolable. Et elle voulait qu'on le sache. Elle pleurait ses montagnes, son ruisseau, son enfance, ses amies qu'elle devrait bientôt quitter. Elle pleurait de voir son père si démuni, sa mère toujours si fermée qui ne se confiait jamais qu'à Jeanne, quand celle-ci venait faire son tour à la maison.

Mais elle s'est ressaisie. Chez les Tanguay, on ne dévoilait pas inutilement ses sentiments. On n'imposait pas ses états d'âme aux autres, surtout pas dans une telle situation, quand tout le monde avait également des raisons d'être triste.

Thérèse, au fond d'elle-même, sans oser se l'avouer tout à fait, était excitée parce qu'il y aurait de grands changements dans sa vie. Elle voulait apprendre à ne pas s'attacher. Si on veut voir le monde, il faut savoir partir.

La tante Eugénie, que tout le monde appelait Génie ou tante Génie, la grande sœur d'Antoinette, qui depuis quelques années habitait à La Tuque, est venue en visite à Saint-Bernard-des-Lacs.

Antoinette et elle ne s'étaient pas vues depuis près de vingt ans.

Génie était une grande femme, forte et joviale. Elle avait voyagé, elle avait vu Québec, Montréal. Elle avait vécu en Abitibi, à La Sarre, ensuite à Shawinigan, puis à La Tuque. Elle avait marié un veuf, Marcellin Tremblay, dont elle avait fini d'élever les neuf enfants. Elle s'est rendu compte, elle aussi, que plus rien ne tenait à Saint-Bernard-des-Lacs. Elle a alors parlé à son beau-frère Achille des usines, des manufactures, des grosses industries de La Tuque et de Shawinigan qui fonctionnaient à plein régime et donnaient de l'ouvrage à tout le monde, même à des femmes.

« La terre, c'est fini, tu sauras. Y a plus d'avenir sur la terre. »

2

La jeunesse à La Tuque

En septembre 1943, Achille Tanguay a vendu sa terre, sa maison, son moulin, une bonne partie de ses meubles, tout son roulant de ferme. À perte, évidemment... Plus personne, à Saint-Bernard-des-Lacs, n'avait besoin d'une maison, encore moins d'une grange ou d'un moulin à scie à vapeur. Ce qu'il n'a pu vendre, il l'a donné à des voisins qui s'entêtaient à rester dans la colonie, comme Alexis Pelletier, plus jeune, plus vigoureux ou, comme il disait lui-même « probablement plus innocent » qu'Achille. Il espérait pouvoir gagner sa vie dans les quelques rares chantiers de la région encore en activité.

Achille savait bien que son ami n'avait en fait nulle part où aller et qu'il connaîtrait bientôt de difficiles années. Alexis s'était constitué un beau coin de terre. Mais s'il partait pour les chantiers, laissant seuls sa femme et ses trop jeunes enfants, tout ça se détériorerait vite. La tante Génie avait raison. Il fallait partir.

Les Tanguay, eux, s'en allaient donc pour toujours de Saint-Bernard-des-Lacs. Thérèse, qui avait eu seize ans au printemps, y avait passé, croyait-elle, les plus belles années de sa vie. Et elle craignait de ne plus jamais pouvoir être vraiment heureuse ailleurs dans le monde. Elle avait pourtant rêvé si fort et si longtemps de partir. Mais en fait, elle prenait conscience qu'elle allait quitter une cuisine pour une autre cuisine. Et perdre ses amies et un paysage qu'elle aimait profondément. Ce qu'elle aurait voulu laisser derrière elle, en fait, comme presque toutes les adolescentes depuis que le monde est monde, c'était sa famille, sa petite vie de tous les jours. Elle rêvait de voler de ses propres ailes. Loin, très loin. Et de pouvoir revenir de temps en temps à Saint-Bernard-des-Lacs retrouver ses parents, ses frères et sœurs, et voir que tout était bien et beau et prospère, être heureuse un moment parmi eux, puis repartir, toujours.

Ils se sont embarqués pour La Tuque dans la grosse Ford noire d'Henry, convaincu lui aussi par la tante Génie qu'il pouvait facilement trouver du travail et faire une meilleure vie à La Tuque qu'en Gaspésie. Quatre adultes, Antoinette, Achille, Henry et sa Phonsine; quatre enfants, Thérèse, Annette, Jacqueline et Noël, ces deux derniers assis entre les banquettes sur des boîtes à beurre. Pit, parti en camion, prendrait le train à Québec avec le gros des bagages, les meubles qu'on gardait, le moulin à coudre, quelques souvenirs.

Ils se sont arrêtés le premier soir dans l'anse du Cap-Chat où ils ont passé leur dernière nuit gaspésienne, chez la tante Claudia, la demi-sœur d'Antoinette. Thérèse était sans cesse au bord des larmes. Jacqueline aussi, qui venait d'avoir douze ans. Et Annette qui, de toute façon, pleurnichait toujours. Là, pour la première fois de leur vie, les enfants ont mangé du pain «acheté», fade et blanc, qui ne sentait pas bon et leur collait aux dents, symbole pour Thérèse d'une nouvelle vie qui, déjà, lui répugnait. Désormais, les Tanguay boiraient du lait acheté, porteraient des tricots achetés, mangeraient de la viande et des œufs achetés, consommeraient plein de choses faites ou préparées par d'autres ou dont ils ne connaîtraient pas la provenance.

Ils ont roulé toute la journée du lendemain, Achille et Henry tenant le volant à tour de rôle. Presque tout le temps en silence. Thérèse sentait, par moments, sa peine s'engourdir. Elle se disait que sa tristesse finirait bien par passer. Un jour, sans doute, elle pourrait vivre sans les montagnes, les ruisseaux et les amies de Saint-Bernard-des-Lacs. Mais elle serait alors devenue une autre Thérèse. La Thérèse qu'elle avait été, qu'elle était encore, ne serait plus qu'un souvenir.

Assise à l'arrière de la voiture, elle regardait filer le paysage qui, peu à peu, passé Rimouski et Rivière-du-Loup, paraissait s'adoucir. On voyait de plus en plus de gros arbres feuillus, des champs très plats qui s'étendaient à perte de vue (il n'y avait pas de champs plats à Saint-Bernard-des-Lacs), tout bien labourés, de beaux villages groupés autour d'énormes églises de pierre. Et à droite de la route, ce n'était plus la mer, mais le fleuve dont on distinguait, de plus en plus rapprochée, la rive nord. De chaque côté, les montagnes semblaient se resserrer, comme un étau écrasant le paysage, froissant le ciel. Il faisait nuit déjà, quand ils ont traversé le pont de Québec, dont on disait encore, à l'époque, qu'il était l'une des sept merveilles du monde. Malgré le paysage grandiose, Thérèse éprouvait une impression d'étouffement. Achille devait se sentir de même. Henry aussi. Et Antoinette. Personne ne parlait, à part Phonsine, évidemment. Phonsine ne se taisait jamais. Elle parlait sans arrêt, le plus souvent pour ne rien dire, pour décrire simplement ce qu'on voyait : « Tiens, des vaches », « Tiens, une courbe », « Tiens, il pleut ». Très loin, au-dedans d'elle, Thérèse trouvait une consolation : elle allait connaître une nouvelle vie.

À Québec, ses parents lui ont acheté des chaussures « plus féminines », a dit Antoinette. Une paire de souliers bruns à petits talons hauts et une paire de gris et noir à talons pleins. C'était bien, c'était beau et confortable. Mais ça aussi, c'était pour Thérèse un symbole, ou plutôt la confirmation d'une certaine liberté et d'une certaine insouciance perdues. Une manière qu'Antoinette, sa mère, avait eue de lui faire comprendre qu'elle avait fini de courir pieds nus, qu'elle était d'ores et déjà une nouvelle Thérèse, une femme.

Ils ont roulé sur le gravier, dans la poussière, pendant toute une journée encore, sur le chemin du Roi, jusqu'à Saint-Roch-de-Mékinac, puis sur une route étroite et raboteuse qui les a emmenés à Shawinigan, et ils ont longé la rivière Saint-Maurice jusqu'à La Tuque. Une froide et lourde pluie d'octobre tombait sur le paysage dur et rêche qui, par moments, évoquait celui de Saint-Bernard-des-Lacs. Ils ont aperçu en fin de journée les lueurs fauves des usines de La Tuque, qui jetaient leurs grosses fumées noires dans le ciel encore clair et chargeaient l'air de leurs lourdes odeurs de métal en fusion.

La famille est restée une semaine chez la tante Génie, le temps qu'Achille déniche un logement. Thérèse et Annette dormaient par terre dans la salle à manger. Le matin, elles devaient vite se ramasser. Dans l'excitation des premiers jours, fascinée par le changement, rassurée par la présence chaleureuse et enjouée de la tante Génie, Thérèse a oublié qu'elle était malheureuse. La tante Génie était une alliée. Elle lui parlait comme à une adulte, une amie. Quand, dans l'après-midi du deuxième jour, elle a entrepris de faire faire un tour de ville à la famille de sa sœur, elle a insisté pour que Thérèse vienne. Elle a guidé Henry dans le dédale des rues, vers les alumineries, le moulin de la Canadian International Paper (CIP), les centrales hydroélectriques, la Brown Corporation où on fabriquait des bas de nylon, l'usine de contreplaqué, puis on a traversé le quartier des riches Anglais qui possédaient et qui dirigeaient toutes ces entreprises et une partie importante de la ville.

Achille a trouvé un grand logement, au 113 de la rue Réal, qui sentait encore le ciment frais et le bois neuf. Henry, qui était entré à l'emploi de l'usine de contreplaqué, et Phonsine allaient habiter eux aussi la maison de la rue Réal, jusqu'à ce qu'ils aient les moyens de louer ou d'acheter un logement.

Thérèse a aidé sa mère et sa belle-sœur à aménager la maison, décorer, poser les rideaux, placer les meubles qui étaient arrivés par train avec Pit, faire les lits, accrocher un calendrier ici, un crucifix et un rameau là, quelques portraits d'ancêtres. Au mur du salon, bien en vue, elles ont pendu une grande photo encadrée sur laquelle figuraient Achille, ses cinq frères et ses parents, tous debout sur la galerie de la maison qu'ils avaient habitée dans le rang 4 de Sainte-Anne-des-Monts. Achille était tout jeune alors, tout blond. C'était il y avait plus d'un demi-siècle. Achille avait maintenant cinquante-trois ans, il était resté mince et souple, mais il avait de douloureuses attaques d'angine de poitrine. Les médecins, à Sainte-Anne-des-Monts, lui avaient dit et répété qu'il ne vivrait pas bien vieux. Il travaillait cependant toujours autant.

Il a d'abord été l'homme à tout faire des sœurs du couvent Saint-Simon-Saint-Jude qu'Antoinette, qui aimait toujours autant la culture et la mentalité des communautés religieuses, avait contactées dès son arrivée à La Tuque. Puis Achille s'est établi comme contractant. La Tuque grossissait tellement vite qu'on manquait de maisons. On construisait, comme autrefois à Saint-Bernard-des-Lacs, mais en beaucoup plus gros. Achille était dans son élément. On lui donnait un terrain, un plan, des matériaux, quelques hommes ; il érigeait une maison, une école, un magasin.

En fin de compte, il s'était facilement adapté à sa nouvelle vie. Après quelques semaines à La Tuque, il disait même ne plus regretter d'avoir quitté Saint-Bernard-des-Lacs. L'essentiel, selon lui, avait été préservé : la famille était de nouveau réunie. Il avait échappé à la misère des travailleurs itinérants des chantiers forestiers et hydro-électriques. Et ses garçons s'étaient trouvé de «belles jobs». Ils étaient, Henry surtout, fascinés par la vie moderne, les machines, les usines, les automobiles. Antoinette, elle, restait inquiète et méfiante.

Tenir maison en ville lui est vite apparu infiniment moins exigeant qu'à la campagne. À Saint-Bernard-des-Lacs, par exemple, elle avait de quoi s'occuper toute la journée, d'une étoile à l'autre. En plus de faire la lessive, la cuisine, le ménage, le raccommodage, il fallait soigner les animaux, entretenir le jardin, cuire le pain, faire des confitures, traire les vaches, lever les œufs, carder et filer la laine, etc. En ville, il y avait trop peu à faire. À dix heures du matin, les enfants à l'école et les hommes au travail, Antoinette, Thérèse et Phonsine n'avaient plus qu'à se tourner les pouces. Thérèse a commencé à s'ennuyer furieusement.

«Je vas aller marcher, disait-elle.

— Toi, tu restes ici», répondait sa mère.

Il n'était pas question pour Antoinette et Achille, frais sortis du fond des bois, encore effarouchés par la brutalité de la ville industrielle, que leur fille de seize ans sorte seule, même en plein jour. La Tuque, comme toutes les villes frontière et les nouvelles villes industrielles qui attiraient de jeunes hommes des quatre coins de la province, avait plutôt mauvaise réputation. On y croisait des aventuriers de toutes sortes, des pimps, des guidounes, il y avait des tripots, des *blind pigs*, des hôtels malfamés.

74

Quand Thérèse, se sentant inutile à la maison, a parlé de chercher du travail, elle a essuyé un refus catégorique de la part de ses parents, qu'approuvait bien haut Phonsine, sa belle-sœur.

« Si t'as besoin de quelque chose, lui disait Achille, t'as qu'à demander à ta mère. »

Or, ce dont la jeune fille avait le plus besoin, c'était de liberté, c'était de voir du monde, de nouveaux visages.

Antoinette a cependant consenti à ce qu'elle aille aider Gabrielle Boudreau, une voisine qui vivait sa deuxième grossesse, à tenir maison. Mais, par la suite, Thérèse a dû se résoudre à trouver des bribes de bonheur en restant confinée à la maison, matin, midi et soir, semaine et dimanche, sauf pour se rendre à l'église entendre la messe ou assister au salut du Saint Sacrement. Elle faisait parfois un peu de violon, l'après-midi. Mais jouer seule devenait triste. Elle était ainsi également limitée dans sa musique, qu'elle ne parvenait pas à renouveler, réduite à explorer un répertoire qu'elle n'arrivait pas à élargir.

Un jour qu'elle s'était assise sur la galerie pour profiter de la fraîcheur du temps, un jeune homme est passé, l'a regardée et a sifflé pour attirer son attention. Tout de suite, Antoinette est intervenue et a crié depuis sa cuisine : « Thérèse, arrive ici dedans. T'as pas d'affaire à rester sur la galerie. »

Pour Antoinette, ce n'était pas le geste du garçon qui était déplacé, mais sa fille qui n'était pas à sa place. Antoinette croyait qu'une femme honnête devait être socialement invisible, ne jamais émettre d'opinion, surtout pas en matière politique ou religieuse.

Or, peu après que les Tanguay se furent établis à La Tuque, on entrait en pleine campagne électorale ; l'Union nationale de Maurice Duplessis tentait de reprendre le pouvoir que lui avait ravi le Parti libéral d'Adélard Godbout en 1939. Achille, ses garçons,

Marcellin Tremblay, le mari d'Eugénie, et Eugénie elle-même parfois, discutaient à n'en plus finir. Mais quand Thérèse voulait se mêler à la conversation, sa mère, immanquablement, la rappelait à l'ordre.

« Une fille n'a pas d'affaire à parler de politique avec les hommes. »

Pourtant, les femmes à la maison étaient infiniment mieux informées que les hommes qui, du matin au soir, étaient enfermés dans leurs usines. Elles écoutaient la radio à longueur de journée. Elles entendaient tour à tour les chefs politiques exposer leurs programmes. Et des journalistes commenter leurs idées, leurs faits et gestes. Elles pouvaient facilement se forger une opinion, faire un choix. Mais pour Antoinette, il était tout à fait normal qu'une femme ne vote pas. Elle-même n'avait jamais voté et ne voterait jamais.

« C'est les hommes qui décident, disait-elle. La politique, c'est leur affaire. »

Thérèse déplorait cette attitude ; comment sa mère si vive, si intelligente et qui connaissait tant de choses acceptait-elle de ne jamais pouvoir s'exprimer ? Ce qui l'étonnait plus encore, c'était de se rendre compte que sa mère n'était pas malheureuse de cela ; elle restait sévère et intransigeante, certes, mais elle n'était jamais amère. Au contraire, Antoinette était une femme rieuse et enjouée, contente de son sort, comblée. Malgré tous les interdits auxquels elle se conformait, que bien souvent elle s'imposait elle-même, elle semblait tout à fait libre. Et s'accommodait parfaitement de ce que la vie lui donnait.

Thérèse essayait elle aussi d'être bien, d'être libre, d'être heureuse de son sort. Elle n'y arrivait pas vraiment. La présence constante de Phonsine, la femme de son grand frère Henry, n'aidait pas à détendre l'atmosphère. Phonsine lui faisait sans cesse la morale et la leçon, approuvant toujours tout ce que disait Antoinette, au besoin en rajoutant.

Thérèse pensait de plus en plus souvent au jour de ses dix-huit ans, dans un an et demi, quand elle annoncerait à ses parents qu'elle entrait dans l'armée et que rien ni personne ne pourrait la retenir. Elle se disait, bien sûr, que son père et sa mère auraient beaucoup de peine, qu'ils seraient inquiets quand elle partirait au loin, à la guerre, peut-être. Sa mère ne décolérerait peut-être pas de sitôt. Mais son père, lui, serait fier d'elle, elle en était sûre, parce qu'elle aurait su prendre sa liberté et trouver sa place dans le monde. Puis sa mère finirait bien par l'admirer quand elle reviendrait à la maison vêtue de son uniforme, et qu'elle raconterait tout ce qu'elle aurait vu dans les vieux pays, où les hommes continuaient à guerroyer.

En attendant, il y avait la tante Génie, chez qui Thérèse avait la permission de se rendre quand elle s'était acquittée de ses menus travaux domestiques. Elle prit l'habitude d'aller l'aider à laver sa vaisselle du soir. En plus de son mari et de plusieurs enfants encore à la maison, Génie gardait toujours quatre ou cinq chambreurs.

Un de ses beaux-fils, Jacques, qui avait l'âge de Thérèse, souhaitait sortir avec elle. Il eut la malencontreuse idée, pour se donner le courage de lui faire la cour, de boire de la bière. Quand il s'est approché d'elle, il sentait la tonne, parlait trop et trop fort. Thérèse l'a repoussé. Elle n'aimait pas les hommes en boisson. On n'en voyait pas à Saint-Bernard-des-Lacs. Ses frères fabriquaient pourtant du vin de cerise ou de riz et de la bagosse ; elle les avait parfois vus en joie, mais jamais titubants ou hébétés comme les soûlons qu'on croisait parfois à La Tuque. Il n'y avait pas non plus cette âcre odeur de métal fondu dans l'air, tous ces déchets dans l'eau des rivières, toute cette suie qui, à l'occasion, tombait du ciel. Là-bas, tout était propre, lavé par le grand air venu de la mer, parfumé par l'odeur des immenses bois...

En fait, le Saint-Bernard-des-Lacs auquel pensait Thérèse n'existait déjà plus que dans son souvenir. Achille Tanguay avait appris que la terre que son ami Alexis Pelletier, le père de Monique, avait faite à la sueur de son front était en train de retomber en friche, comme celles de tous ses voisins, Bélanger, Roy, tous ceux qui, à la belle époque des colonies, avaient suivi Achille Tanguay dans son aventure. Alexis gagnait maintenant sa vie de peine et de misère dans les chantiers ou sur la voirie, ou comme homme à tout faire, presque toujours séparé de sa femme et de ses enfants, qui ne parvenaient plus à entretenir la ferme. Des centaines d'acres de terres patiemment défrichées, épierrées et cultivées étaient en train de retourner à l'état sauvage. Et Thérèse songeait que, bientôt, le monde heureux de son enfance n'existerait plus.

«Tout ça à cause de la guerre, la maudite guerre que se font les hommes», pensait-elle.

Mais en même temps qu'elle se laissait envahir par cette colère et cette nostalgie, qu'elle s'en délectait même un peu, comme on le fait souvent à cet âge, Thérèse voulait explorer librement le nouveau monde dans lequel elle serait désormais forcée de vivre : elle voulait aller au cinéma, entrer dans une chorale, marcher avec des amis dans les rues, les faire rire tous...

Eugénie, qui voyait bien que sa nièce aimait sortir, l'emmenait régulièrement avec elle faire ses emplettes. Un jour, comme elles passaient devant un restaurant, *Le Lion d'Or*, rue Commerciale, Thérèse a avisé une pancarte pendue à la fenêtre : *Serveuse demandée*.

«Pensez-vous que je puisse faire ça ? a-t-elle demandé à sa tante.

— Sûr que tu peux», a répondu Eugénie.

Elle avait vu la jeune fille servir ses chambreurs et son mari, préparer les assiettes, desservir. Elle avait pu constater également qu'elle avait de l'entregent et du jugement, et qu'elle n'avait pas froid aux yeux. Comme son père, elle savait parler à tout le monde, naturellement, sans jamais tenir de propos déplacés.

Mais encore une fois, Achille et Antoinette ont refusé. Pas question que leur fille travaille, surtout pas dans un lieu public. Quand, le lendemain, Thérèse a parlé de sa déception à sa tante, celle-ci lui a tout de suite avoué qu'elle n'était pas surprise, qu'elle connaissait sa sœur et son beau-frère, mais qu'elle avait eu une idée.

« Je vais faire quelque chose pour toi. »

Le soir même, elle se rendait voir son beau-frère Achille. Et, devant Thérèse, avec son humour et sa bonne humeur, elle lui a fait la leçon.

« Évolue un peu, disait-elle. Arrive en ville, Achille. Ta fille est pas heureuse, parce qu'elle peut rien faire de ses dix doigts et qu'elle peut pas se rendre utile. Tu devrais être fier d'elle. »

Et elle lui a fait une proposition :

« Si tu veux, et tu ferais mieux de vouloir, je pense que je peux la faire entrer à l'hôpital Saint-Joseph comme aide-garde-malade. »

Antoinette et Achille ont accepté tout de suite la proposition. L'hôpital Saint-Joseph, tenu par les Sœurs Grises, ne pouvait être un lieu de perdition.

Le lendemain matin, Thérèse et Eugénie se retrouvaient dans le bureau de la directrice. Eugénie a eu à peine le temps de commencer à lui expliquer que sa nièce était vaillante et savait tenir maison, que la religieuse, une femme ronde et joviale, lui disait qu'elles ne pouvaient mieux tomber, qu'on avait besoin de personnel et que Thérèse pouvait commencer le jour même si elle le voulait. On lui a trouvé un uniforme auquel Antoinette, même si elle n'approuvait pas tout à fait la décision de sa fille, fit quelques retouches. Thérèse, au comble de la joie, s'est présentée au travail le lendemain à sept heures. Elle allait vite déchanter.

Les sœurs lui avaient confié l'entretien de la salle des hommes, qui se trouvait au troisième étage. Elle devait tenir les lieux propres, changer les draps et les taies d'oreiller, aider au service des repas. Et supporter les farces grivoises, les regards lubriques, les demandes scabreuses, et éviter les mains baladeuses. L'enfer ! Quand l'un des patients a demandé l'urinoir, les rires ont fusé de partout. Ils ont repris de plus belle quand Thérèse a signifié qu'elle ne savait pas ce que c'était. Mortifiée, elle sentait du mépris dans ces regards et ces rires. Et elle était fâchée, blessée, déçue. Fâchée contre elle, déçue d'elle. Elle a pensé qu'elle n'était sans doute pas à sa place. Sa mère avait raison : une fille de dix-sept ans doit vivre pratiquement cloîtrée, confinée à la maison. Le monde qu'elle rêvait de connaître était fait par des hommes, pour les hommes ; elle n'y avait pas sa place. Elle a supporté l'enfer pendant deux jours et demi. Le troisième jour, elle est allée remettre son tablier et son balai à la sœur directrice.

« Je suis pas faite pour travailler dans un hôpital », a-t-elle dit.

À son grand étonnement, la sœur a refusé sa démission, elle lui a longuement parlé, l'a rassurée. Thérèse a été affectée à la salle des femmes, où elle s'est tout de suite sentie parfaitement à l'aise. Les patientes lui parlaient vraiment, sans détour, sans mépris. Elles se confiaient à elle, lui demandaient des services, des conseils, lui en donnaient. Et Thérèse, quand elle les a mieux connues, a découvert que les sœurs avec qui elle travaillait étaient souvent fort délurées, instruites, beaucoup plus éveillées qu'elle n'aurait cru aux réalités du monde moderne. Certaines exprimaient ouvertement leurs opinions politiques, même si beaucoup de gens considéraient encore que les femmes, et à plus forte raison les religieuses, n'avaient pas voix au chapitre et ne devraient pas voter.

Pendant un temps, Thérèse a caressé de nouveau le rêve de devenir religieuse. Non pas qu'elle fût pieuse, mais parce qu'elle se rendait compte que la meilleure façon pour une fille de voir du pays, de s'ouvrir au monde et d'être libre était de se faire sœur. Ou soldate. Elle avait vu dans les journaux des publicités du gouvernement canadien encourageant les jeunes femmes à faire carrière dans l'armée, leur promettant une vie riche de découvertes et d'aventures.

Au contact des patientes dont elle avait soin, elle prenait conscience que les temps commençaient à changer. Certaines d'entre elles, ou bien des filles et des femmes qui venaient les visiter, ou encore des gardes-malades qui les soignaient portaient le pantalon, fumaient des cigarettes, parlaient et riaient fort devant tout le monde. Ces femmes-là avaient conquis leur liberté! Elles se sentaient partout à leur place, c'était évident, visible, elles étaient libres, comme des hommes. Ou presque. Bien vite, Thérèse a décidé qu'elle n'entrerait pas dans l'armée, elle ne serait pas sœur non plus : elle deviendrait garde-malade. Et travaillerait, si possible, dans la pouponnière d'un hôpital. Elle avait retrouvé ce grand plaisir, qu'elle avait connu autrefois à l'hôpital de Sainte-Anne-des-Monts, de langer les bébés naissants et de les apporter à leurs mères. Les sœurs infirmières, qui lui trouvaient beaucoup de talent dans ce domaine, lui ont conseillé d'aller étudier pour apprendre le métier.

Faute de pouvoir parcourir le vaste monde, elle était entrée dans la JOC, la Jeunesse ouvrière catholique, espérant rencontrer d'autres jeunes, faire de la musique peut-être avec eux, élargir ses horizons. La JOC était un lieu de formation sociale ouvert aux garçons et aux filles des milieux populaires et ouvriers. Pour une jeune fille élevée sévèrement, le mouvement jociste était pratiquement la seule façon de pouvoir rencontrer des garçons et des filles de son âge et d'élargir quelque peu son horizon.

Les jocistes avaient toutes sortes d'activités, organisaient des soirées dansantes, des discussions, des conférences. Thérèse est allée à quelques réunions animées par le vicaire de la paroisse, l'abbé Desjarlais. Elle fut plutôt déçue. Les gars devaient s'asseoir d'un côté, les filles de l'autre. Et ces réunions, des prêches à n'en plus finir, lui paraissaient d'un tel ennui qu'elle était pratiquement incapable, une fois rentrée à la maison, de dire à sa mère et à Phonsine de quoi il avait été question. Heureusement, elle pouvait, sortir de temps en temps avec son frère Valmont, qui avait le don de se faire des amis.

Après avoir été réformé à cause de son mal d'oreille, Valmont avait suivi un cours d'ébénisterie à Rimouski, puis était venu vivre avec la famille, à La Tuque. Il s'était rapidement lié d'amitié avec Lucien Blackburn, le fils de l'entrepreneur en construction pour qui il travaillait comme peintre en bâtiment. Lucien était un bon garçon, sage et raisonnable, qui aimait rire. Et personne au monde ne le faisait rire plus que Thérèse Tanguay; il ne refusait donc jamais une occasion de passer rue Réal, où il a su entrer dans les bonnes grâces d'Antoinette. Valmont et lui étaient tous deux membres de la JOC et avaient rejoint le mouvement Lacordaire. Ils n'avaient jamais vraiment bu ni l'un ni l'autre, mais pour ne pas se faire achaler dans les fêtes, ils arboraient au revers de leur veston le petit écusson de la Ligue de tempérance…

De temps en temps, Thérèse pouvait sortir avec eux. Et avec Pit aussi. C'était un bel été, celui du débarquement de Normandie, qu'on suivait au jour le jour à la radio. On disait que la fin de la guerre était imminente, que les Alliés avaient réussi à prendre pied en Europe, qu'ils avaient investi la Forteresse Europe d'Adolf Hitler et progressaient chaque jour au cœur du continent. Ils allaient bientôt libérer Paris. Et il y avait de la joie dans l'air, de la musique, plein d'espoir. Les Blackburn organisaient des pique-niques ou des randonnées à bicyclette le dimanche. Thérèse avait parfois la permission d'y aller, pourvu qu'elle fût accompagnée par Pit ou par Valmont, qui s'était fait une blonde, Lucienne Jean, dont les parents étaient plus permissifs que ceux de Thérèse.

Chaque fois qu'ils sortaient tous ensemble, Lucien s'arrangeait pour se placer près de Thérèse, riait toujours de bon cœur des farces qu'elle faisait, n'avait d'yeux que pour elle. Un jour, au retour d'un pique-nique, il lui a dit, tout bas :

« J'aimerais ça qu'on sorte ensemble.

— Je vas y penser », a répondu Thérèse.

Elle aimait bien Lucien. Elle ne se sentait pas attirée par lui, mais il était bon garçon, et ses parents lui faisaient confiance. Elle envisagea donc la possibilité de sortir avec lui.

Cependant, quelques jours plus tard, un événement allait tout changer.

Ce soir-là, Henry est rentré du travail et a raconté qu'il avait vu, dans l'autobus des travaillants, un gars qui ressemblait de façon frappante à Robert Barriault, l'homme engagé avec qui Achille et ses deux plus vieux avaient construit le premier campe à Saint-Bernard-des-Lacs. Même face mince, les cheveux blonds lui aussi, les yeux très bleus, les dents très blanches, le teint basané. C'était Robert Barriault tout craché, répétait Henry.

« Quel âge ? a demandé Achille.

— Vingt ans, peut-être vingt-quatre.

— Ça peut pas être Barriault. Il avait une douzaine d'années de moins que moi, il doit approcher les quarante ans, aujourd'hui.

— J'ai pas dit que c'était lui, j'ai dit que c'était son portrait tout craché. Il a pas beaucoup parlé, mais j'ai cru reconnaître l'accent gaspésien.

— Tu lui as pas demandé son nom ?

— Mais, je le connais pas !

— Justement, c'est quand on connaît pas les gens qu'on leur demande leur nom. »

Le lendemain, Henry a croisé de nouveau l'inconnu dans l'autobus et lui a demandé son nom et d'où il venait. Il a fait son rapport à son père en rentrant du travail.

« Le gars qui ressemble à Robert Barriault s'appelle Adhémar Dion. Il vient des Méchins. Son père, c'est Charles Dion.

— Charles Dion ! Je suis allé à la petite école avec lui, dans le quatrième rang de Sainte-Anne-des-Monts. C'était un bon gars, mais qui avait très mauvais caractère, il s'enrageait tout le temps pour des riens et il aimait se battre. Je connais sa femme aussi, c'est Ernestine Barriault, la sœur de Robert, celui qui a été mon homme engagé. Ta mère l'a connue quand elle était petite. Ce gars-là que t'as vu dans l'autobus, c'est le neveu de Robert Barriault, figure-toi. C'est pas pour rien qu'il lui ressemble. Tu sais où il reste ?

— Dans la rue Castelneau, avec sa famille. Ils viennent d'arriver à La Tuque.

— Autre chose ?

— Il m'a dit qu'il jouait de l'accordéon. Je lui ai dit que moi aussi. Et que j'avais une sœur qui jouait du violon. »

La rue Castelneau, c'était à deux pas. Achille et Antoinette étaient à ce point excités à l'idée de revoir des gens de leur enfance et de leur chère Gaspésie qu'ils ont tout de suite voulu aller visiter les Dion. Pendant que les femmes ramassaient la vaisselle du souper, Achille a lancé : « Thérèse, tu vas emmener ton violon ! »

Elle était catastrophée. Depuis presque un an qu'ils vivaient à La Tuque, elle jouait toujours seule, pour elle-même. Ou parfois pour son père qui, lorsqu'il rentrait fatigué du travail, lui demandait de jouer un peu, des valses surtout. « Ça me repose », disait-il. Thérèse adorait jouer pour lui. Mais elle ne voyait pas pourquoi elle irait imposer sa musique à des gens qu'elle ne connaissait pas, qu'elle n'avait pas vraiment envie de connaître...

« De quoi j'aurais l'air ? Pas question que j'apporte mon violon là-bas. »

Et elle est montée s'enfermer dans la chambre des filles. Elle était mortifiée, elle pleurait de rage. Pit est venu la voir.

« Tu peux pas faire ça à papa, lui dit-il. S'il veut que tu joues, c'est parce qu'il est fier de toi. Je vais le porter, moi, ton violon. Peut-être même que t'auras pas l'occasion d'en jouer. »

Tout le monde, sauf Henry et Phonsine, qui, rare occasion, sont restés seuls à la maison, Achille, Antoinette, Annette, Jacqueline, Thérèse et Pit, qui portait le violon, se sont rendus à pied, rue Castelneau.

La maison des Dion était sinistre. Depuis une semaine qu'ils étaient arrivés à La Tuque, ils n'avaient pas encore trouvé le moyen d'avoir l'électricité. Dans le salon, il n'y avait que trois ou quatre chaises bancales, dont deux sans dossier. Rien sur les murs. La fenêtre de la cuisine n'avait pas de rideau. Ernestine Dion était une petite femme sèche, à la poitrine plate, aux yeux cernés, sans éclat, mal fagotée. Et les enfants avaient l'air maussade, sauf Roger, qui devait avoir dix-sept ans, comme Thérèse, et qui semblait plus liant que les autres. Le père, Charles Dion, n'était pas là.

« Il est déjà monté dans les chantiers », a expliqué Ernestine.

Pit avait discrètement placé le violon de Thérèse derrière la chaise sur laquelle elle s'était assise. Achille faisait le gros de la conversation. Il posait maintes questions, voulait savoir ce qu'avaient vécu les Dion depuis qu'ils s'étaient perdus de vue. Ernestine répondait de façon évasive. Ils avaient vécu aux Méchins, d'abord, puis, pendant un temps, dans la région de Québec. Elle disait

85

que Charles avait dirigé des groupes de bûcherons et de gros chantiers dans la Beauce, au Saguenay, dans Portneuf. Ils avaient six enfants. La deuxième, Yrène, nouvellement mariée, vivait à Québec.

Puis Ernestine a demandé qui jouait du violon.

« C'est ma fille, a répondu Achille. Thérèse. Elle est très bonne, tu vas voir.

— Attends, mon plus vieux fait de la musique, lui aussi », a lancé Ernestine.

Elle est allée au pied de l'escalier et a crié :

« Descends, Adhémar. Apporte ton accordéon. »

On a entendu craquer le plafond. Et Adhémar est apparu dans l'étroit escalier. Tout le monde le regardait descendre en silence, son accordéon dans les bras. On aurait dit un comédien effectuant son entrée en scène. Tout de suite, Thérèse l'a trouvé insupportable de prétention. Il était tiré à quatre épingles, il portait une chemise blanche et des pantalons pressés. Il voulait visiblement impressionner.

« Il a sans doute couru se changer quand il nous a vus arriver, pensa-t-elle. Quel fendant ! »

En même temps, en le regardant, elle était envahie par le troublant souvenir de ce merveilleux voyage qu'elle avait fait, toute petite, presque douze ans plus tôt, quand ils avaient quitté Sainte-Anne-des-Monts et qu'un homme qui ressemblait étrangement à cet Adhémar Dion l'avait tenue dans ses bras, alors qu'elle vivait le plus beau jour de sa vie.

Adhémar n'a pas dit un mot. Il a joué *Le Reel de Sainte-Anne*, que Thérèse connaissait, évidemment. Pendant qu'il jouait, Achille a tendu le violon à Thérèse. Celle-ci l'a accordé bien vite et s'est mise à jouer avec Adhémar. Puis ils ont exécuté *Le Reel de Pointe-au-Pic* et *L'Oiseau moqueur*. Et à plusieurs reprises, pendant l'interprétation de cette pièce difficile, leurs yeux se sont croisés. Une fois ou deux, il lui a fait un vague sourire. Mais ils n'ont pas échangé un mot.

La noirceur venait. Il a fallu partir, au grand soulagement de Thérèse. Sur le chemin du retour, on s'est extasiés sur la pauvreté de la maison des Dion. Antoinette a dit qu'Ernestine, qu'elle n'avait pas vue depuis vingt ans, avait l'air d'une femme fatiguée. Et Achille, qu'il aurait bien aimé savoir ce que Charles Dion était devenu. Puis il a ajouté, après un silence, qu'il avait de la misère à imaginer que cet homme-là dirigeait de gros chantiers.

« À moins qu'il ait bien changé. »

Le soir, dans leur chambre, Thérèse et Annette ont échangé leurs impressions de la soirée.

« Je sortirais jamais avec un gars comme ça, a dit Annette, quinze ans, en parlant de Roger, celui des frères Dion qui avait été le plus charmant avec elles.

— Moi non plus, a ajouté Thérèse. Et encore moins avec l'autre, le grand fendant qui a un nom à coucher dehors. Même s'il joue bien de l'accordéon, je voudrais pas sortir avec ça pour tout l'or du monde. »

Thérèse avait en effet été impressionnée par le jeu d'Adhémar, très coulant, très attentif aussi. Dès qu'elle avait commencé à jouer, il avait adopté son rythme et ils s'étaient suivis l'un l'autre à tour de rôle, sans jamais se perdre. C'était le 22 août 1944. Dans les journaux et à la radio, on ne parlait que de la libération imminente de Paris et de la déroute des troupes nazies. Et comme on sentait autrefois, sans vraiment la voir ni l'entendre, la présence maléfique de la guerre dans le monde, partout maintenant on éprouvait déjà l'excitante euphorie de la paix, qu'on savait pouvoir bientôt retrouver. Et tout prenait des allures de fête.

Quelques jours plus tard, un cirque ambulant arrivait à La Tuque. Des chevaux, des éléphants, une tombola, des clowns, des stands de tir, tout un bazar qui, pendant presque une semaine, ferait courir et s'émerveiller la ville entière. Valmont, Pit, Annette et Thérèse avaient eu la permission de s'y rendre. En chemin, ils ont rencontré Lucien Blackburn, qui s'est joint à eux. Thérèse a soupçonné qu'il ne s'agissait pas d'un hasard et qu'il était de mèche avec Valmont. D'ailleurs, dès qu'ils furent un peu à l'écart, Lucien lui a demandé si elle avait réfléchi à sa proposition. Elle a répondu :

« Faut que j'y pense encore ! »

Presque en arrivant, ils ont aperçu Adhémar Dion, qui se tenait devant un stand de tir, l'air vainqueur. Il venait de gagner un toutou. Il était encore en chemise blanche et pantalon impeccablement pressés, ce que Thérèse et Annette trouvaient totalement inconvenant, un soir de semaine. Il a échangé quelques mots avec les Tanguay, puis il a disparu. Sur le chemin du retour, Lucien Blackburn a affirmé à Thérèse :

« Je sais que je viens de perdre. »

Elle n'a rien trouvé à lui répondre. Mais elle dut s'avouer qu'il avait raison. Lucien avait compris, avant elle, qu'Adhémar Dion l'intéressait, même si elle a répété devant tout le monde, dès qu'il a eu le dos tourné, qu'il avait l'air d'un beau fendant et que ça ne se faisait pas de se promener un soir de semaine en chemise blanche et pantalons pressés.

Le samedi suivant, sans s'être annoncé, Adhémar arrivait chez les Tanguay avec son accordéon. Il a parlé longuement avec Valmont et Henry, regardant à peine Thérèse. C'est elle qui, finalement, lui a demandé s'il voulait qu'elle sorte son violon et qu'ils fassent un peu de musique ensemble.

Ils ont joué pendant plus de deux heures. Elle a senti qu'il y prenait énormément de plaisir. Elle aussi. Il avait un répertoire beaucoup plus riche que le sien. Mais elle apprenait très vite. Il suffisait qu'il joue un air une fois ou deux pour qu'elle puisse le répéter sur son violon. Et à sa manière. Elle était très fière d'elle, même s'il faisait celui que rien n'impressionne. Ce n'est que quelques jours plus tard, par Valmont, qu'elle a appris qu'Adhémar Dion trouvait qu'elle jouait remarquablement bien.

C'est par Valmont également qu'elle était informée qu'Adhémar avait l'intention de venir jouer avec elle les samedis soir et les dimanches après-midi. Un dimanche soir, ils sont allés ensemble au cinéma, Valmont et sa blonde Lucienne, Thérèse et Adhémar. On passait *Casablanca*, au théâtre Royal, avec le ténébreux Humphrey Bogart et la magnifique Ingrid Bergman. Ce n'était jamais Adhémar qui proposait ces activités. Il laissait les autres décider. Ou il passait par Valmont ou par Pit pour faire savoir à Thérèse qu'il serait de la partie ou de la sortie et qu'il s'attendait à ce qu'elle soit là, elle aussi.

À la fin de septembre, un peu plus d'un mois après avoir fait la connaissance de Thérèse et sans qu'il lui ait manifesté de façon explicite son intérêt, Adhémar partait pour les chantiers du Rapide-Blanc, engagé comme bûcheron par une compagnie forestière. À son grand étonnement, Thérèse s'est alors sentie esseulée, beaucoup plus qu'elle ne l'aurait cru. Elle a pensé un temps qu'elle s'ennuyait de la musique plus que d'Adhémar. Mais peu à peu, elle s'est rendu compte que la musique, c'était justement Adhémar. Et, presque à son insu, elle s'est mise à s'ennuyer de lui.

C'est pendant son absence que Thérèse a appris, à travers les récits de ses frères, que les Dion avaient toujours vécu presque en marge de la société, plutôt pauvrement, dans le milieu dur et fruste des travailleurs forestiers itinérants. Charles Dion, le père d'Adhémar, avait toujours été un être instable et irresponsable, très violent lorsqu'il avait bu, capable parfois, emporté par une colère aveugle, de battre très durement femme et enfants. Incapable de garder ses jobs et de payer son loyer, Charles Dion devait régulièrement déménager, passant de taudis en taudis, toujours de pire en pire.

Dans l'esprit de Thérèse, les gars de chantier étaient très souvent des êtres instables et irresponsables, comme Charles Dion. Et des affabulateurs toujours prompts à se «péter les bretelles». Dans l'histoire de sa famille qu'il racontait à Valmont, Adhémar, gars de chantier comme son père, s'attribuait toujours le beau rôle, celui du pourvoyeur, du protecteur, du défenseur au grand cœur.

Quand, par exemple, sa sœur Yrène s'était mariée, à Québec, il était descendu du Rapide-Blanc. Une fois en ville, il était parti à la recherche de son père, qu'il avait retrouvé dans une taverne, l'avait dessoûlé, lui avait acheté un habit neuf, lui avait même donné quelques dollars pour qu'il achète un petit cadeau à sa fille. Et malgré les écarts de conduite de l'auteur de ses jours, il continuait de lui porter le plus grand respect, par devoir, parce que, pour un gars comme lui, ne pas aimer et ne pas respecter son père, ça ne se faisait pas.

Thérèse écoutait toujours avec le plus vif intérêt les récits de son frère Valmont concernant les prouesses de son ami Adhémar, laissant cependant entendre qu'il fallait peut-être en prendre et en laisser.

Adhémar, qui avait eu vingt-deux ans le 2 mars précédent, disait avoir ses entrées dans les plus importants chantiers de la Mauricie, de l'Abitibi et du Saguenay, où il pouvait n'importe quand se trouver du travail comme bûcheron. Il n'était pas très gros, pas vraiment costaud, mais il avait du nerf et il était vaillant. Tous ceux qui l'avaient croisé dans les chantiers forestiers le disaient: Adhémar Dion aimait travailler dur et, contrairement à son père, c'était «un homme fiable».

On savait aussi, dans les chantiers, qu'il était devenu un champion de l'économie et qu'on pouvait toujours lui emprunter quelques dollars, moyennant de raisonnables intérêts. Tout en étant soutien de famille, il réussissait en effet à mettre de l'argent de côté. Son père aussi le savait, évidemment. Il était venu le voir un jour en disant que sa femme venait d'être hospitalisée, et que le médecin exigeait cent dollars pour lui faire une hystérectomie. Adhémar a remis l'argent à son père qui est reparti pour La Tuque.

Quelques jours plus tard, un de ses frères venait lui annoncer que le médecin attendait toujours ses honoraires. Charles, le père, avait flambé la somme au complet. Selon Thérèse, tout cela tenait sans doute un peu de la légende dont Adhémar s'était entouré.

Aux fêtes, Adhémar est descendu du Rapide-Blanc. En le retrouvant, Thérèse a été plus émue qu'elle ne s'y attendait. Ils ont fait de la musique ensemble, plusieurs fois, rue Réal, mais aussi chez la tante Eugénie et chez les Dion. Et c'était chaque fois de très heureux moments, troublants aussi. Faire de la musique avec un autre, surtout si cet autre est du sexe opposé, est une activité très intime. Ils jouaient toujours devant leurs familles, mais ils se sentaient par moments seuls au monde.

« Il y a quelque chose chez lui que j'aime, a dit un jour Thérèse à sa sœur Jacqueline. Et il y a quelque chose de moi qu'il aime, j'en suis sûre. »

Adhémar avait beaucoup d'amis à La Tuque. Mais il n'était pas ce qu'on pourrait appeler un beau parleur. Surtout pas avec Thérèse. C'était toujours par son frère Valmont qu'elle apprenait ce qu'il pensait d'elle ou qu'il lui proposait de faire de la musique ou d'aller au cinéma. Elle découvrait un homme timide et indécis. Et elle s'efforçait de trouver des raisons de croire qu'il n'était pas un bon parti. S'il avait été soutien de famille, pensait-elle, c'était par la force des choses, parce qu'il avait été incapable de se dérober à son devoir. Tant et aussi longtemps qu'il devrait faire vivre sa mère et ses frères et sœurs, Adhémar ne pourrait pas, quoi qu'il en dise, mettre de l'argent de côté, pas nourrir de projets d'avenir, surtout pas penser à se marier. Sa mère l'avait rendu responsable de cette famille, dont Charles, son mari, était toujours incapable de prendre soin. Responsable et dépendant. Thérèse essayait donc de se convaincre que tout ce qui l'intéressait chez lui, c'était la musique. Elle ne l'avait jamais vu boire de façon excessive, mais elle savait qu'il prenait un coup, comme son père, comme sa mère parfois, comme ses jeunes frères. Et s'il y avait une chose dans le monde qu'elle ne pouvait supporter, c'était un gars soûl.

Adhémar l'a compris tout seul ou Valmont l'en a informé, toujours est-il qu'il est entré lui aussi dans le mouvement Lacordaire. Puis il a dit à Valmont, sachant sans doute que ce dernier en informerait sa sœur, qu'il y resterait au moins vingt-cinq ans, le temps d'élever sa famille.

Thérèse pensait : « Cet homme-là comprend le bon sens. Il a de la bonne volonté. Il est facile à apprivoiser. »

Ils sont sortis ensemble à quelques reprises. Toujours accompagnés, évidemment, par Pit ou par Valmont, qui, tout occupé à faire sa cour à Lucienne, négligeait parfois ses devoirs de chaperon. Un soir qu'il raccompagnait Thérèse à la maison, Adhémar lui a volé un baiser, furtivement, presque à la sauvette. Phonsine, qui comme d'habitude était assise à sa fenêtre, l'a vu faire et, pire, a constaté que Thérèse ne le repoussait pas, bien au contraire. Elle s'est empressée de rapporter l'incident à Antoinette, qui a vertement tancé sa fille. Celle-ci avait alors été tentée de lui répondre : « À mon âge, maman, vous étiez mariée, vous aviez déjà un garçon. J'aurai dix-huit ans dans trois mois. Pourquoi me traitez-vous toujours comme une enfant ? »

Le chaperonnage fut resserré. Et à la fête des Rois, sans qu'ils aient pu se revoir seuls, Adhémar partait pour Clovas, en Abitibi. Il ferait toute la campagne de bûchage. Quand elle a su par Valmont qu'il ne reviendrait pas avant Pâques, peut-être même pas avant la fin de la drave,

Thérèse a serré son violon dans le haut de la garde-robe de la chambre des filles.

À l'hôpital, on lui avait dit qu'elle devrait aller étudier à Montréal si elle voulait devenir garde-malade. Elle en avait parlé à ses parents, qui avaient carrément refusé. Pour la bonne et simple raison qu'ils n'avaient pas les moyens de payer les études de leur fille, encore moins son séjour dans la métropole. Mais aussi parce que la grande ville était toujours à leurs yeux un lieu dangereux.

La famille a déménagé dans une belle grande maison qu'Achille avait louée, rue Saint-Joseph, à plusieurs kilomètres de l'hôpital. Thérèse a alors dû quitter son emploi. Deux semaines plus tard, elle entrait comme fille de chambre à l'hôtel Duchesne tout près de chez elle. Le milieu était peut-être moins intéressant, certainement moins stimulant, mais les heures étaient moins longues et le travail, mieux rémunéré. En plus, Thérèse Dion avait besoin de changement, toujours. Puis de liberté.

En février, Adhémar a écrit : « J'ai hâte de rentrer. Mon désir, c'est de t'avoir dans mes bras pour toujours. » Elle a répondu : « Je t'attends. À bientôt. »

Et elle a pensé : « Adhémar sera ma liberté. »

La maison de la rue Saint-Joseph était archibondée. Henry et Phonsine, qui n'avaient pas encore les moyens de se louer un logement, s'y étaient installés eux aussi. Jeanne venait d'arriver avec son mari et ses deux bébés. Puis Lauréat, sa femme Marianne et le petit Denis, un enfant qu'ils étaient allés chercher à la crèche. En plus d'Antoinette et d'Achille, de Valmont, Pit, Thérèse, Annette, Jacqueline et Louis. Dix-sept personnes en tout. On dormait pratiquement cordés les uns contre les autres dans chacune des pièces de la maison où il n'y avait, bien évidemment, qu'une seule toilette et un bain, pas de douche.

Antoinette avait tendu un drap au beau milieu de la chambre que Thérèse partageait avec Annette. Elles dormiraient désormais dans le même lit trois-quarts. Jeanne et son mari occuperaient l'autre moitié de la pièce. Leur lit étant flanqué des deux côtés par les bassinettes de leurs bébés, ils ne pouvaient y entrer que par le pied. Lauréat, sa femme Marianne et leur bébé dormaient dans la moitié de la chambre des gars. La nuit, il y avait toujours au moins un enfant qui pleurait, au moins un adulte qui ronflait. Certaines nuits, Thérèse, qui devait se lever très tôt pour aller travailler, ne parvenait pas à dormir. Elle rêvait plus que jamais de quitter la maison et d'avoir un jour, comme certaines de ses compagnes de travail, sa chambre à elle seule, et de vivre dans la sainte paix, libre de ses allées et venues.

Elle admirait et enviait sa mère Antoinette, qui savait rester calme et sereine, qui pensait seulement à aider, ne se plaignant jamais. Bien sûr, elle avait pour tenir maison l'aide de ses filles et de ses brus, mais elle ne pouvait à aucun moment se ménager un instant de répit, de solitude. Il y avait toujours des repas à préparer, du linge à laver, à étendre, un enfant à consoler, à endormir… Comment peut-on arriver à être bien et à rester de bonne humeur quand on n'a jamais de repos, à se sentir libre quand on n'a aucune intimité ni aucun temps pour soi ? Comment peut-on trouver son bonheur dans les autres, exclusivement ? Et supporter les placotages de Phonsine, qui passait son temps assise à la fenêtre, derrière le rideau, à regarder les voisins et les passants, et à porter sur chacun d'eux des commentaires désobligeants ? Phonsine et Henry n'avaient pas d'enfant, ce que tout le monde déplorait, parce qu'on savait qu'ils auraient été de fort bons parents. Phonsine était toujours aussi bavarde, mais c'était une bonne personne, serviable, empressée, parfois trop. Même si elle n'avait pas d'enfant, elle prêtait main-forte pour la lessive et tous les travaux de maison.

Thérèse aimait profondément chacun des membres de sa famille, même Phonsine. Elle n'en désirait pas moins quitter le cocon familial. Le soir, elle rentrait du travail dans cette maison toujours bondée, remplie de cris, de rires, de pleurs, où il ne pouvait être question d'ajouter un air de violon ou d'accordéon. De la musique, elle n'en faisait plus que dans sa tête. Elle y retrouvait toujours, immanquablement, Adhémar Dion.

Pâques tombait cette année-là le 1ᵉʳ avril. Adhémar était arrivé à La Tuque quelques jours plus tôt, avec un cadeau qu'il a remis à Thérèse sans un mot. Elle a pensé que c'était pour son anniversaire, qu'elle n'avait jamais beaucoup fêté, étant donné que, la plupart du temps, le carême n'était pas encore fini, le 20 mars.

Le Vendredi saint, Valmont annonçait à sa famille que Stanislas Tremblay lui avait accordé la main de sa fille adoptive, Lucienne Jean, et qu'ils allaient se fiancer le dimanche de Pâques. Le lendemain après-midi, quand il a confié à son ami Adhémar qu'ils avaient décidé de la date de leur mariage, le 20 juin, celui-ci a tout de suite ajouté :

« Nous autres aussi, on va se marier. »

C'est Valmont qui, bien malgré lui, a appris à Thérèse qu'elle allait bientôt se marier.

« Tu nous avais pas dit que vous alliez vous marier, Adhémar et toi !

— Première nouvelle, répondit Thérèse.

— C'est Adhémar qui me l'a dit.

— Heureuse de l'apprendre. »

Elle était médusée. Elle ne comprenait vraiment pas pourquoi Adhémar ne lui avait pas parlé de ce projet qui la concernait directement.

Mais cette perspective l'a tout de suite intéressée, furieusement. Elle allait se marier avec Adhémar et quitter la maison.

On a célébré les fiançailles de Lucienne et Valmont chez Stanislas Tremblay. Au milieu de la soirée, ayant compris qu'Adhémar ne l'inviterait jamais à danser, même s'il en crevait d'envie, Thérèse a tendu son violon à son frère Henry.

« Joue à ma place que je danse avec Adhémar. »

Elle est allée se planter debout devant lui. Il n'a rien dit. Il lui a souri.

« Tu veux danser ? » a-t-elle demandé.

C'est elle qui l'a pris par la main. Il dansait bien. Elle en était sûre. Rien qu'à sa façon de jouer de l'accordéon, on pouvait savoir qu'Adhémar Dion dansait bien. Il avait le sens du rythme, il était à l'aise, attentif, comme toujours. Quand le set fut terminé, il a dit à Thérèse que sa sœur Yrène voulait lui parler. Un peu intriguée, Thérèse est allée voir Yrène, jeune femme mince, énergique, colorée, portant aux mains, au cou aux oreilles et plein de bijoux de pacotille. Celle-ci l'a entraînée à l'étage. Une fois là-haut, à l'abri de tout regard, elle lui a remis une bague.

« Mon frère Adhémar veut te donner ça.

— Pourquoi il me la donne pas lui-même ?

— Il est trop gêné.

— Comment ça, gêné ?

— Parce que tes parents sont là, je suppose. »

Thérèse a pris la bague en pensant qu'Adhémar aurait dû être davantage gêné de la lui faire remettre par sa sœur plutôt que de s'exécuter lui-même. Elle n'aimait pas cette manière qu'il avait de faire les choses en cachette, à l'insu de ceux qui, justement, auraient dû être les premiers informés. Si Adhémar voulait vivre un jour avec elle, il devrait tôt ou tard affronter ses parents. Il aurait même dû, idéalement, aller les mettre au courant dès maintenant. En agissant ainsi, il lui abandonnait toute la responsabilité de révéler leur engagement.

Elle a quand même passé la bague à son doigt devant Yrène. C'était un anneau d'or tout mince, presque un fil ; le métal était rare, pendant ces années de guerre. Elle lui

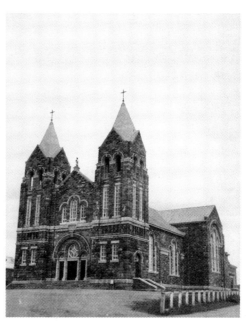

L'église de Sainte-Anne-des-Monts où Achille Tanguay a été chantre et sacristain et où sa fille Thérèse, née le 20 mars 1927, fut baptisée.

Thérèse Tanguay était, à trois ans, une enfant attachante et turbulente qui adorait jouer dehors, voulait tout voir, toucher à tout, aller partout.

La maison qu'Achille a bâtie sur les hauteurs de Saint-Bernard-des-Lacs, au cœur de la forêt gaspésienne, où Thérèse a vécu une enfance heureuse et comblée.

La famille Tanguay, à Saint-Bernard-des-Lacs, au début des années 1940. De gauche à droite, première rangée, Annette, Achille, Noël, Antoinette et Jacqueline. Seconde rangée, Thérèse, Louis-Olivier, Lauréat, Valmont, Henri et Jeanne. À l'arrière-plan, la maison de Henry, l'aîné de la famille.

Thérèse et son frère Louis-Olivier, dit Pit, en 1939, lors de leur confirmation solennelle.

Valmont s'est enrôlé dans l'armée en 1942. La guerre a mis fin brutalement au bonheur, à la liberté et à la prospérité dont jouissaient Thérèse et sa famille à Saint-Bernard-des-Lacs.

Meilleurs Souhaits
de Joyeux Noël
et Bonne
et Heureuse
Année

Achille et Antoinette Tanguay, devant la maison familiale à La Tuque, où ils ont refait leur vie. Ils possédaient tous deux d'étonnants savoir-faire dans de nombreux domaines.

Les parents d'Adhémar, Charles Dion et son épouse, Ernestine, née Barriault.

Thérèse Tanguay, à dix-sept ans, était bien déterminée
à trouver sa place dans le monde.

Le 20 juin 1945, Thérèse et son frère Valmont se mariaient
en double à l'église Saint-Zéphirin de La Tuque. Première rangée
à gauche, les papas. Derrière eux, les mamans.

La famille Tanguay, fin 1948. Debout, dans l'ordre habituel :
Noël, Valmont, Henry, papa, Lauréat, Louis-Olivier.
Assises : Annette, Jeanne, maman, Thérèse, Jacqueline.
Thérèse, vingt et un ans, avait déjà trois enfants.

Les quatre filles d'Achille et Antoinette Tanguay : Jeanne, Thérèse, Annette et Jacqueline, peu de temps avant la mort subite d'Annette.

allait parfaitement. Comme elle s'apprêtait à rejoindre les invités, Thérèse a entendu l'accordéon d'Adhémar, qui jouait *L'Oiseau moqueur*, qu'elle considérait comme leur musique fétiche.

En descendant l'escalier qui donnait dans le grand salon où on dansait, elle a aperçu les yeux d'Adhémar levés vers elle. Elle s'est alors rappelé cet autre moment, dans la maison des Dion, quand, le voyant pour la première fois dans l'étroit escalier, elle lui avait trouvé cet air fendant dont elle avait parlé à sa sœur Annette. Elle se rendait compte à quel point cette première impression avait été trompeuse. Adhémar n'était pas du tout le gars qu'elle avait imaginé, mais bien au contraire un homme secret, discret, timide, peu sûr de lui. Et un homme qui l'aimait. Et un homme qu'elle aimait.

Ce soir-là, il lui a murmuré bien vite : « Je t'aime. » Elle aurait souhaité qu'il élabore, qu'il développe un peu plus. Mais elle savait qu'il lui avait tout dit. Il ne s'exprimait peut-être pas bien en paroles, mais il y avait la musique. À travers elle, on peut se dire bien des choses.

Le lendemain, Thérèse est arrivée au petit déjeuner, la bague au doigt.

« Je crois pas ce que je vois, a lâché Antoinette. On n'a jamais entendu parler que mademoiselle se fiançait et la voilà la bague au doigt. »

Elle s'est tournée vers son mari, espérant visiblement qu'il intervienne, qu'il demande à Thérèse de retirer cette bague, d'aller la rendre à celui qui la lui avait offerte en lui rappelant qu'il aurait dû d'abord et avant tout en avoir parlé à ses parents.

Achille a fait vers Antoinette un geste de la main qui signifiait : « Tout doux, tout doux. » Et à sa fille, un sourire.

Mais encore une fois, Adhémar est reparti pour les chantiers. Il ne reviendrait qu'après le dégel, à la fin d'avril, ou au début de mai, quand la drave serait finie. Ils avaient décidé, Thérèse et lui, de se marier le 20 juin, le même jour que Lucienne et Valmont. Adhémar se laissait toujours influencer par Valmont. Il faisait tout et disait toujours tout comme lui. Il y avait cependant une chose que Valmont ne pouvait faire à sa place : demander la main de Thérèse à son père. Achille et Antoinette connaissaient très certainement les intentions du jeune homme. Mais tant et aussi longtemps qu'il ne se manifestait pas, ils feraient comme si de rien n'était, comme si leur fille n'avait pas de prétendant.

Un soir, en voyant son père en train d'écrire au curé de Sainte-Anne-des-Monts pour lui demander le baptistaire de Valmont, elle lui a dit qu'elle voulait le sien aussi. Et elle est montée dans sa chambre chercher les cinquante cents requis.

« Quel besoin t'as d'un baptistaire ? » a demandé sa mère. Encore une fois, Achille est intervenu en faveur de sa fille. Elle avait eu dix-huit ans en mars. Plus rien désormais ne pouvait s'opposer à ses projets.

Achille Tanguay eut cependant une longue discussion avec sa fille.

« Tu devrais réfléchir, lui a-t-il proposé, te donner du temps. Adhémar est peut-être un bon gars, mais tu le connais depuis six ou sept mois à peine, et il a été presque tout le temps absent. Réfléchis. Ta mère et moi, on aimerait organiser un mariage juste pour toi, à l'automne, par exemple.

— J'ai réfléchi, papa. Et j'ai donné ma parole. »

C'était, pour Achille Tanguay, l'irrévocable argument. Si sa fille avait donné sa parole, elle devait la respecter et vivre avec les conséquences, quelles qu'elles soient, bonnes et mauvaises.

« Une fois mariée, tu ne pourras plus venir pleurer dans les jupes de ta mère. »

Pour Achille comme pour Antoinette, les parents ne pouvaient plus intervenir dans la vie de leurs filles qui se mariaient. Ils devaient bien évidemment continuer à les aimer, mais ils n'avaient plus à leur dire quoi faire, quoi ne pas faire. Elles appartenaient désormais, corps et âme, à l'homme qu'elles avaient choisi.

Quand Adhémar est rentré, au début de mai, il lui a offert un coffre en bois verni, exactement le même que Valmont avait offert à Lucienne, le jour de Noël, contenant des produits de beauté, un rouge à lèvres, un parfum. Il a repris l'habitude de passer chez les Tanguay, les bons soirs (mardi, jeudi et samedi), faire de la musique avec Thérèse et jaser avec ses frères. À onze heures, Achille traversait le salon en remontant son réveille-matin. C'était le signal, Valmont allait reconduire Lucienne chez elle, et Adhémar partait avec son accordéon.

Mais le temps passait, on n'était plus qu'à quelques semaines du mariage, et il ne faisait toujours pas sa demande officielle aux parents de Thérèse. Tout le monde dans la famille et dans le cercle des amis savait qu'ils allaient se marier. Elle avait préparé son trousseau, brodé des taies d'oreiller, des nappes, acheté un service de vaisselle. Elle s'était ouvert un compte à la Caisse populaire, y avait déposé quatre-vingt-dix-huit dollars. Elle avait reçu sa robe de mariée commandée par catalogue chez Eaton, une robe longue en crêpe blanc, à quatorze dollars quatre-vingt-quinze, que Jeanne avait ajustée et au corsage de laquelle elle avait ajouté des rangs de perles. Son manteau de voyage de noces, vert avec un collet de renard, elle l'avait trouvé à La Tuque, rue Commerciale. Sa mère, réconciliée, lui avait acheté des souliers de cuir patent noirs, une jaquette de satin, une robe de chambre rouge éclatant avec de grosses fleurs vertes...

Après lui avoir rappelé à quelques reprises qu'il devait parler à son père, Thérèse avait décidé de laisser Adhémar assumer les responsabilités qui lui incombaient et de prendre lui-même ses décisions. Elle avait pu constater que sa mère, Ernestine, lui disait toujours quoi faire. Quand partir pour les chantiers, quand en revenir, où mettre son argent, quoi et quand manger, à quelle heure rentrer. Le seul domaine où il paraissait tout à fait autonome concernait le choix de ses vêtements. Ses frères semblaient toujours négligés; et la maison des Dion, même s'il s'y trouvait fort peu de meubles, était toujours dans un total désordre. Mais lui était toujours bien mis. Il aimait l'ordre, prenait un soin maniaque de son accordéon et de ses vêtements. Il savait exactement combien d'argent, à un cent près, il avait en poche et dans la petite boîte de fer-blanc dans laquelle il rangeait ses économies. Il savait qui lui devait de l'argent. Et combien exactement. Adhémar n'était pas un homme de décision, mais Thérèse avait la certitude qu'il était foncièrement honnête et qu'on pouvait se fier à lui. Elle était contente et rassurée de connaître ses défauts ou ce que d'aucuns pourraient considérer comme des défauts, cette indécision par exemple, cette passivité…

Ce n'est que le dimanche 17 juin, trois jours avant leur mariage, qu'il s'est enfin résolu à venir rencontrer Achille Tanguay pour lui demander la main de sa fille. Phonsine l'a vu arriver, impeccable chemise blanche et pantalons pressés, comme d'habitude, mais sans son accordéon. Il est resté sur la galerie, où Achille est allé le rejoindre. Par la fenêtre ouverte de sa chambre, Thérèse entendait la conversation des deux hommes.

En fait, Adhémar Dion n'a jamais demandé la main de Thérèse Tanguay à son père. C'est ce dernier qui, après avoir laissé Adhémar tourner autour du pot un moment, a fini par lui dire :

« Je sais ce que t'es venu me demander, Adhémar, c'est la main de ma fille. Et je te la donne avec plaisir. Je sais que t'es un bon gars, que tu as du cœur et que t'es vaillant. Tout ce que je te demande en retour, c'est de la rendre heureuse. »

3

La famille à Charlemagne

Il y a beaucoup de monde sur la photo de mariage de Thérèse et Adhémar Dion, et de Lucienne et Valmont Tanguay, célébré le 20 juin 1945. Parents et amis forment une demi-douzaine de rangées bien tassées sur toute la longueur du parvis de l'église Saint-Zéphirin. On ne voit pas du tout le ciel, mais on devine, aux yeux plissés des invités, qu'il faisait ce jour-là grand soleil. À part deux ados, un garçon et une fille, qui se regardent en pouffant de rire, personne ne sourit, tout le monde a l'air terriblement sérieux, l'air qu'on prenait presque obligatoirement, dans ce temps-là, quand on se faisait photographier. Comme si on avait voulu refléter le tragique et le sérieux de l'époque. La crise économique était pourtant déjà loin, la guerre était enfin finie depuis plus d'un mois, et tous les observateurs prévoyaient une période de grande prospérité. Mais tout le monde était, semble-t-il, fatigué, traumatisé. On venait de traverser une quinzaine d'années extrêmement difficiles et de découvrir, quelques semaines plus tôt, l'inimaginable horreur des camps de concentration.

Derrière les invités, on voit flotter le drapeau de la JOC, dont Thérèse était toujours membre. L'abbé Desjarlais, l'aumônier des jocistes, avait béni le double mariage. C'était un homme de trente-cinq ans environ, rieur et chaleureux, qui avait su établir d'étroits contacts avec les jeunes de La Tuque ; il écoutait la même musique qu'eux, pratiquait les mêmes sports, parlait leur langage.

Les nouveaux mariés, Thérèse et Adhémar, Valmont et Lucienne, sont debout au premier rang. Les parents, adoptifs dans le cas de Lucienne, se tiennent un peu à l'arrière. Toutes les femmes ont un chapeau sur la tête ; les hommes tiennent le leur à la main. Toute la parenté est là, bien sûr, sauf les femmes enceintes, que la décence retenait à la maison, les petits enfants et les jeunes femmes qui, comme Jeanne, devaient rester à la maison pour en prendre soin.

Personne ne sourit, donc. Mais Thérèse Dion semble particulièrement de mauvaise humeur. Pour plusieurs raisons. D'abord, elle s'était imaginé, dans sa tête de jeune fille de dix-huit ans, que cette journée serait magique, exactement semblable à celle dont elle avait rêvé depuis deux mois. Or, les choses ne se passaient pas tout à fait comme elle aurait souhaité.

Pourtant, tout avait bien commencé. Quand Thérèse s'était levée, vers cinq heures, il faisait déjà beau soleil. Elle avait déjeuné sur la véranda avec Jeanne, qui avait ensuite retouché ses cheveux et l'avait aidée à passer sa robe de mariée. À sept heures, une demi-heure avant le mariage à l'église, il ne manquait plus que le bouquet de corsage que son futur devait, selon l'usage, lui apporter à la maison de son père. Or, premier sujet d'inquiétude, Adhémar accusait un sérieux retard. Valmont était parti depuis déjà une bonne trentaine de minutes porter le sien à Lucienne, un magnifique arrangement de fleurs naturelles qui avaient embaumé la maison toute la nuit. À sept heures et quart, malgré les propos de son père qui se voulaient rassurants, Thérèse décidait de se rendre à l'église sans attendre son bouquet. Comme elle sortait sur la galerie, Adhémar arrivait en taxi. Jeanne a eu juste le temps de pousser Thérèse dans la maison pour qu'il ne la voie pas dans sa robe de mariée, ce qui risquait de porter malheur. Elle est descendue prendre le bouquet des mains d'Adhémar et a remis à Thérèse ce qui allait constituer son deuxième objet de déception de la journée : plutôt que d'acheter des fleurs fraîches, comme l'avait fait Valmont pour sa Lucienne, Adhémar avait loué un bouquet de roses artificielles parfaitement inodores.

Elle était donc partie pour l'église à la hâte, presque en retard, inquiète, pas du tout de bonne humeur. En plus, quelques minutes plus tard, en montant au bras de son père les marches conduisant au sanctuaire où les attendaient les bouquetières et l'abbé Desjarlais, un talon s'est pris dans le bas de sa robe. Thérèse a failli trébucher, il y a eu un sinistre petit bruit de déchirure, un accroc à sa robe. Un autre accroc à sa journée de noce, un premier accroc à sa vie, a-t-elle pensé.

Et, ce qui n'était pas de nature à calmer sa mauvaise humeur, depuis quelques jours trottaient dans sa tête toutes sortes d'idées plus ou moins sombres ou agaçantes et qu'elle ne parvenait pas à chasser. Elle voulait bien se marier à Adhémar Dion, mais elle trouvait injuste de devoir changer de nom. Pourquoi devrait-elle désormais s'appeler madame Thérèse Dion ou, pire, madame Adhémar Dion ? Personne au monde n'aurait pensé exiger, ni même suggérer, que son mari s'appelle monsieur Thérèse Tanguay ou que son frère Valmont prenne le nom de monsieur Lucienne Jean. Elle avait parfois abordé ce sujet avec ses sœurs ou avec des filles de la JOC.

Toutes avaient cru que ce n'était pour elle qu'une autre occasion de les faire rire. Et Jeanne s'était beaucoup amusée à imaginer que leur père aurait pu s'appeler monsieur Antoinette Sergerie. Toutefois, au cours des jours précédant son mariage, Thérèse avait pris conscience qu'elle devrait faire le deuil d'un nom, celui de cet homme tant aimé, son père, nom qu'elle avait porté avec grande fierté pendant dix-huit ans.

Mais il y avait pire encore. Pendant que, sous les directives du photographe et de son assistant, les gens se plaçaient en rangs sur le perron de l'église, quelques minutes avant la photo donc, la mère d'Adhémar, Ernestine Dion, née Barriault (elle est à gauche, sur la photo, deuxième rangée, joli chapeau), leur annonçait qu'elle les accompagnerait dans leur voyage de noces à Québec. Aux frais d'Adhémar, évidemment. Elle avait même organisé leur séjour là-bas ; chaque soir, ils iraient tous ensemble visiter l'une ou l'autre de ses sœurs.

Thérèse ne pouvait désapprouver l'attention qu'Adhémar portait à sa famille. Charles Dion (il est à côté de sa femme sur la photo, tête nue) était, à jeun, un homme attachant et gentil qui n'aurait pas fait de mal à une mouche, jamais très liant cependant, jamais dérangeant non plus. Mais quand il avait quelques sous, il était rarement à jeun. Et Ernestine ne voyait pas souvent la couleur de l'argent qu'il gagnait. Il était tout à fait normal que son aîné, Adhémar, soutienne sa pauvre mère. Mais Thérèse avait l'impression que celle-ci ambitionnait sur son garçon et qu'elle exerçait sur lui énormément de contrôle. Elle avait tenté à quelques reprises d'aborder ce sujet avec son futur mari. Mais il parvenait toujours à se défiler. Il faudrait bien pourtant qu'il comprenne que s'ils s'étaient mariés, c'était pour fonder leur propre famille. Les frères et les sœurs d'Adhémar, comme sa mère, avaient tendance à se laisser entretenir, ils ne faisaient eux-mêmes aucun effort pour se sortir de la misère à laquelle ils semblaient s'être habitués, dans laquelle, de toute évidence, ils se complaisaient. Ceux qui étaient en âge de travailler ne le faisaient que sporadiquement ; les autres, encore d'âge scolaire, allaient à l'école quand ça leur chantait, ce qui était plutôt rare.

Ernestine pouvait pourtant profiter de la Loi d'assistance aux mères nécessiteuses qu'avait fait adopter Maurice Duplessis lors de son premier mandat, juste avant la guerre. De plus, le premier ministre du Canada, Mackenzie King, venait juste d'annoncer, quelques semaines plus tôt, que, désormais, les allocations familiales seraient versées à la mère et non plus au père. Des évêques, des prêtres, beaucoup de nationalistes canadiens-français avaient fait campagne contre cette décision. On les avait entendus autant comme autant à la radio, tous les jours de cet hiver et de ce printemps 1945, répétant *ad nauseam* que l'homme était le vrai et l'incontestable chef de famille et qu'il devait rester le seul administrateur des biens familiaux, et que donner les allocations aux mères entraînerait de graves désordres sociaux et moraux. On avait entendu également Thérèse Forget-Casgrain qui avait mené elle aussi une campagne de presse et qui avait appuyé Mackenzie King et pratiquement forcé Maurice Duplessis à s'opposer pour une fois aux ténors catholiques et nationalistes.

Chez les Tanguay, on avait suivi ce débat avec beaucoup d'intérêt. Achille, farouche partisan de l'Union nationale de Duplessis, s'inquiétait bien un peu de voir les valeurs anciennes se perdre, mais pas autant qu'Antoinette. Pour la mère de Thérèse, le père serait toujours le chef de famille, et la politique et les affaires devaient rester le domaine exclusif des hommes. Lors des élections qui, l'année précédente, avaient reporté Duplessis au pouvoir, Antoinette avait commencé par refuser d'aller voter. Thérèse avait alors entrepris de convaincre sa mère de remplir son devoir de citoyenne.

Celle-ci avait fini par accepter… Mais elle allait voter du même bord que son mari, comme le faisait, semble-t-il, la majorité des femmes de l'époque, ce qui choquait Thérèse. Et c'était une autre des idées noires qui occupait son esprit en ce matin de mariage : pourquoi, comment, de quel droit, cet homme qu'elle aimait et qu'elle allait marier serait-il son chef ? En quoi lui était-il supérieur ? Pour à peu près tout le monde autour d'elle, ces questions ne se posaient même pas. C'était comme ça ; et ça devait le rester. L'homme était un chef. Tous les hommes, même Charles Dion, étaient des chefs auxquels les femmes devaient du respect, et envers lesquels elles avaient des devoirs. Sans doute son Adhémar pensait ainsi, comme Valmont et son père Achille, comme l'abbé Desjarlais et, plus étonnant encore, comme Antoinette et Ernestine, et même Jeanne, et même la plupart des filles de la JOC. Thérèse avait l'impression que les vœux de mariage étaient une sorte de serment d'allégeance que la femme devait prêter à son homme. Elle voulait bien aimer Adhémar toute sa vie, mais pas qu'il soit son chef.

Au cours des semaines précédentes, elle avait passé pas mal de temps chez les Dion, rue Castelneau, à préparer la chambre qu'elle partagerait avec son mari, à ranger le trousseau qu'elle avait préparé avec tant de soin, de belles taies d'oreiller et des nappes brodées, des robes de nuit, toutes choses qui lui semblaient incongrues, pour ne pas dire déplacées, dans ce lieu sans charme. Le laisser-aller général qui régnait dans cette maison l'avait médusée. Personne ne se souciait de réparer ce qui était brisé, chaise, évier ou fenêtre. On manquait de vaisselle et d'ustensiles, de sorte qu'on ne pouvait jamais prendre les repas tous en même temps. La mère, Ernestine, répétait sans cesse qu'elle était débordée, mais elle n'entreprenait à peu près rien. Elle fumait, se disputait avec son mari. Elle n'intervenait à peu près jamais quand les garçons se chamaillaient ou que les plus jeunes décidaient de ne pas aller à l'école.

Les Dion paraissaient vivre hors du monde. Comme si rien de ce qui arrivait ne les touchait ou ne les concernait. N'empêche que, grâce à Thérèse Forget-Casgrain et à Mackenzie King, Charles Dion serait désormais privé de son principal revenu, à moins qu'Ernestine ne lui reverse une partie de l'allocation familiale, ce dont elle était bien capable... Le peu d'argent qu'avaient les Dion semblait leur couler entre les doigts comme du sable fin. Quand il n'y en avait plus, Ernestine se tournait vers Adhémar qui, de son propre aveu, se laissait abuser. Thérèse voulait bien qu'il soutienne sa famille, mais à condition que ses frères et ses sœurs s'aident un peu. Elle avait résolu d'aborder ce sujet avec lui lors de leur voyage de noces. La présence d'Ernestine allait cependant rendre la chose difficile, voire impossible.

Après la photo, il y eut moult embrassades. Puis on a dû débarrasser bien vite le parvis de l'église, parce que d'autres mariages seraient célébrés ce matin-là. Les Tanguay, les Dion, les Jean, les Tremblay et leurs amis se sont réunis dans la salle des Chevaliers de Colomb. On a ensuite rendu visite à Stanislas Tremblay, un beau-frère de Lucienne Jean, la femme toute neuve de Valmont. Puis on s'est arrêté chez les Tanguay, rue Saint-Joseph, pour le repas du midi. Thérèse avait enlevé sa robe de mariée, de peur de la tacher ou d'y faire d'autres accrocs. Elle ne l'a remise qu'en fin d'après-midi, quand elle est partie au bras de son époux pour l'hôtel Royal, où on a fêté jusqu'aux petites heures du matin.

Il était entendu que les nouveaux mariés passeraient leur nuit de noces chez les Dion, dans la chambre d'Adhémar. Celui-ci, craignant que ses frères et ses beaux-frères lui aient joué de vilains tours, comme le voulait la coutume, en avait soigneusement verrouillé la porte. Mais en ouvrant le lit, les nouveaux mariés ont découvert qu'on y avait répandu du sable, du sel et du poivre. On saura plus tard que c'était l'œuvre des frères de Thérèse qui, munis d'une échelle, avaient forcé la fenêtre. Pour ne pas ajouter au plaisir de leurs frères qui continuaient de faire la fête sur la galerie et dans le petit salon du bas, les nouveaux mariés sont restés silencieux, ils ont secoué les draps par la fenêtre, refait le lit et se sont couchés ensemble pour la première fois.

Cinq heures plus tard, ils étaient dans le train de Québec, en compagnie de Valmont et Lucienne... et d'Ernestine. Thérèse ne comprenait pas qu'Adhémar ne fasse pas un effort pour qu'ils se retrouvent seuls de temps en temps. Tout semblait se liguer contre elle. Elle avait réussi à le convaincre d'aller à l'arrière du train ; mais un contrôleur les ayant vus s'embrasser, ô combien chastement, s'est dirigé vers eux et leur a dit que le train n'était pas une chambre à coucher et qu'ils devaient regagner leurs places. À Québec non plus, ils n'ont pas souvent été seuls. Quand ils n'accompagnaient pas Valmont et Lucienne au zoo de Charlesbourg ou sur la terrasse Dufferin, ils suivaient Ernestine chez ses sœurs, où ils restaient des heures assis dans des salons exigus, à siroter une bière d'épinette ou un thé, pendant que les autres s'enivraient, parlaient et riaient fort.

Un jour qu'ils marchaient sur les plaines d'Abraham, Adhémar a laissé entendre à Thérèse qu'il n'était pas sûr de vouloir des enfants. Elle fut étonnée et déçue. Étonnée parce que Adhémar n'était pas du genre à prendre seul une telle décision, surtout dans un domaine où tout, en principe et en pratique, devait se faire à deux. Et déçue, parce qu'elle aurait vraiment souhaité avoir plusieurs enfants, cinq ou six. Mais Adhémar lui disait qu'il avait déjà dû s'occuper d'une famille, celle de son père, et que ça lui suffisait. Étrange mariage ! Et elle n'était pas au bout de son étonnement.

Dès leur retour de voyage de noces, Adhémar est entré comme serveur à la taverne de l'hôtel Duchesne. Le salaire n'était pas très élevé, mais il effectuait de longues heures et obtenait de bons pourboires. Thérèse ne voyait jamais la couleur de son argent. Adhémar achetait ses cigarettes, payait sans doute à Ernestine une pension pour sa femme et lui. Ce qu'il faisait avec le reste, si reste il y avait, il n'en parlait à personne. Thérèse a compris bien vite que son mari ne la laisserait d'aucune manière s'immiscer dans ses affaires. Elle n'avait plus de compte de banque, jamais un sou dans son porte-monnaie. Elle était désormais totalement dépendante de lui.

C'était tout de même une fort belle époque. Le monde entier était en liesse. « Plus jamais la guerre », disaient les nations réunies. Mais chez les Dion, rue Castelneau, c'était l'enfer, les disputes, la peur. Charles était souvent absent, parfois pendant plusieurs semaines ; il rentrait fatigué, pitoyable, sans le sou. En fait, aucun argent, à part celui d'Adhémar et celui de l'allocation familiale et de l'assistance aux mères nécessiteuses, n'entrait dans cette maison où on manquait régulièrement de tout, où il n'y avait jamais de provisions, pas de conserves, pas de confitures, pas même de machine à coudre, ni de coffre à outils, rien pour ravauder, raccommoder, réparer. Très tôt, Thérèse a commencé à se dire : « Ça sera pas ça, ma vie. Ça ne peut pas être ça, ma vie. »

Elle se souvenait de la douceur du foyer Tanguay, des repas en famille, des fous rires avec ses sœurs Annette et Jacqueline, des jeux avec Lauréat, de la musique avec Henry, des heures passées avec Antoinette à préparer des ketchups ou des confitures, ou à confectionner des courtepointes. Adhémar, s'il voyait le désarroi de sa jeune épouse, ne lui en parlait pas. Et il ne disait jamais rien contre son père, ni contre sa mère. Pour lui, tout autant que pour Thérèse, la famille était sacrée. Même quand un soir, il a dû maîtriser son père qui voulait battre sa femme et la jeter par la fenêtre de l'étage, il l'a fait avec respect, sans crier, sans injurier l'auteur de ses jours.

Il était cependant fasciné par la famille Tanguay. Le jeune couple sortait très souvent, le soir, après le souper, et allait veiller, parfois jouer aux cartes, chez Antoinette ou chez la tante Génie ou chez Jeanne. Adhémar découvrait une manière de vivre qu'il n'avait jamais connue. Un soir qu'ils rentraient rue Castelneau, bras dessus, bras dessous, il a dit à Thérèse : « J'aurais aimé avoir une famille comme la tienne. » De la part de cet homme très secret, qui ne savait pas dire merci, ni je t'aime, qui ne parlait jamais de ses émotions, c'était une grande confidence.

Thérèse lui a répondu que s'il voulait vraiment avoir une famille unie, elle pouvait lui arranger ça. C'était également un aveu sans équivoque. Elle était bien déterminée à réussir sa vie de femme mariée. Elle apprenait à connaître son homme, à le comprendre. Elle trouverait en lui ce qu'il y avait de mieux et miserait là-dessus.

Le jour de leur mariage, devant Dieu et les hommes, il lui avait passé un jonc au doigt. Quelques semaines plus tard, Thérèse a dû l'enlever pour tordre du linge qu'elle venait de laver. À son grand étonnement, elle a alors aperçu ces mots gravés à l'intérieur : *À Rita, juillet 1944.* Elle a attendu plusieurs jours avant d'en parler à son mari qui lui a avoué, sans malaise, avoir déjà été fiancé, ou presque, à une Rita de Québec à qui il avait offert cette bague. Un jour qu'il avait raté le train qui devait le ramener au Rapide-Blanc, il était retourné chez elle, espérant profiter de sa compagnie le reste de l'après-midi et peut-être une partie de la soirée. La mère de la Rita en question l'ayant informé que sa fille était partie au cinéma, Adhémar est allé se promener tout seul dans le quartier et, par hasard, il a aperçu sa fiancée dans les bras d'un soldat aux cheveux roux. Il est allé l'attendre chez elle.

« Le film était bon ?

— Oui.

— Un film de guerre, je te gage ? Avec un soldat roux, peut-être ? »

Il a repris sa bague et il est parti par le train du lendemain. Aucun regret, pas beaucoup de peine. Adhémar Dion n'était pas du genre à s'attacher sérieusement à une femme qui ne l'aimait pas, qui mentait, qui lui était infidèle. Pas du genre non plus à accorder beaucoup de valeur à des symboles.

« Ce qu'il y a d'écrit en dedans d'une bague, ça veut rien dire », a-t-il répété à Thérèse. Elle a remis sa bague à son doigt et l'a gardée longtemps, plusieurs années encore. Étrange mari !

Après quelques mois passés chez les Dion, elle a commencé à laisser entendre à Adhémar qu'elle aimerait vivre seule avec lui. À l'automne, malgré les réticences clairement exprimées par sa mère qui craignait sans doute de perdre son pourvoyeur, Adhémar a trouvé un logement à louer, rue Scott. C'était minuscule, une cuisine, un salon, une chambre à coucher, au deuxième étage, avec le chauffage au bois, mais c'était la liberté, un petit nid que Thérèse a pu aménager à son goût.

Adhémar a continué de rendre visite à sa mère presque tous les jours. Mais aux premières neiges, après avoir hésité pendant presque une semaine, il a annoncé à sa jeune femme qu'il avait décidé de quitter son travail à la taverne et de partir pour les chantiers. Elle s'y attendait bien un peu, mais elle aurait quand même aimé qu'il la consulte avant de prendre une telle décision. Elle a compris qu'elle devrait se faire une idée : les hommes, surtout les gars de chantiers, ne consultent pas leurs femmes. Ils ne peuvent pas, et ne veulent pas, résister à l'appel de la forêt. Adhémar avait ça dans le sang, comme son père, comme ses oncles, ses frères. Les chantiers étaient leur refuge, le seul univers dans lequel ils se sentaient vraiment bien et vraiment libres. Adhémar n'était pas un homme de maison. Quand il n'était pas au travail, il ne faisait rien de ses dix doigts. Il entendait sans doute passer tous les hivers de sa vie dans les bois.

« C'est tout ce que je sais faire », disait-il, ce qui agaçait toujours un peu Thérèse, qui ne pouvait concevoir qu'un homme ne sache pas bricoler, que ce soit de la menuiserie, de l'ébénisterie, de la plomberie, comme son père et ses frères.

Elle est restée seule, à s'ennuyer, dans le modeste logis de la rue Scott. Elle sortait souvent, le soir, pour aller chez sa mère ou chez Jeanne. Adhémar descendait de temps en temps du Rapide-Blanc passer quelques jours auprès de son épouse. Aux Rois, avant qu'il ne reparte, Thérèse lui a annoncé qu'elle était en train de lui faire un bébé.

« Le docteur m'a dit que je devrais l'avoir fini vers le milieu du mois d'août. »

Malgré les vagues révélations d'Adhémar lors de leur voyage de noces, elle savait qu'il serait content. Sa réaction a dépassé ses espérances. Lui qui n'était jamais très expansif semblait fou de joie. Rien, ce jour-là, ne pouvait la rendre plus heureuse que le bonheur de son mari.

Cependant, elle a bien failli perdre son bébé. Peu de temps après le départ d'Adhémar, elle a acheté une corde de bois qu'elle a entrepris de fendre elle-même. Le soir, seule dans son logis, elle s'est mise à avoir sérieusement mal au ventre et a constaté qu'elle avait des pertes. Elle a consulté le médecin dès le lendemain, qui lui a recommandé de rester étendue pendant deux jours. Et tout est rentré dans l'ordre.

« Ton bébé est bien accroché, lui a dit le docteur. T'es faite pour avoir dix enfants, plus même, si tu veux. »

Quand Adhémar est sorti du bois, Thérèse lui ayant laissé entendre qu'elle se languissait toute seule à La Tuque, il l'a convaincue de repartir avec lui au Rapide-Blanc, où ils partageraient un campe avec un autre bûcheron. Elle n'aurait rien à faire, lui disait-il, que se reposer. Thérèse avait dix-huit ans, elle était jeune mariée, enceinte, elle voulait être avec son homme. Sans doute aussi a-t-elle cru qu'il désirait lui faire connaître son univers, son monde, ses amis. Malgré ses craintes bien légitimes à cause de son état, elle a accepté de partir avec lui. Ils ont transporté leurs quelques meubles chez les parents de Thérèse, dans la grande maison de la rue Saint-Joseph.

Lors de leur dernier souper dans la maison familiale, Thérèse a fait de gros efforts pour paraître heureuse de partir. Mais elle était, au fond, fort inquiète. Dans son désarroi, elle se souvenait de ce que son père lui avait dit avant qu'elle se marie : « C'est ton choix, Thérèse. Une fois mariée, tu ne pourras plus venir pleurer dans les jupes de ta mère. » Elle n'a donc montré sa peine à personne. On ne montrait pas facilement sa peine, chez les Tanguay, surtout pas quand on en était l'unique responsable. Il fallait assumer jusqu'au bout ses choix de vie. Thérèse se doutait bien que sa mère n'approuvait pas sa décision et qu'elle considérait qu'une jeune femme n'était pas à sa place dans les bois.

Elle a vite compris que sa mère avait raison, même si elle ne soupçonnait pas vraiment ce qu'était la vie de chantier en 1946. Adhémar et elle avaient de temps en temps de bons moments d'intimité, même s'ils partageaient leur campe avec un autre bûcheron. Ils dormaient sur des paillasses posées sur des banquettes de bois plus ou moins bien équarri. Il n'y avait pas d'eau courante, pas d'électricité. Thérèse s'accommodait fort bien du manque de confort. Elle n'avait jamais aimé et n'aimerait jamais se caler dans de moelleux fauteuils ou des divans profonds. Ce qui lui pesait, en revanche, c'était la solitude et plus encore l'inactivité. Les hommes partaient bûcher avant l'aube et rentraient à la nuit tombée. Elle restait seule au campe où elle n'avait rien d'autre à faire qu'entretenir le poêle. Elle ne pouvait même pas préparer à manger. On prenait les repas dans la cantine

113

commune. Surtout, elle n'avait personne à qui parler. Elle pensait : « Si ma mère me voyait, elle dirait que je suis pas à ma place. Et elle aurait bien raison. »

Ils sont revenus fêter Pâques à La Tuque. Ils sont allés souper un soir chez Antoinette et Achille. La maison de la rue Saint-Joseph, où elle n'avait habité que quelques semaines avant son mariage, lui a semblé plus grande, plus propre, plus confortable. Elle n'était plus bondée comme autrefois, quand Henry, Jeanne, Lauréat et Valmont, leurs conjoints, parfois leurs enfants, y logeaient. Il y avait même à l'étage une belle grande chambre inoccupée. Thérèse n'osait proposer à ses parents de la leur louer, même si c'eut été tellement rassurant et tellement commode ; leurs meubles et leurs vêtements d'été étaient déjà rendus, bien rangés, là-haut, dans le grenier. Mais elle avait son orgueil. Elle devait assumer son choix. Montrer qu'elle n'avait pas eu tort. Heureusement pour elle, à la fin du repas, Achille avait fait comprendre à Adhémar qu'emmener une jeune femme enceinte dans le bois n'avait pas beaucoup de bon sens et que si ça l'intéressait, une chambre était disponible à l'étage. Dès le lendemain, le couple s'installait rue Saint-Joseph. Adhémar est parti après plusieurs jours finir sa saison de chantier. Et Thérèse a poursuivi sa grossesse dans le giron familial.

Quand son mari est rentré pour l'été, sa famille, à lui, ne vivait plus à La Tuque ; Ernestine et Charles Dion avaient déménagé, on ne savait trop où, dans la région de Québec, où ils allaient une fois de plus tenter maladroitement de refaire leur vie.

Thérèse, qui avait elle-même déménagé quatre fois depuis son mariage, il y avait moins d'un an, pensait parfois avec effroi que c'était peut-être le genre de vie qui l'attendait. Sans l'aide de ses parents, qu'elle serait incapable d'accepter indéfiniment, elle pourrait bien entrer dans un cycle de vie itinérante, comme ce qu'avait connu et ce que connaissait encore Ernestine qui, depuis trente ans, suivait son mari de chantier en chantier, de ville en ville, de taudis en taudis. Bien sûr, Adhémar ne buvait pas. Et il ne manquait jamais de travail, ni d'argent. Mais il était trop souvent parti. Elle ne voulait pas non plus vivre sans lui pendant des mois, les plus durs et les plus froids de l'année.

« Ça ne sera pas ça, ma vie », se répétait-elle.

Elle avait compris qu'il faudrait, pour commencer, sortir son mari des chantiers. Mais comment?

Denise est née au matin du 15 août 1946, dans la chambre du haut de la belle maison de la rue Saint-Joseph. Annette et Jacqueline étaient parties un peu plus tôt travailler à l'hôtel Royal, où elles faisaient les chambres et aidaient à la cuisine. Achille, Antoinette et Adhémar étaient restés à la maison. Thérèse les entendait bavarder dans la cuisine et sur la grande véranda pendant que, là-haut, se rapprochaient les contractions.

L'accouchement a été difficile. Le bébé s'étant présenté par le siège, le médecin a dû opérer une délicate manœuvre de retournement et utiliser les forceps. Pendant l'opération, une patte du lit s'est brisée, et le médecin a crié du haut de l'escalier qu'il avait besoin d'un homme. C'est Achille qui est monté aider. Adhémar, que la vue du sang bouleversait, en eût été incapable. Il a d'ailleurs mis plusieurs jours avant d'oser prendre son enfant dans ses bras.

Thérèse, elle, savait comment agir avec un bébé. Elle en avait langé des dizaines, sinon des centaines, quand elle travaillait à la pouponnière de l'hôpital Saint-Joseph. Et elle avait souvent pris soin de ceux de Jeanne. L'arrivée de Denise dans sa vie a donc été un grand bonheur. Sans trop savoir pourquoi, elle trouvait rassurante la présence d'un bébé auprès d'elle. C'était pourtant un tout petit être, complètement démuni, mais elle avait l'impression qu'il la protégeait.

En septembre, Adhémar a écrit à sa mère pour l'informer qu'il était, depuis trois semaines, le père d'une petite fille. Il n'y eut pas de réponse. Mais quelques semaines plus tard, sans crier gare, Charles et Ernestine Dion débarquaient avec leurs enfants rue Saint-Joseph, où ils allaient rester une petite semaine. Ernestine avait décidé qu'ils dormiraient sur le divan-lit de la chambre qu'occupaient le jeune couple et leur tout petit bébé. Ses enfants, Roger, Jeannine, Jean-Yves et Jean-Claude, coucheraient par terre dans le salon. C'était un brutal envahissement. Thérèse se désolait bien un peu que son mari ne réagisse pas et obéisse à tous les caprices de sa mère. Mais rien, à cette époque, ne pouvait altérer son bonheur. Elle sentait qu'elle formait avec Adhémar un vrai couple, une équipe. Et qu'elle le rendait heureux.

Un soir, Charles Dion est rentré, étonnamment sobre, en disant qu'il avait trouvé un logement, rue Saint-Michel, à l'angle de la rue Saint-Louis, où il allait emménager avec femme et enfants plutôt que de retourner à Québec. Thérèse et Adhémar sont allés avec eux voir les lieux. C'était triste et sombre. Comme leur vie.

Or, quinze jours plus tard, un samedi midi, Adhémar arrivait à la maison annonçant qu'il avait loué lui aussi un logement situé, pas du tout par hasard, juste en dessous de celui qu'occupait sa propre famille. Une chambre minuscule, une cuisine exiguë, une toilette qu'on devait partager avec le voisin. Thérèse avait compris qu'Adhémar voulait se rapprocher de ses parents, de sa mère surtout. Et ça lui semblait tout à fait légitime. Quoi de plus normal au fond. Néanmoins, ce faisant, il l'éloignait, elle, de ses parents. Ceux-ci étaient déçus et inquiets, mais ils n'ont rien dit. Elle non plus. Elle ne comprenait pas pourquoi elle devait, elle, sacrifier sa quiétude et son confort. Toutefois, elle avait décidé qu'elle ferait tout pour s'accommoder des propositions d'Adhémar. Le devoir d'une vraie femme n'est-il pas de rendre son homme heureux ? Elle croyait en tout cas que c'était là le sien.

Adhémar restait un jeune homme très secret. Et très libre, comme la grande majorité des hommes de sa génération. Quand il était à La Tuque, il partait quand il voulait, pour où il voulait, sans jamais dire à sa femme ce qu'il faisait, sauf si elle lui demandait où il était allé. En le questionnant de temps en temps, elle a fini par connaître ses habitudes. Dans ses temps libres, Adhémar se tenait dans les garages, à l'époque lieux de rendez-vous de nombreux hommes qui parlaient de mécanique et de politique, de la pluie et du beau temps, et des femmes, évidemment. Presque tous les soirs, après souper, pendant que Thérèse lavait la vaisselle et donnait le bain au bébé, il montait faire un tour chez sa mère. Il était toujours bien mis, bien propre. Il ne sortait jamais sans son peigne attaché dans la poche de sa chemise.

Quand l'automne est venu, il est reparti pour les chantiers. « C'est tout ce que je sais faire », répétait-il. Or, c'était de moins en moins vrai. Au contact d'Achille et de ses garçons, Adhémar Dion s'était découvert du goût et beaucoup de talent pour le travail manuel, surtout pour les gros travaux de construction, la maçonnerie, la charpenterie. Il n'aimait pas le travail de finition ou, comme il disait, de fignolage, dans lequel excellaient ses beaux-frères Henry et Valmont, qui se proposaient d'ouvrir à La Tuque un atelier d'ébénisterie.

Cet apprentissage avait commencé l'été suivant la naissance de Denise. Adhémar, qui avait repris du service à l'hôtel Duchesne, donnait parfois un coup de main à Achille, qui avait toujours un chantier en cours, et à ses beaux-frères Lauréat et Valmont, qui se construisaient alors des chalets au lac à l'Ours. Thérèse, de nouveau enceinte, se retrouvait seule à la maison. Comme sa sœur Jeanne, comme beaucoup de jeunes femmes mariées qu'elle avait connues du temps de la JOC. Elle ne pouvait s'empêcher de penser à quel point le sort des hommes était enviable. Mais au moins, elle savait qu'Adhémar, au contact de son père et de ses frères, apprenait avec grand plaisir de nouveaux métiers. Et elle pouvait se mettre à espérer qu'il aurait un jour une job qui lui permettrait de rester toute l'année auprès d'elle, à La Tuque.

On ne pouvait vivre décemment avec deux enfants dans le minuscule réduit de la rue Saint-Michel. Adhémar a donc loué un logement un peu moins exigu, avec deux chambres, dont une assez grande, et une cuisine, au-dessus de l'un des garages qu'il fréquentait. Clément est né au début de novembre, un mois après l'emménage-ment et à peine trois semaines avant que son père ne reparte pour les chantiers, d'où il n'est sorti que quelques jours aux fêtes, à la mi-carême et à Pâques.

Quand son mari est rentré pour de bon, après la drave, Thérèse était enceinte pour la troisième fois. Et pour la septième fois depuis trois ans qu'ils étaient mariés, ils devaient encore déménager. Ils se sont retrou-vés de nouveau rue Saint-Michel, là même où ils avaient habité deux ans plus tôt. Mais cette fois, ils occupaient l'appartement du dessus, plus vaste, avec une chambre, une cuisine et un salon. Ernestine et Charles Dion, dont les enfants volaient maintenant de leurs propres ailes, occupaient le petit logement du bas.

Claudette est née le 10 décembre 1948. Quand, ce même jour, Henry est venu voir la maman et son nouveau bébé, il a proposé à Thérèse de jouer avec lui aux fian-çailles de leur sœur Jacqueline, le jour de Noël. Thérèse était folle de joie. Elle avait rarement l'occasion de faire de la musique, ce qui lui manquait beaucoup. Adhémar jouait parfois avec des amis, mais depuis son mariage, pas souvent avec sa femme. Celle-ci a donc accepté la proposition d'Henry. Elle avait deux bonnes semaines pour relever de couches et se préparer.

Le jour de Noël, il pleuvait à boire debout. Pendant que Thérèse et Adhémar se préparaient à partir aux fiançailles de Jacqueline, Ernestine est montée chez eux. Et elle s'est mise à dire, devant sa bru, mais en s'adressant à Adhémar, qu'une jeune mère n'avait pas sa place dans une fête de fiançailles et qu'aller jouer des reels, des valses et des rigodons quand on avait un bébé de quinze jours à la maison et deux autres enfants en bas âge, ça ne se faisait tout simplement pas. Adhémar ne disait rien. Il savait que sa femme était peinée et blessée. Il savait aussi que sa mère ne voulait simplement pas garder ses enfants pendant la soirée de Noël. Mais il n'avait jamais su lui tenir tête.

« Tu le sais que j'ai raison, a-t-elle dit à son fils. Dis-le que j'ai raison.

— Mais oui, c'est sûr que vous avez raison. »

Sans un mot, Thérèse a rangé son violon et s'est assise dans la berceuse près de la bassinette de Claudette. Sa belle-mère est descendue chez elle, où Adhémar eut tôt fait de la rejoindre. Et Thérèse est restée seule. Il y avait heureusement de la musique à la radio.

Elle resterait encore seule avec ses trois enfants une bonne partie de l'hiver et du printemps. Cependant, elle ne pouvait en vouloir à son mari. Il était le plus vaillant des hommes qu'elle connaissait. Il travaillait pratiquement douze mois par année. Et il avait tenté, sans doute pour lui faire plaisir, parce qu'il n'avait pas vraiment envie de renoncer à la vie de chantier, de se trouver une bonne job à La Tuque. Mais la belle époque où les grandes entreprises, dopées par l'industrie de guerre, attiraient les jeunes hommes de toute la province semblait révolue.

Thérèse ne manquait de rien. Elle se considérait même comme une jeune femme comblée. Adhémar lui avait donné trois beaux enfants qui faisaient son bonheur. Elle voyait régulièrement ses parents, ses frères, ses sœurs, quelques amis. La présence presque constante de sa belle-mère lui pesait néanmoins un peu. Ernestine montait en effet tous les jours chez sa bru, sans jamais s'être annoncée. Elle pouvait y rester des heures à siroter un café ou un thé et à dire à Thérèse comment tenir maison, elle qui pourtant n'avait jamais pratiqué cet art avec beaucoup de passion. Thérèse restait polie, patiente. Elle avait été élevée dans le respect absolu de l'autorité des parents sans jamais la remettre en question. Ernestine était la mère de son mari, la grand-mère de ses enfants et, en cette qualité, elle lui devait le respect. Elle trouvait toutefois excessive la dépendance dans laquelle Ernestine tenait son garçon. Il avait maintenant plus de vingt-cinq ans et il obéissait toujours à sa mère au doigt et à l'œil. Elle lui imposait ses idées, et ses caprices. Thérèse pensait : « S'il lui faut une femme pour lui dire quoi faire, pourquoi ce serait pas moi plutôt que sa mère ? »

Adhémar se comportait déjà tout autrement que ses frères dans la vie. Par moments, Thérèse avait l'impression qu'elle l'avait déjà un peu changé. À part Yrène, qui s'était éloignée de la famille, les frères d'Adhémar et son autre sœur, Jeannine, avaient adopté le mode de vie de leurs parents. Ils buvaient ferme, ils ne gardaient pas longtemps leurs jobs et vivaient dans un laisser-aller total. Thérèse se rendait compte, sans le formuler ainsi à l'époque, qu'ils n'avaient aucun idéal. Ils vivaient au jour le jour, engourdis dans un fatalisme résigné. Adhémar aussi avait eu au début cette habitude de vivre et de penser à court terme. Il ne lui venait jamais à l'esprit, par exemple, de faire des provisions, même si l'épicier offrait la livre de beurre ou le sac de farine à rabais. Mais il avait changé. Thérèse considérait, non sans raison, qu'elle était en bonne partie responsable de ce changement. Et qu'un homme capable de changer valait bien une mine d'or.

Adhémar commençait en effet à s'intéresser à autre chose qu'aux chantiers et aux garages. Depuis que ses parents étaient revenus vivre à La Tuque, il continuait de voir sa mère tous les jours, mais il s'était beaucoup rapproché des Tanguay. Et à leur contact, il apprenait différents métiers, autres que d'abattre et de débiter des arbres ou ouvrir des chemins de bois.

Depuis qu'il vivait à La Tuque, Achille Tanguay avait construit plusieurs maisons. Pendant ses loisirs, délaissant peu à peu la fréquentation des garages du voisinage, son gendre Adhémar passait beaucoup de temps sur les chantiers de son beau-père, le regardant travailler avec ses hommes, s'informant, apprenant peu à peu les rudiments des divers métiers de la construction.

Dans l'esprit d'Achille, il était pratiquement essentiel qu'une famille possède sa propre maison bâtie sur mesure et à son goût. Il avait songé à acheter celle fort convenable de la rue Saint-Joseph. Mais il trouvait que le prix demandé par le propriétaire était trop élevé. Et surtout, il avait envie de se bâtir la sienne. Or, tout près de chez eux se trouvait une très belle grande demeure, propriété du docteur Bouchard, qui allait être démolie, non qu'elle fût en mauvais état, mais parce qu'une entreprise voisine, un magasin de meubles, voulait ériger à sa place un entrepôt. Achille l'a achetée, a acquis un terrain, rue Réal, pas très loin d'où était située la première maison qu'il avait louée à son arrivé à La Tuque, cinq ans plus tôt. Et au cours de l'été 1949, avec ses garçons et Adhémar Dion, il a démonté pièce par pièce la résidence du docteur Bouchard et l'a remontée rue Réal.

Quand Liette est née, en février 1950, Adhémar avait cessé de dire: «C'est tout ce que je sais faire» et il envisageait sérieusement de pratiquer un jour un métier plus stable et mieux rémunéré que celui de bûcheron. Quand, à l'automne, il est parti pour les chantiers, Thérèse s'est juré que ce serait la dernière fois. Elle avait entrepris de le préparer aux changements qu'il devrait apporter à sa vie, à leur vie. En lui répétant que des enfants, ça se faisait à deux et que ça devait, par conséquent, s'élever à deux. Et en lui rappelant qu'il ne pouvait plus dire qu'il ne savait rien faire d'autre que bûcher. Tout le monde, Achille le premier, reconnaissait désormais sa grande habileté dans les divers métiers de la construction, même l'électricité, la plomberie... Thérèse avait également découvert avec énormément de joie qu'il adorait les enfants. Il avait chaque fois de plus en plus de peine à se détacher de sa famille pour aller vivre pendant des mois au fond des bois. Elle voyait bien qu'il devrait renoncer à un mode de vie qu'il avait beaucoup aimé, qu'il avait pratiqué depuis l'âge de quatorze ans, soit la moitié de son existence (il venait d'avoir vingt-huit ans en mars), mais elle savait aussi qu'il avait cette rare faculté de pouvoir changer de vie et qu'il serait heureux, très heureux, entouré de sa famille.

À vingt-trois ans, Thérèse était mère au foyer. Elle enviait parfois la grande liberté dont jouissaient ses jeunes sœurs Annette et Jacqueline. Avec le temps, Achille et Antoinette s'étaient habitués à la ville et étaient devenus beaucoup plus permissifs. À l'hôtel Royal où elles travaillaient, les jeunes sœurs de Thérèse remplissaient d'humbles tâches, lavaient la vaisselle, faisaient des lits, épluchaient les patates, mais elles avaient des sous à elles, allaient au cinéma quand elles le voulaient, s'achetaient des robes, des souliers, des magazines. La guerre avait changé bien des choses, dans tous les domaines. Les hommes étant partis, beaucoup d'emplois avaient dû être occupés par des femmes. Et même au retour des hommes, beaucoup d'entre elles étaient restées sur le marché du travail. Si elle n'avait pas eu d'enfants, Thérèse aurait travaillé, elle aussi.

« Qu'est-ce que t'aurais aimé faire ? lui demandait sa sœur Jeanne.

— Être infirmière dans une pouponnière. »

C'était presque ce qu'elle était devenue. Certains jours, souvent même, elle pouvait se dire qu'elle faisait pour la première fois de sa vie exactement ce dont elle avait longtemps rêvé. « Sauf que je suis pas payée. Autrement dit, je suis pas libre », se disait-elle. Avec l'allocation familiale, cinq dollars par enfant par mois, elle payait le loyer et achetait quelques vêtements pour bébé. Adhémar payait tout le reste. Elle ne manquait de rien. Mais elle ne tenait pas les cordons de la bourse.

Revoyons cette image de pur bonheur évoquée plus haut, au tout début de ce récit, quand, au moment du grand déménagement vers Saint-Bernard-des-Lacs, l'homme engagé, Robert Barriault, dont Adhémar était le sosie presque parfait, a placé la petite Thérèse Tanguay entre ses jambes et lui a laissé tenir les cordeaux et guider le cheval. Elle s'était sentie, ce jour-là, en pleine maîtrise de sa vie. C'était ce sentiment de plénitude, ce bonheur, cette certitude, qu'elle rêvait de retrouver. Avoir entre les mains les cordeaux de sa vie. Pour le plaisir, pour la liberté.

Or, elle ne pouvait, dans sa condition, se sentir libre. Elle se rendait compte que, même si son mari ne manquait jamais de travail et ne faisait jamais de folles dépenses, elle ne pourrait jamais fournir à ses enfants un milieu de vie convenable. Et qu'elle serait très souvent toute seule pour les élever et tenir maison. Il fallait donner un sérieux coup de barre.

Peu après le retour de son mari pour les fêtes, elle décidait d'aller consulter l'abbé Desjarlais, qu'elle avait connu du temps qu'elle était dans la JOC et qui avait, cinq ans plus tôt, béni leur mariage. Elle croyait qu'il la comprendrait. Elle a laissé les enfants à la garde de sa belle-mère Ernestine et s'est présentée, confiante, au presbytère, où la servante lui a annoncé que l'abbé Desjarlais faisait sa sieste et lui a signifié qu'elle ne voulait pas le réveiller.

« Je vais l'attendre », a répondu Thérèse.

Après sa sieste, l'abbé Desjarlais est venu rencontrer Thérèse, qui lui a expliqué son problème. « J'ai un mari que j'aime et qui m'aime, quatre enfants que nous adorons et que nous voulons élever décemment. Mon mari travaille dans les chantiers, il n'aura sans doute jamais un gros salaire, il me laisse souvent seule pendant des semaines, et nous sommes déjà très à l'étroit dans notre petit logis. Je ne veux plus avoir d'enfants. Donnez-moi une solution. »

Le curé était effaré. Et visiblement, il n'entrevoyait pas de solution. En 1950, il était inconcevable pour l'Église catholique qu'une femme se refuse à son mari. Quant à empêcher la famille, par quelque moyen que ce soit, c'était carrément impensable, ni plus ni moins qu'un crime contre nature. Dans les deux cas, la femme commettait un péché mortel et méritait l'enfer. L'abbé Desjarlais, croyant sans doute qu'il ne pourrait faire comprendre des principes si hautement intellectuels à une femme, a dit à Thérèse qu'il irait, dans la soirée du vendredi suivant, dans deux jours, expliquer ça à son mari. Thérèse est sortie du presbytère le cœur gros, profondément humiliée et offensée.

Le vendredi, elle a quand même averti Adhémar qu'il ne pourrait sortir, comme à son habitude, parce que l'abbé Desjarlais allait venir lui expliquer des choses sérieuses. Elle savait que sa démarche avait été totalement infructueuse et que le prêtre viendrait sans doute informer Adhémar qu'il avait des droits, et sa femme, des devoirs.

Or, l'abbé Desjarlais ne s'est jamais présenté chez les Dion, ni ce soir-là ni un autre. Quelques jours plus tard, Thérèse a fait une autre tentative. Des prêtres franciscains étaient venus prêcher la retraite de l'Avent. Dans un dernier recours, Thérèse s'était décidée à consulter l'un d'eux au moment où il l'entendrait en confession. Le jeune prêtre a vivement réagi. Il l'a réprimandée, l'a appelée « ma fille », l'a tutoyée, lui a refusé l'absolution et lui a dit d'aller réfléchir, que cette seule demande constituait un péché très grave.

Thérèse est sortie du confessionnal en colère. Contre ce curé, mais aussi contre elle-même. Elle regrettait de ne pas lui avoir répondu qu'il ne comprenait rien à la vie et conseillé de se mêler de ses affaires. Elle se demandait s'il avait perçu la colère et l'ironie dans sa voix quand elle lui avait répondu, très sèchement, après qu'il lui eut refusé l'absolution : « Merci, mon père, merci beaucoup. »

Elle a pris, ce jour-là, une des décisions importantes de sa vie. Elle restait catholique, bien sûr. Elle croyait toujours aux grands principes de la religion de son enfance et en Dieu, le Père tout-puissant, et en Jésus qui a souffert pour nous tous sur la croix. Et qu'il fallait évidemment aimer son prochain comme soi-même. Mais elle ne se sentait plus l'obligation de respecter l'autorité de ces hommes sans femmes, bien nourris et bien logés, qui ne connaissaient rien à la vie et se mêlaient de donner des leçons à tout le monde, surtout aux femmes. « Ça ne peut pas être ça, la religion, se disait-elle. Ça ne peut pas être pour ça que Jésus est venu sur la Terre et qu'il est mort sur la croix. »

Elle a pris, ce jour-là, la décision de ne plus avoir d'enfant. En tout cas, pas dans l'immédiat. Et elle ferait le nécessaire pour que ça n'arrive pas. La jeune madame Dion était résolue à prendre sa vie en main. Elle en eut l'occasion quelques jours plus tard, pendant les fêtes.

Yrène, la sœur d'Adhémar, qui habitait depuis quelque temps à Montréal, était venue visiter la parenté de La Tuque avec son mari Jean-Paul Duclos. Le soir du jour de l'An, pendant le souper, Yrène s'est mise à parler de leur vie fort agréable en ville. Jean-Paul avait une belle job, bien payée, dans un atelier de mécanique. Ils allaient régulièrement au cinéma, au restaurant, dans les clubs et les dancings.

« Regarde ma robe, a-t-elle dit à Thérèse, regarde comment nos enfants sont habillés. On pourrait pas se payer ça si on restait à La Tuque. »

Yrène semblait heureuse et confiante. Des cinq frères et sœurs d'Adhémar, elle était, selon Thérèse, la seule, à part son mari, qui avait réellement de l'allure et qui s'était sortie du cercle de misère où avait toujours croupi la famille. La seule également qui s'en était réellement éloignée.

« Si tu penses que tu peux trouver du travail pour Adhémar, appelle-moi, a chuchoté Thérèse à sa belle-sœur. Moi, je vais m'arranger pour mettre dans l'oreille de mon mari l'idée qu'on pourrait aller vivre à Montréal. »

Thérèse ne prenait jamais de décision unilatéralement. Elle amenait plutôt son mari à agir en le nourrissant d'arguments irréfutables et idéalement flatteurs ou rassurants, comme « À Montréal, tu travailleras moins fort pour un meilleur salaire » ou « Des enfants, on fait ça à deux, on devrait les élever à deux. Je te dis ça parce que, moi, j'ai envie de vivre avec toi. » Et Adhémar, quelques jours ou quelques semaines plus tard, lui disait : « J'ai pensé à ça, on va aller vivre en ville. Je serai pas tout le temps parti. On sera plus souvent ensemble. Ça sera mieux pour les enfants. » Un jour, elle trouverait bien le tour de lui mettre ceci dans l'oreille : « Avec tout ce que tu sais faire, Adhémar Dion, avec tout ce que tu connais, on pourrait se bâtir pour pas cher. » Et elle attendrait, comme on attend de voir pousser les haricots semés dans son potager. Après quelques jours, quelques semaines, Adhémar lui dirait : « J'ai pensé à ça. Je vas nous construire une maison. »

« Mais faisons les choses une à la fois, se disait-elle. Commençons par déménager à Montréal. »

En fait, tout s'est passé très vite, presque trop. Adhémar n'était pas encore reparti pour les chantiers qu'Yrène appelait Thérèse (chez la belle-mère, Ernestine, qui avait le téléphone), pour lui dire que Jean-Paul, son mari, avait trouvé une job à Adhémar : assembleur de fermes de toit et de corniches de bungalow pour un gros entrepreneur en construction.

Manieur de sciotte et de godandor, Adhémar n'avait ni marteau, ni égoïne, ni tablier de menuisier. Achille lui a donné le coffre à outils qu'il avait fabriqué lui-même en bois d'érable et de merisier. Adhémar a fait dire au patron du chantier que sa vie de bûcheron était terminée et il a pris le train pour Montréal avec le coffre à outils du beau-père. Trois semaines plus tard, le jeudi 8 février 1951, jour du premier anniversaire de Liette, il appelait Thérèse pour lui annoncer que la famille déménageait à Montréal.

« Quand ?

— Dimanche, dans trois jours. »

Il est arrivé à La Tuque par le train du vendredi soir. Le lendemain, leurs vêtements d'été et les quelques meubles qu'ils possédaient étaient entreposés chez Transports Veillette. Ils ont soupé ce samedi chez Antoinette et Achille. Toute la famille Tanguay était là. Liette, blonde, toute mignonne, avait fait ses premiers pas quelques jours auparavant. Pour rire, son oncle Lauréat, qui n'avait pas d'enfant, disait à Thérèse qu'il voulait la lui acheter.

Thérèse était tentée d'annoncer à ses frères et sœurs, à ses parents, à tout le monde, qu'elle n'aurait probablement plus d'enfants. Mais ni sa mère ni son père, peut-être pas ses frères non plus, n'auraient compris qu'une jeune femme en santé prenne une telle décision.

Le dimanche soir, Thérèse et Adhémar Dion s'embarquaient avec leurs quatre enfants et un très maigre bagage pour Montréal... et pour une toute nouvelle vie. Ils allaient habiter pendant plusieurs semaines chez Yrène, dans un demi-sous-sol, rue La Fontaine, au cœur du Faubourg-à-la-Mélasse, un quartier très populaire et très densément peuplé. Thérèse n'avait jamais vu Montréal, la grande ville, qu'elle a trouvée bruyante et brutale, étouffante, totalement désagréable. Les enfants rechignaient sans cesse. Liette refusait maintenant de mettre un pied devant l'autre. Claudette ne parlait pratiquement plus. Clément et Denise n'écoutaient personne. Après trois semaines, Thérèse a supplié Adhémar de la sortir de là. « Je veux aller vivre à la campagne. Je veux que mes enfants voient de l'herbe, des arbres, des animaux, qu'ils puissent courir dans les champs et jouer dans la neige. »

Jean-Paul Duclos, le mari d'Yrène, avait un frère, Henri, qui habitait un petit village pas très loin de Montréal, Charlemagne. Thérèse lui a téléphoné. Elle est tombée sur sa femme Alice, à qui elle a demandé s'il y avait quelque chose, « n'importe quoi de pas cher », à louer dans son village. Alice a rappelé le lendemain. Elle avait trouvé un logement assez grand, rue Sacré-Cœur.

« Deux chambres à coucher et une grande pièce à tout faire. Ça casse rien, mais c'est vraiment pas cher, dix dollars par mois.

— Je le veux, a dit Thérèse.

— Sans voir ?

— Je le veux. »

Elle était bien consciente qu'elle bousculait Adhémar dans ses projets. Mais elle savait qu'il finirait tôt ou tard par comprendre le bon sens. Il devait bien savoir lui aussi qu'on ne pouvait pas élever des enfants en pleine ville, dans un demi-sous-sol. De toute façon, elle recevait vingt dollars d'allocations familiales par mois, amplement de quoi payer le loyer. Si Adhémar n'était pas content, elle s'arrangerait toute seule.

Adhémar travaillait le lendemain. Jean-Paul aussi, mais le soir seulement. Et il avait une auto. Il a offert à Thérèse de l'emmener voir son nouveau logement. Thérèse a mis ses quatre enfants et sa valise à bord de la grosse Hudson de Jean-Paul, et ils sont partis de grand matin. C'était une belle et très douce journée de printemps. La neige fondait sous le chaud soleil et cascadait partout en grosses rigoles. Jean-Paul a suivi la rue Sherbrooke jusqu'au bout, jusqu'au pont Le Gardeur, qui franchit la rivière des Prairies à sa confluence avec le fleuve, que Thérèse n'avait pas revu depuis ce jour où, huit ans plus tôt, avec son père, sa mère, ses frères et sœurs, entassés dans la Ford noire de son frère Henry, ils étaient partis vivre à La Tuque après avoir quitté Saint-Bernard-des-Lacs. Que le monde avait changé depuis ce temps !

*

Au début des années cinquante, les bungalows poussaient comme des champignons partout autour des grandes villes nord-américaines. Il y avait beaucoup de rattrapage à faire dans ce domaine. La crise et la guerre avaient en effet créé une grave pénurie de logements. Sitôt la paix et la prospérité retrouvées, on s'était mis à construire avec frénésie et euphorie. Grâce à l'automobile, la banlieue offrait les avantages de la ville, tout en conservant les charmes de la campagne, verdure, espace, tranquillité, air et eau purs. C'était le lieu idéal, disait-on, pour faire des enfants et les élever. Et les enfants, c'était la grande passion de l'époque. On en faisait de nouveau à profusion, et au Canada français plus que partout ailleurs.

Au Québec, le taux de natalité, qui s'était maintenu au-dessus de la barre des trente pour mille depuis le début du siècle (atteignant même une fois, en 1909 plus de quarante pour mille), était tombé sous cette barre pendant toute la durée de la crise et de la guerre. Il est remonté à plus de trente pour mille en 1946, l'année de la naissance de Denise, l'aînée de la famille Dion, et s'y maintiendra jusqu'en 1968, l'année de la naissance de Céline, la benjamine. En 1950, les Québécois ont fait 121 842 enfants, un record historique qui sera battu sept années de suite pour atteindre, en 1957, 144 432 nouveau-nés. Par la suite, le taux de natalité va décroître avec une belle et tragique régularité jusqu'en l'an 2000. Il est alors tombé sous la barre des dix pour mille, où il est resté depuis.

Adhémar et Thérèse, vingt-neuf et vingt-trois ans, parents de quatre enfants, n'avaient pas vraiment les moyens de vivre dans un bungalow entouré d'une impeccable pelouse plantée de jeunes arbres, avec un sous-sol aménagé, une fenêtre panoramique donnant une ambiance lumineuse et gaie dans la salle de séjour, un coin détente pour le papa, quand il rentrait fatigué de sa journée de travail, et une salle de jeux pour les enfants.

Rien cependant n'empêchait Thérèse de rêver et d'avoir des plans d'avenir. On doit toutefois préciser dès maintenant que le rêve, chez elle, n'avait rien d'illusoire ou de nébuleux. Thérèse Dion n'a jamais été du genre à se représenter, de façon purement idéale ou chimérique, la vie qu'elle désirait vivre. Il serait peut-être plus juste de parler dans son cas de projet de vie plutôt que de rêve. Le rêve implique toujours une notion d'irréalité, d'attente passive et naïve. Or, dans l'esprit de Thérèse, il s'agissait simplement de faire les choses de façon bien organisée, dans un ordre logique, de mettre vaillamment un pas devant l'autre, pour atteindre, un jour, le but fixé. Cette jeune femme ne rêvait pas, elle faisait des plans.

Adhémar ne rêvait pas non plus. Jamais. Mais il ne faisait pas de plans non plus, ni de projets à long terme. Longtemps, il était parti dans les chantiers à l'automne, il revenait dans sa famille aux fêtes et à Pâques, puis au printemps, après la drave. Il se trouvait quelque job d'été à La Tuque, il jouait avec les enfants, faisait de temps en temps de la musique avec ses frères et ses amis. Et c'était ainsi que devait être la vie, sa vie, tant et aussi longtemps qu'il aurait la santé.

Mais il avait épousé une femme qui pensait tout autrement. Elle croyait qu'on peut agir sur sa vie, comme on peut réparer les meubles et les machines endommagés.

Ses parents, qui étaient des entrepreneurs et des bâtisseurs, avaient communiqué à leurs enfants ce besoin ou cette faculté d'agir. Achille Tanguay était, à bientôt soixante ans, un homme fatigué, dangereusement cardiaque, mais il avait encore tout plein de projets. Il venait de se bâtir, pour la septième fois de sa vie, si on tient compte des premiers campes de Saint-Bernard-des-Lacs. Tous ses enfants, même les plus jeunes, Annette, Jacqueline et Noël, qui n'avaient pas vingt ans, travaillaient. Les plus vieux s'étaient bâtis eux aussi. Ils étaient maîtres de leur vie. Thérèse et Adhémar n'auraient pas leur bungalow tout de suite, mais ils allaient profiter du boom de la construction pour changer la leur.

Les promoteurs payaient vingt dollars l'ensemble de corniches de bungalow. Adhémar pouvait en assembler un par jour, ce qui lui rapporterait cent dollars par semaine, peut-être même cent vingt s'il travaillait le samedi. Cent vingt dollars par semaine, c'était, en 1951, un excellent salaire. Adhémar pourrait ainsi faire de substantielles économies. Et, un jour, se bâtir lui aussi : voilà une autre chose que lentement, par petites touches, Thérèse Dion avait commencé, comme elle le disait, à mettre dans l'oreille de son mari.

En attendant, il faudrait sans doute se serrer la ceinture et s'accommoder de ce que proposait la vie. La maison que Thérèse avait louée à Charlemagne, rue Sacré-Cœur, était un véritable taudis faisant partie d'un ensemble de quatre logements décatis qu'on appelait les blocs Boisvert, propriété d'un vieux garçon, Patrick Boisvert, qui avait transformé ces bâtiments, d'anciens poulaillers, en logements à prix très modiques.

Les Dion et leurs quatre enfants allaient occuper un rez-de-chaussée particulièrement délabré : des fenêtres fermant mal, deux chambres minuscules, pas de portes, des cloisons chambranlantes, un évier fêlé, pas d'armoires, pas de garde-robe, pas de bain, pas de douche.

Pour se laver, on ne disposait que d'une cuvette de métal. Le poêle à bois et au bran de scie était raccordé par un tuyau troué à une cheminée de briques fendillées. Chacune des quatre familles habitant les blocs Boisvert disposait d'un petit hangar pour ranger son bois de chauffage. L'espace libre devant la maison était un champ de décombres au milieu duquel se trouvait un puisard fréquenté à longueur d'année par tout un peuple de rats et dégageant, en été, une odeur pestilentielle.

Après être revenus de leur stupeur, ils ont décidé de rester. Thérèse a brossé murs et planchers. À ses frais et à la sueur de son front, le propriétaire ayant refusé d'assumer les coûts de restauration, Adhémar a entrepris de retaper le logement, il a ajouté des armoires, un garde-robe, un évier qu'il a acheté usagé, il a consolidé la cheminée, isolé tant bien que mal les murs, calfeutré les fenêtres. Il a finalement rendu les lieux confortables et sécuritaires, presque agréables. Ils savaient bien, tous les deux, pour avoir vécu dans des camps de bûcherons et sur des terres de colonisation, qu'il y a moyen de vivre décemment sans tout le confort et le luxe modernes.

De toute façon, dans l'esprit de Thérèse, ils ne vivraient pas longtemps dans cette maison. Elle se répétait sans cesse, comme un leitmotiv : « Je ne vais pas laisser ma vie et la vie de mes enfants être ça. »

À l'automne, quelques mois après s'être installés à Charlemagne, Charles et Ernestine Dion et leurs enfants, de grands garçons et une grande fille dans la vingtaine ou pas loin d'y être, emménageaient tout près de chez leur fils aîné, au 168 de la rue Notre-Dame. Charles et Ernestine étaient démunis, dépendants, pathétiques, irresponsables, incapables de mener leur vie : des ratés, songeait parfois Thérèse. À Charlemagne cependant, Charles semblait avoir trouvé une certaine stabilité. Sa santé chancelante ne lui permettant plus de boire autant qu'autrefois, il connaissait des épisodes de sobriété.

132

Il s'était acheté un vieux pick-up rouillé et bosselé à bord duquel il écumait la contrée environnante, ramassant dans tout Lanaudière cartons, ferraille et vieux vêtements qu'il revendait à des ferrailleurs et des brocanteurs. Il était ce qu'on appelait un guenillou, vivant dans l'économie parallèle, pratiquement en marge de la société.

Thérèse trouvait cependant cette activité de récupération utile et honorable. Ses parents à elle avaient toujours recyclé à peu près tout... Et elle avait gardé d'eux cette habitude de tout ramasser, de ne jamais jeter ce qui pouvait être d'une manière ou d'une autre, tôt ou tard, récupéré, réutilisé.

Ils s'étaient spontanément et clairement partagé les tâches, Adhémar et elle. Il s'occupait de faire rentrer le plus d'argent possible. En plus d'assembler des corniches cinq ou six jours par semaine, il acceptait tout travail que des voisins pouvaient lui proposer, pelleter une entrée de garage, remplacer un carreau de fenêtre, laver une auto ou déboucher un égout. Thérèse, qui n'avait pas souvent eu l'occasion de voir son mari à l'œuvre, du temps qu'il travaillait dans les chantiers, était émerveillée et rassurée par ses savoir-faire.

Il avait beaucoup appris de son beau-père et de ses beaux-frères quand ceux-ci avaient construit la maison de la rue Réal, à La Tuque. Il savait creuser les fondations d'une maison, installer des drains tout autour, couler le ciment, liaisonner la brique ou le parpaing, monter une charpente. Peu à peu, toujours par petites touches, elle faisait grandir chez lui l'envie de construire, un jour pas trop lointain, leur propre maison, sur mesure et à leur goût. Seul, Adhémar n'y aurait sans doute pas pensé, ou il aurait chassé cette idée, parce qu'il n'aurait jamais cru pouvoir y arriver, et qu'il n'aurait rien entrepris en ce sens. D'ailleurs, au début, quand elle lui parlait de ce projet, il lui disait qu'elle rêvait en couleurs, qu'ils n'auraient en aucun temps assez d'argent pour se bâtir, que la banque n'accorderait pas une hypothèque «à du monde comme nous autres». Son père, Charles Dion, n'avait jamais eu de maison à lui de toute sa vie, ni aucun de ses oncles ni ses grands-parents.

Sans lui, Thérèse ne se serait pas lancée dans cette aventure. Mais elle savait qu'il était habile et vaillant, et qu'ensemble ils pouvaient réussir. En attendant, il fallait économiser. Et vivre.

La maison était sombre, petite, sans grand confort, mais ce projet de construction allait illuminer la vie de Thérèse. Elle était consciente qu'il exigerait d'eux d'énormes sacrifices. Pour le réaliser, ce qui prendrait plusieurs années, trois ans, peut-être même plus, ils devraient mobiliser toutes leurs énergies, investir tout leur argent, tout leur temps. Mais, étonnamment, dès qu'ils se furent engagés dans cette aventure, Thérèse s'était sentie extraordinairement libre. Tout, dans sa vie, lui semblait désormais clair et net, chaque chose étant à sa place, chaque geste ayant sa raison d'être. Rien de mieux, pour le bonheur d'un jeune couple, que d'avoir un but dans la vie. Ils étaient jeunes et en santé. Ils avaient de beaux enfants.

Le logement des blocs Boisvert, une fois restauré par Adhémar, était devenu le royaume absolu et exclusif de Thérèse. Elle insistait pour que, le soir, quand il rentrait de travailler, son mari ne s'occupe de rien, mais qu'il s'amuse avec les enfants. Elle s'était liée d'amitié avec une voisine, madame de Chévigny, la seule des blocs Boisvert qui possédait un téléphone que Thérèse utilisait parfois pour appeler sa belle-sœur Yrène, à Montréal, ou ses parents, à frais virés.

Charlemagne, qui devait son nom au demi-frère de Wilfrid Laurier, Romuald-Charlemagne, député libéral de L'Assomption, ne manquait pas de charme. C'était un petit village de quelques centaines d'habitants, bordé d'un côté par la rivière L'Assomption, qui servait encore au flottage du bois et à l'embouchure de laquelle un moulin à scie était toujours actif, et de l'autre, par la rivière des Prairies, tout près de leur embouchure et de leur rencontre avec la rivière des Mille-Isles et le fleuve Saint-Laurent. Beaucoup d'eau, beaucoup de verdure, donc. Il y avait encore de grandes fermes à cette époque. Et de fort belles plages envahies en été par une joyeuse faune. La route 2 (aujourd'hui 138), le vieux chemin du Roy, seule route au nord du fleuve reliant Québec à Montréal, traversait bruyamment Repentigny, mais pas Charlemagne, où régnait par conséquent une grande quiétude. Tout près, le pont Charlemagne reliait le village à la grande île de Montréal.

Malgré l'exiguïté de leur demeure, Thérèse était heureuse. Son frère Valmont était venu vivre à Charlemagne avec sa Lucienne et l'enfant qu'ils avaient adopté. Thérèse et Adhémar les voyaient souvent et avec plaisir. Valmont était débrouillard, intelligent, habile. Contrairement aux frères Dion qui paraissaient désemparés, difficilement capables de s'adapter à leur nouveau milieu de vie, il s'était vite senti chez lui à Charlemagne. Il avait ouvert un atelier d'ébénisterie où il faisait de bonnes affaires. Thérèse savait l'influence bénéfique et rassurante que Valmont avait toujours eue sur Adhémar : il l'avait convaincu d'entrer chez les Lacordaire, il lui avait démontré que d'offrir de temps en temps un petit cadeau à sa femme pouvait la rendre heureuse. Puis Valmont avait le téléphone, il était en contact avec la parenté. Et si jamais ils se lançaient dans ce projet, qu'elle caressait toujours très sérieusement, de construire une maison, il serait, lui, si habile et si vaillant, d'un précieux secours.

Plus ou moins à son insu, Thérèse avait recommencé à avoir le goût de faire des enfants, non par devoir, mais par plaisir. Elle a donc cessé d'être vigilante. Liette avait plus de deux ans et demi et parlait déjà comme une machine quand Michel est né, en août 1952.

Adhémar travaillait alors depuis quelque temps dans une manufacture de câbles d'acier, à Pointe-aux-Trembles. C'était un travail dur, mais la paye était fort bonne, assez pour avoir les moyens de s'acheter une voiture. Mais tout à leur projet, ils étaient devenus, Thérèse et lui, de véritables virtuoses de l'économie. Thérèse roulait chaque soir les cigarettes de tabac Zig Zag de son mari. Elle coupait les cheveux de tout le monde, même les siens. Elle portait les robes usagées que lui refilaient ses sœurs ou ses belles-sœurs quand elles venaient la visiter ou qu'elle se rendait à La Tuque. Elle cousait, tricotait, courait les aubaines. Surtout, elle s'arrangeait pour que son homme soit en santé, heureux, bien nourri, bien aimé. Il fallait qu'il soit tous les matins frais et dispos, stimulé aussi par la perspective de voir bientôt leur projet se réaliser. Quand il rentrait, le soir, les enfants avaient pris leur bain, son repas était prêt, chaud, savoureux, jamais le même deux jours de suite. Dans sa boîte à lunch et au souper, il trouvait ses desserts favoris, tarte, galette ou gâteau, que Thérèse avait elle-même préparé.

Les enfants ne manquaient de rien, ils étaient au chaud, ils mangeaient bien, ils avaient autour d'eux beaucoup d'espace et de nature où s'amuser. Mais dans son rez-de-chaussée des blocs Boisvert, la famille commençait à être sérieusement à l'étroit. Thérèse s'est rendue un jour, seule, visiter un ensemble de logements tout neufs, rue Quintal, à Charlemagne. Le propriétaire lui signifia clairement qu'il ne louait pas à des familles de plus de trois enfants. Or, Thérèse était enceinte de son sixième enfant. Trouver un logement devenait de plus en plus problématique. Et elle ne voyait pas comment tenir, à huit, dans les blocs Boisvert. Elle est rentrée ce jour-là le cœur gros et inquiète de l'avenir de sa famille.

Au cours de l'été qui a suivi leur arrivée à Charlemagne, Adhémar avait acheté pour quatre cents dollars un terrain à Pointe-aux-Trembles, sur l'île de

Montréal. Thérèse était allée le voir un dimanche après-midi d'été. Son idée était faite à l'avance : elle ne devait pas aimer ce terrain. Adhémar non plus. Les enfants avaient maintenant des amis à Charlemagne. Adhémar aussi, qui fréquentait la cour à bois des Arsenault, le garage de Ti-Ness. En plus, elle avait un médecin qu'elle adorait, Émile McDuff, un grand gaillard, solide, sportif, trente ans, qui adorait les enfants et qui l'avait accouchée de Michel. Thérèse avait connu d'autres médecins à La Tuque, mais jamais elle n'avait ressenti cet intérêt chaleureux que manifestait le docteur McDuff pour ses patientes. Elle se sentait en confiance. Elle aimait Charlemagne et ses gens. Elle voulait y rester.

Le terrain de Pointe-aux-Trembles était vaste et entouré de verdure ; en fait, il était situé en plein champ, loin de tout. Or, Denise devait entrer à l'école en septembre. Sa mère lui avait déjà cousu sa petite robe noire avec des poignets et un collet blancs.

« Où est l'école ? » a demandé Thérèse.

Quelques jours plus tard, Adhémar rentrait à la maison en disant qu'il avait décidé de vendre son terrain de Pointe-aux-Trembles, parce que ce n'était pas un endroit pour élever une famille : « Y a pas d'école. » Et qu'il irait prochainement en voir d'autres dans Charlemagne. Mais le temps passait, les semaines, les mois, et Adhémar ne cherchait pas et ne trouvait pas de terrain. Thérèse connaissait alors assez son homme pour savoir qu'il n'en voulait pas vraiment. Trop de trouble, trop de risques, trop d'inconnu. De plus, travailleur non spécialisé ayant de surcroît souvent changé de job au cours des récentes années, Adhémar était persuadé qu'aucune banque au monde ne lui consentirait le moindre prêt hypothécaire. Et il était résolu à n'entreprendre aucune démarche en ce sens, même si les gouvernements et les institutions bancaires encourageaient alors les gens, même les gagne-petit, à construire leur maison.

L'habitation était en effet, en cette époque de grande fécondité, un sujet brûlant d'actualité. La Société centrale d'hypothèque et de logement, fondée en 1946 dans le but de loger les militaires qui revenaient de la guerre, avait été depuis chargée de concevoir et de diriger les programmes nationaux de construction de logements et d'accès à la propriété. À son instigation, un peu partout, tant à la campagne qu'en ville, on avait formé des coopératives d'habitation. Il y en avait une à Charlemagne, dont Valmont, le frère de Thérèse, était membre. Celle-ci pressait son mari d'en faire partie ou au moins d'assister à une réunion de ladite coopérative. Mais Adhémar, quoique grand parleur se liant facilement, restait un homme des bois intimidé par tout ce qui pouvait ressembler à une autorité institutionnalisée, et terrorisé par toute paperasse administrative. Il aurait bien aimé se construire, mais avoir affaire à des fonctionnaires, des banquiers, des administrateurs, jamais. Dans la famille d'Adhémar, on considérait d'ailleurs ce projet comme tout à fait irréaliste. «Vous construire? Vous rêvez en couleurs! Vous aurez jamais les moyens.»

En décembre, lorsqu'ils sont allés visiter la parenté à La Tuque, Thérèse a quand même parlé de son projet à son père. Il était fier et content. «Je viendrai vous aider», a promis Achille.

Mais Achille Tanguay ne devait jamais voir le projet de sa fille se concrétiser. Le 16 janvier 1953, à l'âge de soixante ans, il mourait d'une attaque cardiaque, comme son père, comme deux de ses frères partis tout jeunes vivre aux États-Unis. Depuis plus de dix ans, en fait depuis qu'il avait quitté Saint-Bernard-des-Lacs, Achille se savait menacé, mais il était resté très actif. «Je peux quand même pas m'arrêter de vivre parce que je suis en danger de mort, avait-il dit un jour à sa fille Jeanne. Tout le monde sur la Terre est en danger de mort. Moi, comme les autres.»

Le lendemain de son décès, Valmont, Lucienne, Thérèse et Adhémar prenaient le train pour La Tuque, ces derniers avec leurs enfants, sauf Michel, cinq mois, que Thérèse avait confié à sa belle-mère Ernestine. Pendant qu'ils traversaient la forêt laurentienne, Thérèse pensait, avec terreur, qu'elle verrait bientôt le corps froid et sans vie de son père, qu'elle devrait s'approcher de lui, s'agenouiller devant son cercueil et prier pour le repos de son âme. Pire, elle passerait la soirée et la nuit dans la maison où il dormait de son dernier sommeil. Elle avait toujours gardé, comme sa sœur Jacqueline, cette peur irraisonnée des morts. Et aucun ne pouvait la terroriser plus que son père, qu'elle avait tant aimé, tant admiré. Achille avait été un protecteur et un pourvoyeur, un conseiller, un modèle, un père admirable et tendre. Mais qu'était-il devenu dans la mort? Quels pouvoirs maléfiques lui avait-elle donnés? Aucun, raisonnait-elle. Son père était un homme bon. Pourquoi serait-il devenu méchant ou maléfique? Elle savait bien, au fond, qu'elle n'avait rien à craindre de lui. Elle se souvenait de ce qu'il disait quand, toute petite, elle laissait voir sa peur des morts: « Ma fille, les vivants sont bien plus dangereux que les morts. » Elle appréhendait tout de même le moment où elle devrait s'approcher de lui...

Heureusement, Antoinette n'avait pas voulu que son mari soit exposé dans le salon, comme c'était encore la coutume dans presque toutes les familles. Achille reposait donc au salon funéraire, où Thérèse et son mari se sont rendus le soir même. Toute la parenté était là. Et plein d'amis qu'Achille avait gardés du temps qu'il vivait en Gaspésie ou qu'il s'était faits en Mauricie. Malgré les pleurs, il y avait dans l'air quelque chose de très doux, une sorte de sérénité recueillie, rassurante.

Quand elle s'est agenouillée devant le cercueil où reposait son père, Thérèse a tout de suite senti sa peur se dissiper et une grande paix l'envahir. Elle a fait une petite prière, puis elle a posé sa main sur celles de son père.

« Papa, j'ai pas peur de vous, lui a-t-elle dit. S'il vous plaît, emportez avec vous ma peur de la mort. »

Cet homme lui avait montré à aimer la vie, il lui avait surtout donné le goût de la liberté qui ne s'acquiert qu'en travaillant, il lui avait fait comprendre qu'on doit « mériter » sa vie, qu'on doit faire sa vie comme on fait sa terre, comme on bâtit sa maison. Son grand projet, Saint-Bernard-des-Lacs, où il avait cru trouver sa liberté, avait été un échec. Mais il avait malgré tout réussi sa vie, puisqu'il avait réussi sa famille. Tous ses enfants étaient près de lui, ensemble, qui respecteraient à jamais sa mémoire et transmettraient à leurs enfants les valeurs et les savoir-faire qu'ils avaient acquis de lui…

Thérèse pensait parfois qu'Adhémar agissait avec les enfants comme sa mère Antoinette. Il exerçait sur eux une autorité cassante, sans appel, sans jamais engager avec eux quelque dialogue que ce soit. Elle, par contre, avait adopté spontanément la manière de son père Achille. Comme lui, elle parlait beaucoup avec les enfants, préférant discuter ou même négocier, plutôt que punir. Et il lui semblait qu'à travers elle, beaucoup de son père subsistait. Elle aurait tant aimé lui parler encore de son projet, qu'il voit ses enfants plus souvent, qu'il soit témoin de sa vie, et qu'il sache surtout qu'elle serait un jour très heureuse. Car elle savait cela. Un jour, elle serait heureuse.

Quand elle est rentrée à Charlemagne, le lundi soir, après les funérailles, elle se savait libérée pour toujours de sa peur de la mort. Peinée, bien sûr. Mais plus confiante que jamais en l'avenir. Et tout nouvellement enceinte pour la sixième fois, ce dont elle était très contente. Elle allait bientôt avoir vingt-six ans. Elle était fière et satisfaite de sa famille.

Étrangement, l'arrivée d'un nouvel enfant, si elle créait certaines inquiétudes d'ordre matériel, la rassurait toujours. Ses grossesses étaient, par moments, difficiles.

Au cours des premiers mois, elle avait des nausées presque chaque matin et, parfois, surtout dans les dernières semaines, de terribles maux de dos. Pourtant, avec un enfant dans son ventre, elle se sentait en sécurité, protégée… Chaque nouveau bébé qu'elle mettait au monde apportait, lui semblait-il, de la force, de la confiance, énormément de joie et de paix. Comme tous les bébés de toutes les femmes. En même temps, ils étaient si fragiles. Et le monde, si dangereux, toujours mené par des fous.

Il y avait encore des guerres, en Corée, en Indochine, en Algérie. Aux funérailles de son père, des parents et des amis de la famille venus de Gaspésie lui avaient appris que plus personne ne vivait à Saint-Bernard-des-Lacs. Le gouvernement, qui avait décidé de ne plus assurer les services essentiels de voirie, de ne plus maintenir une école et un dispensaire, avait fermé le village. Et l'évêché avait rappelé le curé. Thérèse imaginait les maisons, les étables et les granges du village de son enfance tombant en ruine, la forêt se refermant peu à peu, inexorablement, sur les champs où son père et ses frères avaient tant travaillé. Saint-Bernard-des-Lacs était en train de devenir un village fantôme. Elle aurait tant aimé revoir une dernière fois ces lieux où, enfant, elle avait couru pieds nus en plein bonheur. Mais elle n'avait ni le temps ni les moyens de s'y rendre.

Dans son esprit, aucun doute : c'était la guerre qui avait détruit son village, le royaume des Tanguay, comme elle avait détruit des milliers d'autres villages et de villes en Europe, et brisé des millions de vies. La guerre que se faisaient les hommes. C'était sa sœur Jeanne qui lui avait mis cette idée dans la tête quand elles s'étaient vues aux funérailles de leur père. Elles avaient parlé de la guerre, de toutes ces guerres qui sévissaient encore et toujours dans le monde. Et Jeanne, la si douce et si timide Jeanne, avait dit qu'il n'y en aurait pas si les femmes dirigeaient le monde. «La guerre, c'est une affaire d'hommes. C'est eux qui la veulent et qui la font, parce que ça les amuse. Mais c'est tout le monde qui en souffre.» Pour Thérèse, c'était l'évidence même.

Après la naissance de Louise, en septembre 1953, Thérèse a ressenti une immense fatigue. Le moindre effort lui était devenu pénible, et elle avait parfois l'impression de suffoquer. Elle a cru qu'elle faisait une dépression, comme il arrive souvent aux femmes après avoir eu un bébé, ce qu'on appelle la dépression post-partum ou le *baby blues*. Mais elle n'avait jamais vraiment connu cet état après la naissance d'aucun autre de ses enfants. Au cours de l'hiver, le mal empira, elle ne se sentait aucune énergie et elle éprouvait à toute heure du jour et de la nuit de vives douleurs à la poitrine.

Le docteur McDuff a diagnostiqué une pleurite, une inflammation aiguë de la plèvre, qui enveloppe le poumon. Il lui a prescrit des 222, des comprimés analgésiques d'acide acétylsalicylique, de caféine et de codéine, précurseur avec les 217, également mis au point dans les laboratoires Frosst, d'une longue tradition d'expertise dans le domaine de l'inflammation et de la douleur. L'effet était rapide, stimulant, euphorisant. Mais le docteur a dit et répété que ces cachets ne feraient qu'endormir momentanément son mal, dont la cause était, selon lui, ailleurs qu'en elle.

«Sortez d'ici, lui a-t-il dit. Sortez vos enfants d'ici. Cette maison est insalubre et elle est devenue trop petite pour vous.»

Le docteur McDuff avait beaucoup d'affection et d'admiration pour cette jeune femme qu'il trouvait remarquablement intelligente et débrouillarde. Il avait vu, dans sa pratique, beaucoup de familles pauvres tout à fait incapables de se sortir de leur misère. Ce n'était pas le cas de la famille Dion. Ils avaient des ressources.

Adhémar travaillait fort. Et sa femme avait de l'imagination. Ensemble, le docteur McDuff n'en doutait pas, ils
pouvaient découvrir assez vite le moyen de quitter les
blocs Boisvert.

En huit ans de mariage, Thérèse et Adhémar avaient
fait six enfants. Elle avait pu constater qu'elle était
extrêmement fertile. Pendant ses périodes de fécondité, il
suffisait que son mari l'approche une seule fois pour
qu'elle devienne enceinte. Or, elle n'avait que vingt-six
ans. On pouvait donc s'attendre, le docteur McDuff lui
avait assez répété, à voir la famille s'agrandir davantage au
cours des prochaines années. Il faudrait alors idéalement
quatre chambres à coucher, une pour les garçons
Clément et Michel, deux pour les filles, une pour les
parents. Et un salon, une cuisine, une salle de bain.

Il lui avait suffi de savoir que le mal dont elle souffrait
avait une cause matérielle tangible et visible, cette maison
insalubre, pour qu'il se dissipe en quelques jours. Le
printemps est venu. Avec lui le grand air et le soleil, les
pique-niques dans les champs. Et, presque par hasard,
une rencontre qui lui permettrait enfin de changer sa vie
pour de bon.

*

Thérèse pensait parfois à ces rêves qu'elle faisait
autrefois et dont elle parlait à son amie Monique Pelletier
ou, plus tard, à ses sœurs Annette et Jacqueline, rêves de
voyages et d'aventures dans le vaste monde qu'elle aurait
tant aimé connaître et parcourir d'un bout à l'autre. Elle
avait bien quelques regrets parfois. Mais elle n'aurait pas
changé sa vie avec qui que ce soit pour tout l'or du
monde, pas même avec la Thérèse Tanguay sœur missionnaire en Afrique, ou la Thérèse Tanguay garde-
malade en Corée ou en Indochine. Elle ne menait pas
vraiment la vie qu'elle avait imaginé vivre ou dont elle

avait rêvé, à quinze ou dix-huit ans. Mais cette existence à laquelle elle ne s'attendait pas la comblait et l'étonnait. Elle adorait, plus encore qu'elle n'aurait cru, avoir des enfants, et vivre à longueur de journée entourée d'eux, elle aimait leurs petites mains qui s'accrochaient à ses jupes, leurs pleurs, leurs rires, leurs questions. Elle aimait les prendre dans ses bras, sur ses genoux, dormir et jouer avec eux, leur donner leur bain, les peigner, coudre des petites robes à ses filles, les pomponner, tresser leurs cheveux, et courir se battre à grands coups d'épée de carton avec ses garçons, faire des châteaux de sable, des forts de neige. Et les voir grandir, émettre un jour une opinion, avoir un premier secret…

Pour ce qui était du vaste monde, il était là, tout proche, livré à domicile par la radio allumée du matin au soir. Elle apportait chaque jour de la musique et des chansons neuves, et toutes sortes d'histoires, vraies et inventées, les radio-romans, *Les Joyeux Troubadours, Un homme et son péché*… Et les nouvelles aussi, les nouvelles de partout, bonnes ou mauvaises. Tout en élevant ses enfants, Thérèse suivait donc le monde en marche, la guerre de Corée, la mort de George VI, celle de Joseph Staline. Le monde était fou, violent, méchant. Elle le savait depuis cette autre guerre maudite qui avait forcé les Tanguay à quitter leur royaume. Mais elle avait toujours des preuves que la vie était plus douce ici qu'ailleurs.

C'est par la radio qu'elle apprit un jour que la Société centrale d'hypothèque et de logement avait apporté des modifications à la Loi nationale sur l'habitation afin de rendre la propriété accessible à un plus grand nombre de Canadiens et d'examiner les demandes de prêt. Par la radio aussi qu'elle entendit parler d'un nouveau programme d'accès à la propriété: la SCHL encourageait les institutions bancaires à consentir une hypothèque de dix mille dollars aux couples qui, par leurs propres moyens, réussissaient à mettre en place les fondations de leur maison et à en monter la charpente. Des fondations ? Mais c'était exactement ce que son Adhémar faisait avec le plus de plaisir. Il pouvait aussi lever une charpente de maison, peut-être pas tout seul, mais sa femme était là qui pouvait l'aider.

En fait, ce programme d'accès à la propriété, tout généreux qu'il fut, ne pouvait convenir qu'à des gens extrêmement débrouillards. Lever des fondations et monter une charpente de maison à ses frais n'est pas à la portée de tout le monde. D'Adhémar Dion ? Oui. Thérèse en était persuadée. Son mari excellait dans les gros travaux de maçonnerie et de charpenterie.

La possibilité de réaliser son projet lui était enfin offerte. Mais Adhémar n'y croyait toujours pas. « Tu rêves en couleurs » et « On dirait que tu vis sur un nuage », voilà ce qu'il a une fois de plus répondu à sa femme quand, le soir, après souper, les enfants endormis, elle lui a parlé du programme de la SCHL. Elle s'y attendait. Adhémar n'avait pas confiance en ce genre de choses et d'institutions.

Ce soir-là, dans son lit, Thérèse songeait à son père qui, autrefois, quand il a fondé la colonie de Saint-Bernard-des-Lacs, écrivait régulièrement au gouvernement. Achille Tanguay savait se prévaloir de ses droits. Et profiter, sans abuser, des privilèges que lui offraient les gouvernements, aussi bien que la nature. Elle se souvenait l'avoir vu, un soir, réexpédier au ministère responsable du secours direct un chèque à son nom accompagné d'une lettre disant qu'il n'avait plus besoin désormais de cette aide, qu'il pouvait vivre de sa terre et de son moulin à scie qui fonctionnait bien. Et merci beaucoup. La culture des Dion était tout autre. Ernestine avait reçu des allocations, du secours direct, sans jamais établir quelque communication que ce soit avec un représentant de la fonction publique… Thérèse ne pouvait donc en vouloir à son mari de son manque de foi. Il était né et avait été élevé dans un monde marginal où on ne fait confiance qu'à soi-même, et encore !

Elle a écrit à la SCHL. En plus, elle lui a téléphoné. On lui a fait parvenir un formulaire qu'elle a dûment rempli et mis à la poste. Une dizaine de jours plus tard, en fin d'après-midi, Mme de Chévigny venait frapper à la porte des Dion pour dire à Thérèse qu'elle était demandée au téléphone.

« Ma mère est allée fendre son bois », a dit Clément, qui faisait ses devoirs de première année sur la table de la cuisine.

Le petit hangar des Dion était effectivement ouvert, mais madame de Chévigny avait beau crier depuis le balcon, personne ne lui répondait. Clément est allé voir, il a trouvé sa mère étendue par terre, la tête en sang. En fendant son bois, elle avait, dans son élan, heurté un soliveau et lâché sa hache, qui lui était retombée sur la tête.

« Qui a téléphoné ? » questionna-t-elle dès qu'elle eut retrouvé ses esprits.

C'était le monsieur de l'institution bancaire qui demandait à être rappelé. Le prêt serait accordé. Sous certaines conditions, bien sûr. Pas à elle, évidemment, mais à son mari. En 1954, les banques ne prêtaient jamais rien aux femmes sans revenus. Pour satisfaire aux exigences de l'institution et du gouvernement, Adhémar devait être propriétaire d'un terrain, y avoir fait creuser une cave, levé les fondations et monté la charpente. On enverrait alors un inspecteur. Si le rapport était satisfaisant, il recevrait l'argent demandé.

Dès lors, Thérèse a sérieusement commencé à tirer un plan et à faire le budget de sa maison, sur de grandes feuilles quadrillées dont elle utilisait les deux côtés. Adhémar, lui, enfin stimulé, fréquentait déjà tous les garages, les quincailleries et les cours à bois du village et de la région. Il passait régulièrement faire son tour au magasin général d'Armand Lebeau ou à la cour à bois de Robert Arsenault. Ils connaissaient le prix du sac de ciment, du 2 x 4, de la feuille de contreplaqué, de la livre de clous de six pouces. Et Thérèse, au verso de ses feuilles quadrillées, faisait et refaisait ses calculs, de temps, d'argent, de livres de ciment, de douzaines de parpaings, de soliveaux. Elle s'était procuré, chez Armand Lebeau, un livre de recettes de ciment.

Elle avait tout de suite eu l'idée d'un grand carré de maison dont ils occuperaient le rez-de-chaussée et loueraient les deux logements à l'étage. Elle avait un plan en tête qu'elle retouchait sans cesse en préparant les enfants pour l'école, en faisant sa lessive, même en dormant, probablement. En entrant, il y aura, à gauche, la chambre des maîtres et, au fond, la chambre des filles. Entre les deux, toujours sur la gauche, un rangement et l'escalier qui conduit à la cave. À droite, le salon, puis la chambre des garçons. Au fond, à côté de la salle de bain (une vraie salle de bain avec un vrai bain), il y aura une grande cuisine avec des fenêtres donnant sur l'arrière et sur le côté de la maison… Puis elle ajoutait un chauffe-eau au sous-sol, une trappe à air chaud au milieu de la place. Et elle recommençait, ajoutait une dépense, un tambour, un petit solarium.

Et bientôt, elle avait communiqué son enthousiasme à Adhémar, qui cessa de lui dire qu'elle rêvait en couleurs.

Or, avant de toucher l'hypothèque, il fallait acheter un terrain. Assez grand pour avoir une cour où les enfants pourraient jouer. Et assez proche de l'école pour qu'ils puissent s'y rendre à pied. Il faudrait ensuite faire excaver, car cette maison avait besoin d'une cave. Et faire les fondations. Tout ça coûtait cher. Ils avaient leurs petites économies, mais ce n'était pas assez. Alors, Thérèse a eu une idée.

Elle est allée rencontrer Armand Lebeau, le quincaillier, et Robert Arsenault, qui possédait une grande cour à bois. Elle leur a parlé de ce programme d'accès à la propriété de la SCHL. Ils connaissaient assez Adhémar et Thérèse pour savoir qu'ils étaient capables de construire une maison de trois logis, tout seuls. Ils leur ont fait confiance. Et crédit. Pour les matériaux. Et les outils.

Adhémar a trouvé, en plein cœur de Charlemagne, rue Saint-Jacques, un terrain « beau, bon, pas cher », vraiment pas cher, trois cents dollars, de forme irrégulière mais tout près de l'école, limité au nord par la voie ferrée, ce qui inquiétait bien un peu Thérèse. Mais, en même temps, elle y voyait une garantie d'intimité et de tranquillité. Une haute et solide clôture, bordée de chaque côté de friches et de broussailles très denses, courait le long de la voie ferrée.

Dès la fonte des neiges, Adhémar et Thérèse sont allés défricher le terrain, au beau milieu duquel ils ont découvert une dépression naturelle, comme si la nature avait voulu participer aux travaux d'excavation. Sitôt que la terre fut meuble, ils ont terminé le travail à la pelle, tout seuls, transportant la terre à la brouette à l'autre bout de leur terrain. Thérèse avait retrouvé sa vigueur. Le dur travail physique lui faisait un bien énorme. Elle avait toujours rêvé, non pas d'être un homme, mais de faire beaucoup de choses que faisaient les hommes. On disait souvent à l'époque, en parlant des femmes, « le sexe faible » ou « le beau sexe », ce qui, littéralement, enrageait Thérèse, persuadée d'appartenir à ni l'un ni l'autre de ces ensembles. Elle ne se trouvait pas laide, mais ne se définissait pas pour autant comme une belle femme, et surtout pas comme un être faible. Elle savait fort bien qu'elle était plus forte et plus énergique que beaucoup d'hommes.

Au début de juin, ils commençaient à mettre les formes en place. Chaque soir, tout de suite après le souper, et les samedis et les dimanches, beau temps, mauvais temps, toute la famille se rendait sur le chantier. Jusqu'à la fin des classes, les plus vieux faisaient leurs devoirs et apprenaient leurs leçons sur des tables de fortune. Les plus jeunes, dont s'occupait Denise, huit ans, dormaient dans l'auto. Thérèse portait les planches et les madriers, les parpaings, ces grosses briques d'aggloméré grises dont serait fait le solage. Elle avait trouvé un arrangement avec le voisin d'en face et allait chez lui remplir à ras bord des contenants de cinq gallons. Elle en charroyait deux par voyage : cent livres d'eau pour délayer le ciment auquel elle ajoutait du sable qu'elle avait elle-même sassé.

Au milieu de l'été, les fondations et le solage de parpaings étaient en place. Le sol de la cave était recouvert de gravier. À la fin de juillet, quand Adhémar Dion a gravé dans le ciment frais des fondations : AD 1954, sa femme était de nouveau enceinte. La banque a fait inspecter le chantier et, satisfaite, lui a accordé une hypothèque de dix mille dollars. Il a remboursé les créanciers et acheté les matériaux et les outils dont il avait besoin pour terminer la maison.

Quand la famille a emménagé rue Saint-Jacques, à l'automne 1954, il restait de menus travaux à compléter, poser les plinthes au bas des murs ou des portes aux chambres et aux garde-robes. Chaque jour, entre lessive, repassage, préparation des repas, bains des enfants, Thérèse peinturait. Elle tenait à avoir terminé avant qu'on pose les châssis doubles et qu'elle ne puisse plus aérer convenablement.

Ce fut le début d'une période très heureuse, un petit âge d'or dans la vie de Thérèse Dion, née Tanguay, vingt-sept ans, six enfants, bientôt sept. Après quatre années passées dans les blocs Boisvert, elle avait l'impression d'entrer dans un monde de grand luxe. Dans cette maison bien chauffée et bien isolée, elle ne verrait plus de givre aux fenêtres, plus de coulisses d'eau au plafond, plus de moisissures sur les murs, plus de rats dans le garde-manger. Il y avait un vrai bain, une cave propre et sèche.

Et, ce qui lui avait cruellement manqué dans les blocs Boisvert, beaucoup de lumière. En plus, cette merveille se paierait pratiquement toute seule. Une fois achevés, les deux logements à l'étage rapporteraient en effet de quoi payer l'hypothèque. En outre, l'épicerie Quintal où travaillait maintenant Adhémar était toute proche.

Quelques jours avant Noël, Adhémar est arrivé un soir avec une énorme boîte qu'il a déballée avec les enfants au milieu du salon. C'était un téléviseur Roger Magestic, une merveille, un génie fascinant qui, tous les soirs, allait égayer la famille. Thérèse adorait les galas télévisés, les spectacles de chansons, comme cette émission du dimanche soir, *Music-Hall*, animée par la belle et élégante Michèle Tisseyre. Elle aimait bien aussi *Les Belles Histoires des pays d'en haut* qui lui rappelaient son enfance. Et *La famille Plouffe* qui évoquait tant la vie qu'elle menait désormais. Adhémar, lui, préférait regarder la lutte, au Forum, le mercredi soir, commentée par Michel Normandin... « Bonsoir, amateurs de lutte. » Ses héros, ceux de Clément aussi, étaient Johnny Rougeau, Édouard Carpentier, les lutteurs nains Sky Lo Lo et Little Beaver.

Dans les jours qui ont suivi la naissance de Jacques, le 10 mars 1955, dans la maison de la rue Saint-Jacques qui sentait encore le bois neuf et la peinture fraîche, elle et Adhémar ont vu, étonnés, des images de cette formidable émeute qu'avait déclenchée la suspension de Maurice Richard, à tout juste quelques matchs des séries éliminatoires de la Ligue nationale de hockey. Grâce à la télévision, Thérèse avait l'impression de faire vraiment partie du monde. Le soir, quand Adhémar sortait rencontrer ses amis de garage ou partait faire un tour chez sa mère, et qu'elle avait couché les enfants, le bon génie de la télévision lui tenait compagnie et l'emmenait de par le vaste univers, comblant sa solitude.

Jacques était encore bébé quand Adhémar est rentré un jour plus tôt que d'habitude. Il avait laissé sa job chez

Quintal. Thérèse ne saura jamais tout à fait ce qui était arrivé. Il y avait eu une dispute, vraisemblablement. Le patron, Aimé Quintal, eut beau appeler, et même passer à la maison pour tenter de raisonner Adhémar, Thérèse eut beau dire à son mari qu'avec neuf bouches à nourrir, il ne pouvait rester plus de deux jours sans travail, rien n'y fit. Adhémar était têtu. Et confiant. « Inquiète-toi pas », disait-il à sa femme.

Le lendemain, il est parti de bon matin offrir ses services dans les ateliers, les usines, les moulins, les shops, les manufactures, les entrepôts, les chantiers de Pointe-aux-Trembles, de Charlemagne, de Montréal-Est, de Repentigny. Deux jours plus tard, il entrait comme inspecteur des viandes à la Coopérative fédérée du Québec. Depuis qu'ils étaient mariés, dix ans auparavant, Adhémar avait souvent changé d'emploi, bûcheron, *waiter*, gardien de nuit, manutentionnaire, manœuvre, livreur, etc., mais il n'avait jamais passé plus de quelques jours sans travailler.

Tous les soirs, après souper, il montait à l'étage où, au cours de l'hiver, il a terminé les deux appartements du haut qui ont été mis à louer dès le 1er mai. Grâce à ces loyers, la maison allait pratiquement se payer toute seule.

Quand Daniel est né, en novembre 1956, le bon génie de la télé parlait de l'insurrection populaire en Hongrie et d'une crise internationale qui risquait de déstabiliser le monde, une guerre qui menaçait entre Israéliens, Français, Anglais, Égyptiens pour le contrôle du canal de Suez. C'étaient de mauvaises nouvelles, des nouvelles de guerre, encore et toujours. Mais il y en avait aussi de bonnes, des excitantes : les Américains et les Russes se préparaient à lancer des satellites dans l'espace. Et on disait que, bientôt, des hommes iraient marcher sur la lune. Tout ça intéressait Thérèse. Mais elle pensait : « Pourquoi ça serait pas une femme plutôt qu'un homme, qui irait marcher sur la lune ? Pourquoi ce sont toujours les hommes qui font ce qu'il y a de plus excitant ? »

Elle était satisfaite de sa condition de femme. Faire des enfants restait pour elle la plus merveilleuse des aventures ; les élever, la tâche la plus valorisante. Mais elle avait toujours ce besoin de faire ce que faisaient les hommes, à leur manière, par choix, librement.

*

En septembre, Claudette est entrée en première année à la petite école. Thérèse lui avait confectionné, comme à Denise, une robe noire avec un collet et des poignets blancs. Très coquette, Claudette insistait pour que sa mère lui fasse chaque matin une nouvelle coiffure, des boucles, des boudins, des tresses, un chignon. Elle a voulu aussi avoir un beau sac d'école comme celui que Thérèse avait fabriqué pour Denise. Un jour, elle a demandé à sa mère cinq sous pour acheter un crayon. Thérèse a répondu qu'elle n'en avait pas besoin.

« On a tous les crayons qu'il te faut à la maison.

— Oui, mais ils sont déjà aiguisés, a protesté l'enfant. Ils sont tout usés, ils sont trop vieux. »

Sa mère, amusée, a entrepris de lui expliquer que l'âge ou l'aspect d'un crayon n'avait aucune importance. Et que c'était ce qu'on écrivait avec qui comptait. Mais les crayons qu'elle proposait à Claudette ne convenaient pas, il leur manquait l'efface, ils avaient été mâchouillés, ou aiguisés aux deux bouts.

« J'ai pas d'argent pour des crayons neufs, conclut Thérèse. Faudra que tu t'arranges avec les vieux qu'on a. »

Le lendemain matin, Claudette dérobait cinq cents dans le pot où sa mère mettait sa menue monnaie pour payer le laitier. Et elle s'est acheté à l'école un beau crayon tout neuf qu'elle a aiguisé et laissé dans son pupitre. Elle est rentrée dîner le midi, persuadée que sa mère ne pouvait avoir remarqué son larcin.

Mais dès que les enfants furent à table, celle-ci leur a dit :

«J'ai quelque chose de très triste à vous annoncer, aujourd'hui : il y a un voleur dans notre famille. »

Les enfants avaient compris à son ton qu'elle était vraiment triste. Claudette a su, évidemment, que sa mère parlait d'elle. Surtout quand Thérèse a ajouté :

«Un voleur ou une voleuse, je sais pas, pour le moment. Mais je pense qu'il ou qu'elle devrait se faire connaître. Présentement, je peux soupçonner tout le monde. Et si le voleur ou la voleuse ne se dénonce pas, c'est un autre malheur qui sera entré dans notre famille, parce que, en plus d'avoir un voleur ou une voleuse, on aura un menteur ou une menteuse. »

Claudette a eu toutes les misères du monde à avaler sa soupe et son pâté au poulet. Elle a laissé Denise et Clément partir à l'école, sous prétexte qu'elle voulait aider à faire la vaisselle. Dès qu'elles furent seules, elle s'est approchée de sa mère et lui a avoué :

«C'est moi, la voleuse, maman. »

Et elle a fondu en larmes.

Sa mère l'a consolée.

«Je savais que c'était toi, lui a-t-elle dit. Mais j'aurais eu beaucoup de peine que tu ne me le dises pas. J'espère que tu vas t'en souvenir et que tu ne recommenceras jamais. »

Thérèse était heureuse du dénouement de ce petit drame. Quand elle s'était aperçue qu'il manquait cinq cents dans son pot de menue monnaie, elle avait tout de suite pensé au crayon de Claudette. Puis elle s'était demandé ce que son père Achille aurait fait en pareille circonstance. Il aurait sans doute pris l'enfant à part et, sans la brusquer, il l'aurait amenée à comprendre et à avouer qu'elle avait mal agi... Thérèse a décidé qu'elle ferait comme lui. Elle se considérait elle-même comme une bonne personne, bien équilibrée, honnête ; elle croyait que c'était beaucoup à cause de la manière dont son père l'avait élevée qu'elle était devenue une telle femme, en qui elle pouvait avoir confiance.

À tout hasard, elle a décidé de ne pas parler de cette histoire à son mari. Adhémar aurait voulu sévir en punissant sévèrement Claudette, sans vraiment lui faire la leçon. Il l'aurait envoyée réfléchir dans la chambre des filles et lui aurait interdit la télé pendant quelques jours. Thérèse avait préféré avoir cette explication avec la petite. Et il en serait toujours ainsi. Par contre, elle n'intervenait jamais quand Adhémar punissait ou qu'il interdisait. Elle croyait nécessaire ce type d'autorité dans une famille. En plus, et surtout, une femme ne devait jamais s'opposer à l'autorité de son homme et remettre en question ses décisions, quelles qu'elles soient, surtout pas devant les enfants. C'était peut-être vieux jeu, mais elle ne pouvait s'empêcher de penser et d'agir ainsi. Mais elle avait sur Adhémar d'autres pouvoirs : elle savait presque tout le temps l'amener à penser et à dire comme elle, bien souvent sans qu'il s'en aperçoive. Il demeurait toutefois un homme mystérieux et secret, même pour elle qui dormait avec lui depuis maintenant dix ans ; il ne se livrait pas, il ne lui parlait pas de ses amis ou de cette vie fort active qu'il menait en dehors de la maison. Il ne la consultait jamais, la mettait toujours devant le fait accompli : il arrivait par exemple à la maison avec une nouvelle auto, sans même lui avoir dit auparavant qu'il voulait en changer. Même chose pour ses jobs.

Depuis quelque temps, il travaillait dans un atelier de rembourrage. Parfois, il prenait des contrats qu'il exécutait à la maison avec l'aide de Thérèse. Celle-ci renouait avec l'un des nombreux savoir-faire de ses parents qui, autrefois, à Saint-Bernard-des-Lacs, fabriquaient et rembourraient des cercueils. En plus, elle adorait travailler avec son mari. Ils se comprenaient et se

154

complétaient comme lorsqu'ils faisaient de la musique ensemble. Adhémar ne savait toujours pas parler de ses états d'âme, il ne laissait jamais voir ses émotions, pas même à sa femme. Ce n'était qu'à travers les travaux et la musique exécutés ensemble que Thérèse avait fini par le connaître.

Dès la fin des travaux dans les appartements du haut et de l'aménagement du sous-sol, il avait repris ses vieilles habitudes. Il partait après souper, sans mot dire, allait chez sa mère ou retrouver ses copains dans les garages, les ateliers, les cours à bois… Thérèse faisait sa vaisselle, couchait ses enfants. Adhémar ne rentrait jamais tard. À dix heures, la maison était endormie. Seule Thérèse veillait, mijotant sa journée du lendemain, regardant les journaux ou lisant des modes d'emploi, des almanachs, des prospectus, chantonnant un air de Tino Rossi, de Francis Blanche, de Charles Trenet, se souvenant des autres Thérèse qu'elle avait rêvé d'être, qu'elle aurait bien pu être, pensant à celles qu'elle ne serait sans doute jamais, l'infirmière en Afrique, la violoniste triomphant sur de grandes scènes du monde, la femme soldat…

Elle était satisfaite, même si elle ne voyait pas le vaste monde, ses insondables mystères, ses mille misères, ses jungles et ses déserts. Elle enviait de moins en moins les hommes. Bien sûr, ils avaient tous les droits, tout l'argent, toute l'autorité et toutes les libertés. Mais les femmes qui, comme elle, étaient plusieurs fois mère, avaient une chance inouïe. Elles refaisaient avec chacun de leurs enfants leur première année d'école, et leur deuxième année, leur sixième, etc. Elles étaient, grâce à eux, en contact avec le monde en marche. Beaucoup plus que les hommes, en fin de compte, qui, confinés à l'usine ou au bureau, ne repassaient jamais la géographie, l'histoire ou les mathématiques. Grâce à ses enfants, Thérèse continuait d'apprendre et de s'instruire, de maîtriser chaque jour de mieux en mieux le difficile et merveilleux métier de mère. Elle a dû savoir quoi dire à une petite fille de dix ans, Denise, effarée, qui appelait sa maman, assise sur la toilette, sa culotte maculée de sang. Sa maman est accourue, a constaté son état, s'est agenouillée devant sa petite fille et lui a parlé doucement, l'a rassurée et lui a dit : « Bravo, t'es une grande fille maintenant. » Mais elle ne pouvait s'empêcher de penser que c'était bien jeune pour avoir ses règles. C'était la fin de l'hiver. Elle venait elle-même d'avoir vingt-neuf ans.

*

Thérèse Dion n'avait pas beaucoup d'atomes crochus avec son beau-père. Ses enfants, par contre, surtout les garçons, semblaient fascinés par Charles Dion, qu'ils appelaient toujours Pepére. Il n'était pourtant jamais tendre avec eux et ne leur adressait à peu près pas la parole, même quand il était à jeun, et ne disait jamais bonjour, jamais bonsoir. Toutefois, pour des raisons que personne ne comprenait vraiment, il faisait, aux yeux de Clément et de Michel, figure de héros. Sans doute que la boîte du camion de Pepére représentait pour eux un merveilleux bric-à-brac, un inépuisable trésor d'Ali Baba, tout plein de bouts de fer forgé, de pneus crevés, de choses innommables ou non identifiables, une girouette sans tête, un treuil, des pièces de moteur électrique, une faux, un restant de bicyclette… Peut-être aussi que les enfants étaient fascinés par le silence dans lequel il restait enfermé ou l'indifférence dans laquelle il les tenait. Chose certaine, il ne faisait jamais rien pour les séduire.

Thérèse fut donc fort surprise quand elle l'a vu arriver, tout guilleret, le 29 novembre 1957, dans l'après-midi. Elle était en train de préparer un gâteau pour le premier anniversaire de Daniel, qu'ils fêteraient en famille ce soir-là. À la télé, on diffusait un reportage sur le satellite Spoutnik que les Russes avaient envoyé dans l'espace le mois précédent. Pepére s'est approché du petit Daniel, qui se trouvait dans sa chaise haute, l'a chatouillé, lui a posé sa casquette sur la tête, l'a fait rire aux éclats. Jamais Thérèse n'avait vu son beau-père si enjoué, serein, sobre.

Puis, comme tous les vendredis soir, elle a entrepris, après avoir fait sa vaisselle du souper et couché les enfants, de laver ses planchers et de mettre de l'ordre pour que la maison soit belle et propre et qu'elle puisse avoir un peu de temps libre à passer avec son mari au cours de la fin de semaine. Comme tous les vendredis aussi, celui-ci était parti commencer la soirée chez sa mère, qui habitait tout près, rue Saint-Jacques ; il irait ensuite soit au bingo de la salle paroissiale, soit jaser avec ses chums de garage.

Dans la maison endormie, Thérèse a entendu venir le train de nuit qui montait à Joliette. Il y eut un long grincement, des stridulations assourdissantes tout contre la maison, puis un choc, un énorme et interminable bruit de ferraille.

« Restez couchés, les enfants. »

Ils sont demeurés dans leur lit, mais ils ne dormaient pas. Il y avait de la lumière sur la voie ferrée, des cris. Un voisin, monsieur Beaulieu, est venu, effrayé, cogner à la porte. Il a dit à Thérèse qu'un grave accident s'était produit sur la voie ferrée. Le train avait frappé une voiture et l'avait traînée sur plus de cent mètres.

« C'est ton beau-père qui est dedans. Je l'ai vu, a-t-il ajouté. Il était venu me reconduire chez nous. Quand il est reparti, j'ai entendu que le train s'en venait. Pas lui. »

On ne saura jamais ce qui s'est passé. Mais selon le voisin Beaulieu, Charles Dion n'avait pas bu une goutte ce jour-là. Il a été distrait, ou le moteur de son vieux pick-up a eu un raté au moment où il franchissait la voie ferrée.

Thérèse a téléphoné chez sa belle-mère, où se trouvait son mari. Elle n'a pas voulu leur annoncer l'horrible nouvelle de cette façon. Elle a seulement dit à Adhémar

157

que quelque chose de grave était arrivé à son père. Quand il s'est approché de la rue Saint-Jacques, Adhémar a vu l'attroupement près de chez lui, les gens atterrés qui regardaient, et il s'est rendu directement sur les lieux de l'accident.

Sous le train, il a vu la fourgonnette déchiquetée et, en avançant, le corps inerte et désarticulé de son père, qu'il a tenté, dérisoire entreprise, d'extirper du tas de ferraille. Il est rentré bouleversé, aphone, tremblant.

Plus tard, dans la soirée, le curé est venu à la maison, il a parlé longuement à Adhémar qui, encore sous le choc, semblait ne plus comprendre ce qui était arrivé. Des agents de la police provinciale sont venus aussi. Et tout ce monde, par moments, parlait fort, trop fort. Thérèse tentait de leur faire baisser le ton.

« Les enfants dorment. »

Mais les enfants ne dormaient pas. Ils écoutaient. Ils savaient fort bien qu'un événement terrible s'était produit. Les plus vieux avaient compris que le train avait frappé une voiture et qu'il y avait peut-être des morts. Ils ont appris le lendemain matin que le train qui montait à Joliette avait heurté le vieux pick-up de leur grand-père, Charles Dion.

Adhémar, lui, était parti dès l'aube chez sa mère, auprès de qui il allait passer beaucoup de temps au cours des jours suivants. Il rentrait chaque fois plus défait, toujours silencieux, gardant pour lui sa peine que Thérèse comprenait et respectait. Elle n'avait jamais vraiment porté son beau-père dans son cœur, mais elle savait que ses enfants et ses petits-enfants l'adoraient.

Adhémar aimait en effet profondément son père, même s'il avait souvent eu de graves disputes avec lui, des disputes dont, le plus souvent, personne, à part eux, ne connaissait les causes, ni le dénouement. Ces deux hommes ne s'expliquaient jamais. C'était dans leur nature ; c'était aussi dans la culture de l'époque. Et

Thérèse souvent s'en désolait. Elle avait parfois l'impression que personne ne se parlait vraiment, que chacun gardait jalousement pour soi ses joies, ses peines et, avec le temps, se remplissait et s'alourdissait de secrets. Elle-même était devenue une femme beaucoup plus discrète et secrète que l'adolescente ou la jeune fille qu'elle avait été. Elle n'avait personne à qui se confier, à qui parler des rêves qu'elle entretenait encore de voyager un jour, d'accomplir autre chose que du lavage, du repassage et des repas.

Un jour, peu après la naissance de Ghislaine, pendant l'été suivant la mort de Pepére, elle a perdu sa bague de fiançailles. Elle s'en est rendu compte au moment où elle versait dans la cuvette des toilettes le seau dans lequel elle avait tordu sa vadrouille. Elle ne l'a jamais retrouvée. Quand, nouvelle mariée, elle avait découvert un autre nom que le sien à l'intérieur de cette bague, elle n'avait parlé à personne de sa peine. Et le jour où, après douze ans de mariage, elle l'a perdue, elle n'a raconté à personne non plus son inquiétude, sa peur irraisonnée qui lui faisait voir là un mauvais présage.

Elle a seulement dit à Adhémar quand il est rentré ce soir-là :

« J'ai perdu la bague de fiançailles que tu m'as offerte. »

Il a répondu :

« C'est pas grave. Une bague, c'est une bague, ça veut rien dire. »

Adhémar était tout, sauf un sentimental et un romantique. Les films d'amour que sa femme regardait avec tant de plaisir à la télévision le laissaient totalement indifférent. De ses sentiments, Thérèse ne savait jamais rien. Il était en fait comme beaucoup d'hommes de sa génération et de son milieu qui ne disaient jamais à leurs femmes le moindre « je t'aime », ni même « je suis bien avec toi », encore moins « j'ai besoin de toi ». Ces hommes ne se livraient pas, à croire qu'ils n'avaient aucune émotion, sauf, avait remarqué Thérèse, quand ils avaient bu. Ils devenaient alors tout miel ou tout fiel, ils parlaient sans retenue de leurs états d'âme, aimaient ou haïssaient à l'excès. Ils étaient peut-être désagréables et disgracieux dans ces moments d'ivresse, mais, au moins, on voyait un instant le fond de leur âme.

Or, Adhémar ne buvait toujours pas. Depuis treize ans qu'ils étaient mariés, Thérèse ne l'avait jamais vu prendre une seule goutte d'alcool. Le fond de son âme restait ainsi bien caché, mystérieux. Il continuait de fréquenter les garages et les cours à bois, il se rendait encore régulièrement, plusieurs fois par semaine, chez sa mère, mais il était souvent songeur, taciturne. Lui qui avait toujours été si vaillant ne voulait plus rien faire de ses dix doigts à la maison. Les étés précédents, il avait installé des balançoires dans la cour, il avait repeint la galerie, fait un plancher à la cave. Puis, plus rien. En 1958, l'été de la naissance de Ghislaine, Adhémar n'a strictement touché à rien dans la maison, ni autour, ni dessus, ni en dessous.

Thérèse ne savait trop comment l'aborder. Si elle lui demandait ce qu'il avait, il répondait immanquablement : «J'ai rien.» Elle a fini par comprendre qu'il n'aimait plus cette maison qu'ils avaient construite ensemble. Parce qu'il ne pouvait en sortir ou y entrer sans penser à son père, sans revoir son corps désarticulé, les flaques de sang autour de sa tête, ses membres broyés. Il ne l'a jamais formulé de façon explicite, mais Thérèse était fort consciente que, pour cette raison, il ne voulait plus rester dans cette maison de la rue Saint-Jacques.

Et il éprouvait peut-être un sentiment plus diffus, plus confus. Depuis qu'il était né, Adhémar Dion avait sans cesse déménagé. Il avait des gènes et une culture de nomade. De toute sa vie, il n'avait jamais habité plus de trois ans au même endroit. La maison de la rue Saint-Jacques était terminée, toutes les portes et les fenêtres ouvraient et fermaient parfaitement, le toit était étanche, la cave, bien sèche. Pour un homme comme Adhémar Dion, il n'y avait plus rien à faire à cette adresse. Il avait envie d'autre chose, envie d'ailleurs.

Un jour de fin d'été, celui des funérailles nationales de Maurice Duplessis, à Trois-Rivières, Adhémar est revenu du travail avec une petite demi-heure de retard en disant qu'il avait trouvé une maison à vendre, au 130 de la rue Notre-Dame. Thérèse la connaissait pour être passée devant au moins mille fois. Et elle savait qu'elle ne l'aimerait pas. Entre autres raisons, parce qu'elle était située beaucoup trop proche de la rue. Elle est malgré tout allée la visiter le soir même. C'était un vieux bâtiment au toit fortement incliné, avec deux lucarnes, et une galerie. La cuisine, très grande, était un peu en retrait, comme dans les anciennes maisons de ferme. Deux chambres en bas, deux à l'étage, plus un salon de semaine et un salon propre qui pourraient également servir de chambre. À l'arrière, il y avait trois semblants de hangars qui occupaient presque tout l'espace entre la maison et la rive escarpée de la rivière bordée de cerisiers à grappes et de vinaigriers. Comme s'il avait deviné les pensées de sa femme, Adhémar a dit tout de suite qu'il démolirait deux de ces hangars, de manière à ménager une petite cour où les enfants pourraient jouer.

« Où est la porte de la cave ? a demandé Thérèse.

— Y a pas de cave pour le moment. Je vas en creuser une. »

Elle n'avait pas très envie de vivre de nouveau dans un chantier de construction. Mais elle connaissait assez son homme pour savoir que rien ne pouvait le rendre plus heureux. Déjà, rien qu'à l'idée d'emménager dans cette maison qui avait sérieusement besoin de rénovation, il sortait de sa léthargie.

La première impression de Thérèse s'était néanmoins confirmée; elle n'aimerait jamais cette maison, coincée entre une rue très passante et cette rivière, en fait, un chenal de la rivière L'Assomption qui représentait à ses yeux un danger infiniment plus grand qu'une voie ferrée, parce que permanent. Puis elle était triste de quitter la maison de la rue Saint-Jacques qu'ils avaient eux-mêmes bâtie de fond en comble. Mais elle n'a rien dit. Elle avait l'habitude de garder pour elle sa peine ou ses déceptions. Et il fallait rendre Adhémar heureux. C'était son devoir, et une nécessité. Elle savait bien, en réalité, qu'elle s'habituerait.

De toute façon, on ne partait pas bien loin. Elle ferait son épicerie et toutes ses courses aux mêmes endroits. Adhémar verrait les mêmes amis. Les enfants fréquenteraient les mêmes écoles. À l'automne, Thérèse et Adhémar et leurs dix enfants (Linda était née trois mois plus tôt, en juin) emménageaient donc rue Notre-Dame, après avoir loué le grand logement qu'ils occupaient au rez-de-chaussée de leur maison de la rue Saint-Jacques.

Comme il l'avait toujours fait, Adhémar a passé tous ses temps libres à rafistoler, isoler, rénover, rendre plus fonctionnel et plus confortable leur nouveau logement. Avant les premières neiges, il avait démoli, avec l'aide de Clément, deux des trois hangars qui encombraient la cour.

Mais un beau jour qu'il était parti travailler, deux hommes sont venus frapper à la porte de la maison de la rue Notre-Dame. Ils venaient chercher les baux des loyers de la rue Saint-Jacques.

Thérèse a refusé de les leur donner, même s'ils prétendaient avoir acheté la maison. Ce n'est que lorsqu'il est rentré de son travail qu'Adhémar lui a confirmé qu'il l'avait en effet vendue. Pour combien ? Elle ne le saura jamais. Adhémar ne lui parlait jamais d'argent. Il avait l'inébranlable conviction qu'on ne doit pas mêler les femmes aux affaires. Le monde pensait ainsi, à l'époque. Beaucoup d'institutions financières refusaient encore de prêter aux femmes, même quand celles-ci travaillaient. Thérèse devait accepter sa condition de femme au foyer, de ménagère sans revenu, non solvable. Elle n'avait pas à s'immiscer dans les affaires de son mari. Elle ne le faisait d'ailleurs jamais.

Mais cette fois, elle a été profondément meurtrie. Elle se disait qu'Adhémar aurait au moins pu la consulter. Ils avaient bâti cette maison ensemble. Avec son argent à lui, bien sûr, celui qu'il avait gagné et celui que lui avait prêté la Société centrale d'hypothèque et de logement. Mais tout cela s'était fait à partir de ses plans à elle, et à la suite des démarches qu'elle avait entreprises auprès des institutions financières et des marchands d'outils et de matériaux. Elle ne comprenait pas les raisons qui avaient poussé son mari à vendre la maison de la rue Saint-Jacques. Il s'était peut-être endetté pour acheter et restaurer celle de la rue Notre-Dame. Ou il ne voulait pas avoir à s'occuper de deux maisons. Elle ne savait rien, et ne pouvait rien faire, à part ravaler ses frustrations. Elle ne pouvait même pas en vouloir à Adhémar. C'était un homme de son temps. Et tout le monde autour d'eux pensait comme lui.

La maison était confortable, certes. Mais Thérèse ne l'aimait toujours pas. Elle avait l'impression de vivre, comme elle disait, «entre deux feux», avec le métal hurlant de la rue, d'un côté et, de l'autre, la froide et mouvante menace de la rivière. Elle devrait toujours avoir les enfants à l'œil. Elle ne parvenait pas à se défaire du pressentiment que quelque chose de tragique allait un jour se produire. Si elle parlait à Adhémar de ses peurs, il haussait les épaules. Le monde des intuitions ne l'intéressait pas. Adhémar était un réaliste. Au printemps, il avait entrepris un travail on ne peut plus terre à terre; avec l'aide de Clément et de Thérèse, enceinte de son onzième enfant, il creusait une cave sous la maison de la rue Notre-Dame.

Ce fut un travail énorme. Ils remplissaient à la pelle de grands seaux qu'ils allaient vider à l'arrière de la maison, élargissant la cour, gagnant un peu de terrain sur la rivière. Ils ont creusé sur plus de deux mètres de profondeur, à la grandeur de la maison, ils ont renforcé les fondations et bien établi l'ancien solage et tous les soutènements. Ensuite, Adhémar a installé une chaudière à l'huile et des conduites d'air chaud. Il a fait toute la plomberie nécessaire à une petite salle de bain et aménagé une grande pièce où, à l'automne, les plus vieux ont branché leur système de son et où ils ont pris l'habitude de faire de la musique. Denise, Clément et Claudette avaient commencé à écouter du rock and roll, ce qu'Adhémar appelait de la musique de sauvage.

Daniel, encore tout petit, semblait comprendre la structure de cette musique, de toutes les musiques. Son talent inné stupéfiait tout le monde. Thérèse lui donnait quelques casseroles, des chaudrons, des bâtons. Il se mettait dans la cage de l'étroit escalier de la cave qui lui servait de caisse de résonance. Tout seul, sur cette batterie artisanale, il trouvait des rythmes complexes et même des mélodies. Daniel était comme son père, pas fonceur, souvent taciturne, très secret, mais il possédait ce talent extraordinaire pour la musique et pour tous les travaux manuels qui requéraient beaucoup de délicatesse et de doigté.

C'est par lui, peut-être, que la musique est peu à peu revenue dans la vie de Thérèse et d'Adhémar. Ils écoutaient Daniel tapocher sur ses chaudrons, et c'était si musical, si enlevant et entraînant, qu'ils allaient chercher, lui son accordéon, elle son violon, et qu'ils jouaient avec lui. Thérèse et Adhémar ont alors eu l'idée de répéter quelques numéros qu'ils présentaient parfois dans des soirées du mouvement Lacordaire ou dans des salles paroissiales de la région.

Mais en septembre, au septième mois de sa onzième grossesse, Thérèse avait tellement mal au dos qu'elle a dû ranger son violon. Et la douleur n'a fait qu'empirer, à tel point qu'en octobre, quelques semaines avant d'accoucher, elle avait peine à marcher, à dormir, à se nourrir. Claudette, onze ans, manquait parfois l'école pour aider sa mère à tenir maison. Denise, treize ans, avait alors quitté l'école et travaillait comme vendeuse à temps plein dans un gros magasin de surplus de l'armée et de vêtements de travail situé à Montréal-Est, l'American Salvage, où son père avait déjà été gardien de nuit. Elle partait très tôt le matin, toujours avant six heures, avec le lunch que lui avait préparé sa mère, et ne rentrait qu'après le souper des enfants. Malgré la fatigue et la douleur, sa mère lui avait gardé son repas au chaud et le lui servait en même temps que celui de son mari. Et, pendant qu'ils lui racontaient leur journée, elle restait debout près de son comptoir de cuisine ou près du poêle, comme elle l'avait fait pendant que les jeunes mangeaient. Le dos n'était pas moins douloureux quand elle était assise, mais surtout, elle ne voulait pas que son mari et ses enfants sachent qu'elle était souffrante, personne ne devait le savoir. Une vraie femme garde pour elle sa douleur, son inquiétude.

Étant donné son état, elle n'osait pas prendre des 222, qui auraient sans doute calmé son mal, mais dont elle craignait les effets secondaires sur son bébé. À la fin d'octobre, le docteur McDuff, qui savait toujours la rassurer et la conseiller, est parti à la chasse au chevreuil. À son retour, dans la première semaine de novembre, il s'est tout de suite rendu chez Thérèse, où il a constaté qu'elle était sur le point d'accoucher et que le bébé se présentait par le siège. Il aurait donné cher, ce jour-là, pour être dans un hôpital bien équipé...

Le docteur McDuff avait alors, en 1960, plus de deux mille accouchements à son actif, presque toujours pratiqués à la maison, dans le lit conjugal, où la femme était placée de travers, les fesses sur le rebord du lit, les jambes relevées et bien appuyées sur des dossiers de chaise.

À l'époque, la majorité des médecins accoucheurs endormaient leurs patientes. Le docteur McDuff préférait pratiquer une légère anesthésie locale. La parturiente restait ainsi éveillée ; le travail se faisait à deux, donc beaucoup mieux. C'étaient des moments toujours très intenses, souvent exaltants. Quand il prévoyait quelque complication, il faisait conduire ses patientes dans l'un des grands hôpitaux de Montréal. Mais il fallait à l'époque, même en ambulance, pas loin d'une heure pour s'y rendre, par la rue Sherbrooke ou la rue Notre-Dame. Le gouvernement provincial avait maintes fois promis d'établir un hôpital dans la région, à Le Gardeur, à Charlemagne ou à Repentigny. Mais le projet avait été maintes fois reporté, malgré les demandes réitérées du docteur McDuff et de certains confrères au ministère de la Santé.

Avec madame Dion, les choses avaient toujours été faciles. Elle n'était jamais paniquée. Pas de pleurs, pas de plaintes. Mais, cette fois, elle semblait affaiblie et visiblement nerveuse. Et il était trop tard pour aller à l'hôpital. Ils devraient, Thérèse et lui, se débrouiller tout seuls. Ensemble, comme de vieux complices, ils ont bien travaillé. Le docteur a réussi à faire pivoter le bébé en évitant que le cordon ombilical ne l'étouffe. Moins d'une heure plus tard, Manon était née. Le lendemain, la mère était sur pieds. La violence des maux de dos qu'elle avait connus était due à la position inhabituelle de l'enfant qu'elle portait. Sitôt délivrée de Manon, elle a retrouvé sa forme, son appétit, son entrain.

« La prochaine fois, madame Dion, vous accoucherez à l'hôpital, a dit Émile McDuff.

— Y aura pas de prochaine fois, docteur. »

Il y eut une prochaine fois. Le 3 avril 1962, madame Dion donnait naissance à des jumeaux, les premiers jumeaux de sexes opposés nés au tout nouvel hôpital Le Gardeur, Paul et Pauline Dion.

« Cette fois, docteur, c'est bien fini. »

Elle était fermement décidée à ne plus avoir d'enfants. Ils vivaient maintenant à quinze dans la maison de la rue Notre-Dame. C'était beaucoup, pour ne pas dire trop. Autant pour les enfants que pour elle et pour Adhémar. Puis Thérèse Dion avait un projet, un plan. Fort simple, réaliste et excitant. À trente-cinq ans, elle était encore jeune, forte et en santé. Dans six ans, quand les jumeaux entreraient à l'école, elle se trouverait une job à l'extérieur. Elle aurait ses sous à elle. Elle serait libre, enfin !

Denise, Clément et Claudette seraient alors de jeunes adultes dans la vingtaine. Liette, Michel, Louise et Jacques, de grands ados autonomes. Et les plus vieux sans doute s'occuperaient des plus jeunes avec elle. Tous, garçons et filles, adoraient, comme elle, les enfants. Les jumeaux exerçaient sur eux et sur leurs amis un formidable pouvoir d'attraction. Claudette surtout raffolait des bébés. Elle rentrait souvent de l'école avec des amies à qui elle voulait les faire voir. Elle allait les chercher dans leur bassinette et les réveillait pour jouer avec eux, ce qui, certains jours, déclenchait chez Thérèse de véritables colères, dont l'une est restée gravée dans la mémoire familiale : excédée de voir qu'une fois encore Claudette avait tiré de leur sommeil et fait pleurer Paul et Pauline, sa mère a lancé par terre l'assiette qu'elle était en train d'essuyer. Un éclat de verre a entaillé largement la cheville de Claudette ; il y a eu du sang, des pleurs, puis des fous rires...

Thérèse Dion pensait souvent à tout ce que ses enfants vivraient en grandissant, aux changements constants qui se produiraient dans le paysage familial ; les premiers flirts de Denise déjà se nouaient, et naissaient les révoltes bien légitimes et normales de Clément, comme de tout ado, contre son père. Des disputes diviseraient peut-être un jour ses enfants, des clans se formeraient entre eux, certains réussiraient sans doute mieux que d'autres dans la vie, les uns souffriraient peut-être d'alcoolisme, comme leurs oncles Dion, certains seraient secrets comme leur père, et sans doute qu'ils s'éloigneraient tous l'un après l'autre, cherchant à gauche et à droite leur bonheur, et ils auraient des enfants à leur tour. Tout un monde allait ainsi se développer sous ses yeux, un monde qu'elle avait engendré, littéralement, et qui lui échapperait. Déjà elle pouvait imaginer comment ils seraient plus tard. Daniel, timide sans doute, mais tellement plein de talents. Ghislaine, souvent hyperactive, extravertie, un peu comme Claudette ; Liette, plus réservée, Clément si semblable à son père...

Elle voulait profiter du temps où elle les avait encore tous avec elle, ses treize enfants, beaux et bons, bien faits, bien élevés... Quand ils seront grands et autonomes, elle fera des voyages, seule ou avec Adhémar, même si celui-ci dit tout le temps que les voyages ne l'intéressent pas. Elle irait revoir la Gaspésie, la mer, la montagne. Elle voulait tant renouer avec ce beau passé. Et connaître aussi d'autres lieux du monde, des visages et des paysages nouveaux. Dans cinq ans, ce serait son tour, elle aurait mérité sa liberté. Elle avait fait ce qu'elle devait faire et avait réussi à aimer cette vie. Elle avait assez d'expérience pour savoir que le bonheur, comme les miracles qu'accomplissait sa mère, exigeait toujours énormément de travail. L'amour aussi, qui était souvent de la grosse ouvrage, toujours à recommencer. En voyant travailler son père et sa mère, et à travers les expériences de sa propre vie, elle avait acquis l'intime conviction qu'on n'a jamais rien pour rien.

Elle voulait transmettre à ses filles et à ses garçons ces valeurs et le goût de ces choses. On doit tout mériter. On n'a rien pour rien. Surtout, il faut s'occuper des autres, à commencer par ceux qui en ont le plus besoin.

L'une de ses sœurs lui avait expliqué les principes de la méthode de contrôle naturel des naissances Ogino

Knaus, très en vogue à l'époque. Il s'agissait d'éviter les rapports sexuels durant la période de fécondité du cycle menstruel ; s'abstenir donc, à partir du quatrième jour qui précède la date présumée de l'ovulation jusqu'au jour qui la suit, inclusivement.

Dans un petit cahier, elle noterait minutieusement les périodes de fécondité au cours desquelles elle devrait contenir son homme. Celui-ci a été compréhensif et respectueux. Autant Adhémar excluait toute immixtion féminine dans ses affaires d'homme et ses gangs de chums, autant il respectait le territoire des femmes. Et il avait toujours « respecté » Thérèse quand elle relevait de couches, ce que beaucoup d'hommes, elle le savait, refusaient de faire. De même, il n'entrait jamais dans sa cuisine, n'ouvrait jamais ses tiroirs ou ses armoires, ne cherchait jamais à connaître ses projets et ses rêves, la source de ses peines ou de ses joies.

*

Ce qui devait arriver arriva. C'était au printemps de 1962, deux semaines environ après la naissance des jumeaux. Antoinette était venue se promener à Charle-magne, comme elle le faisait presque chaque fois que sa fille avait accouché. Elle dormait chez Valmont, mais pas-sait quasiment toutes ses journées chez Thérèse, qu'elle aidait, jouant pendant des heures avec les enfants qui l'écoutaient, ravis, raconter des histoires d'autrefois.

Après la mort de son mari, Antoinette s'était réfugiée dans la prière et davantage rapprochée des bonnes sœurs de La Tuque, parmi lesquelles elle s'était fait de bonnes amies. Comme beaucoup de femmes de sa génération, elle avait toujours vécu entourée d'enfants, toujours occu-pée à mille et une tâches. Et l'inactivité lui pesait terri-blement. Elle avait donc transformé l'une des chambres de la grande maison de la rue Réal en un petit magasin général d'appoint, ce qu'on appellerait aujourd'hui un dépanneur. Puis, elle a pris des chambreurs à qui elle préparait les repas, pour qui elle faisait la lessive et le repassage. Peu à peu, elle s'était reconstitué un noyau de vie. Ses garçons Henry et Pit occupaient les logements au-dessus. Ses filles Jeanne, Jacqueline et Annette, qui habitaient tout près toutes les trois, passaient souvent, le soir. Alors, on jouait aux cartes en famille jusque tard dans la nuit. Seuls Thérèse et Valmont vivaient au loin, à Charlemagne. Et Antoinette adorait venir les visiter.

Ce jour-là, comme tous les jours de la semaine, Denise travaillait à l'American Salvage. Clément, Claudette, Liette, Michel, Louise et Jacques étaient à l'école. Restaient à la maison, avec maman et grand-maman, Daniel, Ghislaine, Linda, Manon et les jumeaux dans leurs berceaux. Le ciel était gris. Une grosse neige collante tombait sur Charlemagne. Daniel voulait quand même aller jouer dehors avec le petit Martel, un voisin, également prénommé Daniel. Thérèse lui a mis l'ensemble qu'elle avait cousu dans un vieux manteau de drap noir et auquel, pour égayer, elle avait ajouté des poches, un collet et des poignets de tissu rouge. Daniel adorait son costume.

De temps en temps, Thérèse jetait un coup d'œil dehors pour s'assurer que les deux garçons ne s'éloignaient pas. Ils s'amusaient d'habitude entre les deux maisons, du côté de la rue. Puis, on ne les a plus vus, ni entendus. Elle est sortie. Personne dans la cour. Elle a aperçu le petit Martel qui s'enfuyait, visiblement troublé. Inquiète, elle est rentrée mettre son manteau, a laissé les enfants à la garde de sa mère et s'apprêtait à sortir du côté de la rue quand on a frappé à la porte. C'était le grand Roger, un camionneur qu'elle connaissait assez pour savoir qu'il conduisait toujours comme un fou. En l'apercevant, tout essoufflé, visiblement énervé et trempé de la tête aux pieds, elle s'est mise à crier : «Tu l'as tué, t'as tué mon garçon. » Roger l'a maîtrisée, lui a dit qu'il était en effet arrivé quelque chose à son garçon, mais qu'il était hors de danger.

Roger traversait le pont avec un ami, trois cents mètres en aval de chez les Dion, lorsqu'ils avaient aperçu un étrange objet qui flottait sur la rivière. Ils s'étaient arrêtés et avaient vu qu'il s'agissait d'un enfant que le courant très fort emportait vers le fleuve. Roger et son ami ont trouvé une chaloupe sur la berge, ont arraché le poteau auquel elle était amarrée, l'ont poussée dans le courant et, s'accrochant aux branches et pagayant à tour de bras, parce qu'ils n'avaient pas trouvé de rames, ils ont réussi à attraper le garçon et à le hisser à bord.

Adhémar est rentré du travail, et Thérèse est partie avec lui à l'hôpital. Daniel était en hypothermie. On l'avait entouré de bouillottes chaudes, mais il restait silencieux, recroquevillé, « comme un fœtus », a pensé sa mère. Déjà solitaire et timide de nature, Daniel serait, à la suite de cet incident, plus que jamais renfermé.

Il est entré à l'école en septembre, terrorisé. Chaque matin, Claudette devait le tirer par la main. Certains jours, il était si angoissé, si tendu, qu'il vomissait en chemin ce qu'il avait avalé au déjeuner. Daniel ne voulait pas s'ouvrir au monde. Les seuls moments où il semblait détendu et heureux, c'était quand il faisait de la musique sur ses casseroles ou quand Thérèse lui prêtait son violon ou Clément, sa guitare.

*

Tous les enfants Dion en âge de le faire, filles et garçons, participaient à la vie familiale et se partageaient les tâches domestiques. Naturellement, les filles s'occupaient du dedans et de l'apparence ; les gars, du dehors et du confort. Et comme de raison, ceux et celles qui travaillaient payaient une modeste pension.

Dans presque tous les domaines, la famille se débrouillait toute seule. Les Dion ne faisaient jamais appel à un plombier, un menuisier, un électricien, pas plus qu'à une femme de ménage, une couturière, une coiffeuse. En matière de compétences manuelles, ils étaient totalement autosuffisants.

Thérèse cuisinait sa pâte à tarte, toutes ses sauces, ses confitures, ses marinades, son pain, bien souvent. Tous les jours, pour les repas du midi et du soir, elle préparait du dessert : tartes, galettes, biscuits ou gâteaux. Elle apprenait à ses filles les rudiments et les raffinements de la cuisine et de la couture. Et comment tenir maison. Comment aussi se débrouiller avec les moyens du bord.

Un jour, Michel est rentré de l'école en disant qu'il avait perdu une mitaine.

« Assis-toi, mange, maman va t'en tricoter une. »

Un autre jour, une pièce de la laveuse s'étant cassée, elle a rempli la baignoire d'eau chaude, y a jeté sa lessive, qu'elle a touillée avec un bâton de hockey. Les gars ont été de corvée pour tordre le linge, les filles, pour l'étendre. Ce fut une véritable fête qui s'est terminée en musique et en chansons. Thérèse avait du génie pour transformer en fêtes et en jeux les corvées qu'elle voulait voir exécuter par ses enfants. Quand venait le temps de cirer les planchers, elle leur sortait de vieux bas de laine qu'ils enfilaient pour patiner tous ensemble à la grandeur de la maison. Elle avait fait fabriquer un métier à tisser par Adhémar à partir d'un modèle qu'elle avait trouvé dans un *Popular Mechanic.* Au retour de l'école, les enfants s'y installaient et, en chantant des comptines, tissaient les tapis qu'on étendait dans le salon et les chambres à coucher. Jamais il n'y eut, rue Notre-Dame, de tapis « acheté ».

Tous les jeudis, muni de la liste qu'avait préparée Thérèse, Adhémar partait faire l'épicerie, accompagné de Clément ou de Michel : cinquante livres de patates, une douzaine de pains, quatre livres de beurre…

À l'époque où il travaillait comme inspecteur des viandes à la Coopérative fédérée du Québec, il achetait des quartiers entiers de bœuf ou de porc qui, débités, étaient mis à congeler. Lors d'une fête ou pendant les grandes chaleurs de l'été, on buvait du Kool-Aid, du Dr Pepper ou du Kik Cola, les boissons des classes pauvres du Québec, dans les années cinquante et soixante. Et quand on fumait, ce que faisaient Adhémar, les plus vieux des enfants et, de plus en plus régulièrement, Thérèse elle-même, c'étaient des rouleuses.

L'alcool n'entrait jamais dans la maison. Il avait assez perturbé (et perturbait encore) la famille d'Adhémar. Ni lui ni Thérèse ne voulaient qu'il exerce de semblables ravages parmi leurs enfants. Quand les frères d'Adhémar, Roger ou Jeannine, qui buvaient beaucoup, venaient faire de la musique ou jouer aux cartes, rue Notre-Dame, ils devaient laisser leurs flasques et leurs caisses de bière sur la galerie d'en arrière et, peu importe le temps, aller boire dehors.

Thérèse ne s'appartenait pas, mais elle était maîtresse de sa maison et de sa vie. Elle dormait peu. Elle parvenait même à se ménager des moments de paix, des plages de quiétude et de tranquillité. Le soir, quand Adhémar et les enfants étaient couchés, elle demeurait de longs moments dans la cuisine silencieuse, préparant une sauce à spaghetti, raccommodant quelques paires de bas, mijotant sa journée du lendemain. Elle se sentait comme un capitaine qui, dans sa timonerie, veille sur l'équipage endormi. Et le navire voguait gentiment sur les flots de la vie. La mer était calme, et le temps s'écoulait, heureux.

*

À l'époque, des représentants Fuller écumaient littéralement tout le Québec. L'un d'eux est venu un jour proposer ses brosses, ses peignes et ses savonnettes aux gens de Charlemagne. Quand il est passé chez madame Dion, elle lui a offert un café, lui a parlé longuement, ne lui a rien acheté, mais a contacté l'entreprise et est devenue elle-même représentante Fuller.

Elle n'avait plus de poupon à la maison. Les jumeaux auraient bientôt deux ans, Liette et Louise, qui avaient quatorze et onze ans, pouvaient fort bien s'en occuper. Leur maman pouvait donc sortir sans être inquiète.

Pour l'occasion, elle portait son beau tailleur bleu marine, des souliers à talons hauts, des bas de nylon, elle crêpait ses cheveux qu'elle fixait avec du *spray net*, se mettait du rouge à lèvres très rouge, et partait, après souper, sa petite valise à la main. Heureuse, même si les gens n'achetaient pas, contente de les rencontrer, de découvrir d'autres intérieurs, d'autres vies.

« Si ça fait ton bonheur, disait Adhémar à sa femme, profites-en. »

Mais il était évident qu'il considérait tout ça, les brosses Fuller et le rêve d'une vraie job, les désirs de liberté et les projets de voyage, d'un œil moqueur. En fait, il ne comprenait vraiment pas pourquoi sa femme voulait tant travailler. Et encore moins comment elle pouvait associer travail et liberté. Pour lui, le travail était au contraire un asservissement, une obligation, un devoir auquel il ne se dérobait jamais, mais s'il avait eu le choix et les moyens, il serait allé pêcher sur le fleuve de bonne heure le matin, jouer au golf dans l'après-midi, visiter ses chums de garage en soirée. Thérèse a vite renoncé à lui expliquer son point de vue. Ils n'auraient jamais pu s'entendre sur ce sujet.

Ils étaient bien ensemble, cependant. Mais les enfants, en grandissant, et les temps, pris de furieux changements, allaient mettre à rude épreuve la relative harmonie qui régnait entre les époux Dion.

Les jumeaux seraient bientôt enfin propres. Thérèse aurait fini de changer des couches. À raison de cinq couches par jour par enfant pendant au moins deux ans chacun, elle en avait changé, en seize ans, quelque cinquante mille. Un jour, elle prendrait soin à l'occasion des poupons qu'auraient ses filles et ses garçons, mais ça ne ferait plus partie de son quotidien. D'autres défis s'offraient désormais à elle.

Elle savait comment s'y prendre avec des bébés. Ce qu'elle connaissait moins et ce qui la terrorisait un peu, c'était comment agir avec des ados. Inévitablement, elle aurait très bientôt affaire à eux.

*

Le dimanche 9 février 1964, toute la famille Dion a assisté à un mémorable et mythique événement. Ed Sullivan présentait ce soir-là, pour la première fois en Amérique : « *Ladies and gentlemen, The Beatles.* » Même les jumeaux se trouvaient dans le salon devant la télé. Thérèse et les enfants étaient fascinés, surtout Clément et Claudette. Adhémar, lui, a passionnément détesté ce qu'il a vu et entendu. Pour lui, les Beatles ne seront jamais rien d'autre que des bibittes à poils. Clément, lui, restera à jamais ébloui et possédé. Il aimait viscéralement cette musique, il en écoutait à cœur de jour et de soirée. Il en faisait aussi. Il jouait de la guitare, un peu d'accordéon et de violon, mais son instrument préféré était la batterie.

Ce printemps-là, à Charlemagne, comme à Londres, Melbourne, Rome, New York ou Tokyo, des centaines de milliers de jeunes, emportés par la déferlante Beatles, se laissaient pousser les cheveux, pas bien longs, couvrant de quelques centimètres à peine les oreilles, le front et le collet de chemise, mais c'était assez pour déclencher l'ire de nombreux parents. Clément sacrifiait lui aussi à cette mode qui horripilait son père. Mais les temps changeaient, la vie également. Thérèse tentait parfois de le faire comprendre à son mari. Celui-ci restait, à son avis, trop vieux jeu. Et elle entrevoyait le jour où arriverait une collision frontale d'idées entre lui et les enfants.

Adhémar demeurait infiniment plus permissif avec ses garçons qu'avec ses filles. Il avait montré à conduire à Clément quand celui-ci n'avait que treize ou quatorze ans. Il ferait de même avec Michel. À seize ans, ses garçons avaient leur permis de conduire et ils pouvaient de temps en temps conduire l'auto paternelle. Quant aux filles et à leur mère, elles n'auront jamais le privilège de s'asseoir derrière le volant des autos d'Adhémar Dion. Il en changeait chaque année, des voitures qu'il trouvait dans les garages de ses amis. Il était toujours très fier de ses achats, car il avait l'œil, il savait reconnaître un bon char d'occasion. Et il adorait conduire, Thérèse à ses côtés, les enfants cordés dans l'auto. Chaque été, la famille montait à La Tuque passer deux jours chez mémère Tanguay, deux demi-journées en fait. Deux fois deux heures et demie de route, entassés à huit ou neuf dans l'auto.

Un été, sur la route qui longe la rive gauche de la rivière Saint-Maurice, Clément a informé ses parents qu'il ne voulait plus aller à l'école.

«Parfait, a répondu Adhémar. Mais tu te trouveras une job. Je veux pas de corps morts dans ma maison.»

L'été tirait à sa fin. Et Clément ne cherchait pas vraiment de travail. Il se levait à midi, passait l'après-midi à écouter de la musique de sauvage et de bibittes à poil, sortait presque tous les soirs, sans dire où il allait ni qui il voyait, il rentrait tard, ne parlait à personne. Quand il restait à la maison, il tapait sur ses *drums* à tour de bras. Adhémar était fâché noir. Contre son garçon, mais aussi contre toute cette époque irrévérencieuse et désordonnée.

Tous ces changements et ces chambardements inquiétaient aussi Thérèse. Des valeurs fondamentales auxquelles elle croyait se perdaient. Elle avait toujours adoré, par exemple, les uniformes des élèves de l'école Jean-Baptiste-Meilleur que fréquentaient ses enfants : pantalon gris pour les garçons, jupe grise à plis pour les filles, chemise blanche et veston marine pour tout le monde. Elle avait confectionné ceux de ses huit plus vieux, de Denise à Daniel. Mais quand Ghislaine était entrée en première année, la direction de l'école avait fait savoir aux parents que le port de l'uniforme n'était plus obligatoire, qu'il était même devenu indésirable. Chacun pouvait et devait désormais s'habiller comme il voulait. Puis les enfants s'étaient mis à tutoyer les professeurs. Pire, ceux-ci les laissaient faire. Et parfois même les encourageaient. Il fallait accepter que les temps changent, comme disait la tante Génie. «Tu pourras jamais rien contre ça. »

Thérèse voyait Clément en révolte contre son père, à qui pourtant il ressemblait tellement. Ils étaient si fiers, tous les deux, toujours tirés à quatre épingles. Thérèse ne savait comment agir avec lui. Elle avait acheté des livres qu'elle lisait d'un couvert à l'autre. Toute cette littérature semblait avoir pour unique but de terroriser les parents. On répétait sans cesse que le largage d'un ado dans la vie était une opération aussi délicate que le lancement d'une fusée dans l'espace.

Et bientôt, un fléau effrayant se répandait parmi les jeunes, la marijuana, dont les ravages seraient pires encore, disait-on, que ceux de l'alcool. Thérèse avait trouvé de la documentation sur le sujet. Elle avait lu et relu tout ce qui lui tombait sous la main. C'était dangereux, alarmant. Elle avait fait promettre à ses ados, Denise, Clément et Claudette, de lui en parler si jamais ils voulaient essayer cette horreur. Elle savait pourtant qu'un jour ou l'autre les enfants auraient nécessairement des secrets qu'ils ne partageraient pas avec leurs parents, et que ses enfants tenteraient des aventures et connaîtraient des joies et des peines dont elle ne saurait sans doute jamais rien. Elle se disait alors qu'il fallait leur faire confiance…

Avec l'aide de son père, qui connaissait toutes les *shops*, les ateliers, les manufactures de l'est de l'île de Montréal, Clément s'était finalement trouvé du travail dans une compagnie de textile, où on lui offrait de belles possibilités d'avancement. Thérèse le voyait partir le matin, veston bien propre, pantalon bien pressé, cravate dûment nouée. Comme Adhémar, Clément aimait être bien mis. Mais il avait des horaires fractionnés et devait voyager dans un secteur de l'île de Montréal où les transports en commun étaient encore mal organisés, pour ne pas dire inexistants. Adhémar lui a acheté un scooter, pour lequel Michel – à douze ans, il était déjà fort habile de ses mains et Clément était son idole – a construit un petit abri contre la maison.

Clément portait les cheveux, qu'il avait blonds et bouclés, de plus en plus longs, ce qui horripilait son père. Mémère Ernestine, de passage un soir rue Notre-Dame, a déclenché les hostilités en faisant remarquer à Adhémar que son garçon avait la tête comme une moppe et qu'il devrait lui couper les cheveux. Adhémar a signifié à Clément qu'il allait *illico* lui couper les cheveux. Clément a plaidé sa cause en disant que tous ses amis portaient les cheveux longs. Ernestine a rétorqué que ce n'était pas une raison pour qu'il ait l'air d'un pouilleux lui aussi. Clément s'est alors tourné vers sa mère, désespéré. Mais celle-ci n'a pas voulu prendre parti contre son mari devant ses enfants et sa mère. Elle s'est éloignée, mais elle était fâchée. Et toute la maisonnée est restée silencieuse. Clément regardait, les larmes aux yeux, ses boucles blondes qui jonchaient le plancher de la cuisine. Le soir, une fois au lit, Thérèse a dit à son mari :

« C'était la dernière chose à faire. C'est pas comme ça que tu vas amadouer ton garçon.

— Je veux pas l'amadouer, je veux lui faire comprendre le bon sens.

— À l'avenir, je vais prendre soin des cheveux de mes enfants.»

Au cours des jours suivants, elle a, comme d'habitude, tenté d'apaiser, de réconcilier le père et le fils. «Les temps changent, disait-elle à son mari. C'est son temps à lui, aujourd'hui. C'est plus le tien. Et ça sera plus facile pour toi si tu lui laisses un peu de corde.»

Les choses ne se sont pas arrangées pour autant. Au milieu de l'été, les relations entre Clément et son père s'étaient irrémédiablement détériorées. Thérèse ne voulait toujours pas prendre position contre son mari. Quand les enfants s'étaient mis à grandir, ils avaient convenu de ne jamais se disputer devant eux. Ils réglaient leurs problèmes en tête à tête, à huis clos. Thérèse, meilleure dialecticienne qu'Adhémar, parvenait habituellement à lui faire adopter son point de vue. Et Adhémar avait, d'habitude, assez de bon sens pour reconnaître la grande intelligence de sa femme, et assez de générosité pour se rallier à ses idées.

Que Thérèse ne désapprouve pas le comportement de son garçon, qu'elle l'ait même trouvé beau avec sa coupe de cheveux de bibitte à poils, qu'elle aime, elle aussi, la musique de sauvage qu'il écoutait et supporte celle qu'il faisait, tout ça, Adhémar ne le prenait tout simplement pas. Thérèse avait bien tenté de raisonner son mari, de lui faire comprendre, comme tante Génie autrefois avec son père Achille, que les temps avaient changé, Adhémar restait sur ses positions. La guerre entre le père et le fils a éclaté pour de bon. Un soir, Clément a ramassé la clé de son scooter, puis a claqué la porte sans dire où il allait. Il n'est pas rentré de la nuit, ni le lendemain ni le surlendemain. Et il n'a pas donné de nouvelles. Michel avait appris cependant que le copain de Clément, Georges Fortin, était disparu lui aussi. Il avait laissé savoir à ses parents ou à ses amis qu'il partait à New York avec son copain Clément Dion.

Thérèse était très profondément fâchée contre son mari, qui n'avait pas su comprendre son garçon et établir avec lui un lien de confiance. Elle le tenait responsable du malheur qu'elle vivait. Pendant des jours, elle a refusé de lui parler, a boudé, coupé les ponts, comme Adhémar avec Clément.

Pendant ce temps, ce dernier commençait à s'ennuyer de sa maman et de ses frères et sœurs. Fortin et lui étaient en effet partis en scooter avec l'intention de se rendre à New York. Mais à Lake George, déjà, ils n'avaient plus le sou. Le réservoir du scooter était à sec. Ils avaient faim, soif et froid. Ils n'avaient plus qu'une option : rentrer à la maison. Ils ont vendu le scooter. Clément a acheté des petits cadeaux pour sa mère et chacun de ses frères et sœurs. Et ils ont entrepris de rentrer à Charlemagne sur le pouce. Des policiers américains les ont interpellés et escortés jusqu'à la frontière, où ils les ont remis aux autorités canadiennes qui les ont aidés à se rendre à Montréal.

Après cinq jours de fugue, ils étaient de retour à Charlemagne. Mais comment rentrer à la maison ? Clément est passé devant le 130 de la rue Notre-Dame, une fois, deux fois, dix fois. Il a aperçu à quelques reprises Manon et les jumeaux qui jouaient dans la cour, puis sa mère qui étendait sa lessive sur la corde à linge. Il pensait à ce qu'il allait dire. Et à la peine qu'il lui avait faite. Il avait faim. Il est revenu pour une xième fois vers la maison, lentement. Comme il s'approchait de la galerie, il a entendu une voix qui venait de derrière la porte-moustiquaire.

« C'est prêt, Clément, viens manger. »

La voix de sa mère.

Ils avaient toujours été proches, elle et lui. Il était son petit homme, son premier garçon. Pendant quelque temps, elle a réussi, de peine et de misère, à contenir le père et le fils. Ils ne se parlaient pas, mais, au moins, ils ne se disputaient plus. Clément s'était trouvé une autre job où il devait se rendre en autobus.

Tous les matins, Thérèse lui préparait son lunch, en même temps que ceux de son mari et de Denise. Ces derniers partaient ensemble (Adhémar pour sa manufacture, Denise pour l'American Salvage). Clément un peu plus tard. Thérèse prenait son petit déjeuner avec lui. C'était un beau moment.

Or, un matin, peu après qu'il fut parti, Thérèse a découvert, caché sous la galerie, le lunch de Clément. Celui-ci est rentré comme d'habitude vers six heures. Thérèse était fatiguée, inquiète. Elle trouvait que son ado partait bien mal dans la vie. Sans réfléchir, elle a raconté l'incident à son mari, se rendant compte trop tard qu'elle venait de jeter de l'huile sur le feu. Loin d'engager le dialogue avec son garçon, Adhémar l'a traité de feignant et lui a signifié qu'il avait intérêt à se trouver une job et à la garder. Puis il lui a parlé encore de sa coupe de cheveux. Clément s'est levé, est monté dans sa chambre, a claqué la porte. Thérèse était au bord des larmes. Dès que possible, elle a poussé Adhémar dans leur chambre pour lui parler. Elle était fâchée. Adhémar aussi. Il n'aimait pas qu'elle lui fasse sans cesse la morale et des reproches sur son attitude avec les enfants, qu'elle prenne le plus souvent leur parti plutôt que le sien. Il disait alors « tes enfants ». « OK, élève-les toute seule, tes enfants. »

Thérèse a passé une robe propre (elle portait toujours des robes, à l'époque), a jeté quelques vêtements, dont une gaine, un chandail, une jupe, dans un sac… elle était en colère contre elle-même. Elle avait été aussi maladroite que son mari, à qui elle reprochait cette même maladresse. Elle venait de commettre une erreur et de connaître un échec.

Elle est revenue dans la cuisine, s'est rendue au pied de l'escalier et a appelé Clément.

« T'as encore les billets d'autobus que je t'ai donnés ce matin ? »

Devant Adhémar et les enfants stupéfaits, sans un mot, elle a pris les billets des mains de Clément et est sortie. Elle a marché, rue Notre-Dame, vers l'ouest, elle est passée devant chez Quintal, devant la maison des Laurin, des Germain, n'a rencontré personne qu'elle connaissait ; il faisait chaud et humide, et après dix minutes de marche, elle s'est retrouvée à l'entrée du pont Charlemagne, elle a hésité un moment, s'y est finalement engagée et a marché, droit devant elle, vers l'île de Montréal, face au soleil. Elle s'est arrêtée au milieu du pont et a regardé l'eau, toutes ces eaux courantes et mouvantes, celles des rivières des Prairies et L'Assomption, et de la rivière des Mille-Isles qui venaient grossir celles du Saint-Laurent. C'était l'heure de pointe ; il y avait plein d'autos sur le pont, plein de gens qui circulaient, comme l'eau, indifférents à cette femme seule, un sac à la main, qui regardait passer le temps, qui se demandait : « Je suis où, moi, dans ce monde, dans ce courant ? Quelle est ma place ? » Il est vite apparu évident qu'elle devait être avec ses enfants, qu'elle ne pourrait aller nulle part sans eux. Alors, elle s'est dit : « Y a rien ni personne sur Terre qui m'empêchera de vivre avec mes enfants. » Et elle prenait conscience, ce disant, qu'elle avait besoin d'eux pour être heureuse, pour vivre.

Ce qu'elle allait plus tard appeler sa « petite dépression » ou sa « petite fugue » était terminée.

Elle est revenue sur ses pas, lentement, jusque chez elle, et elle est restée un moment dans la cour. Elle entendait les bruits de vaisselle dans la cuisine. Louise et Jacques. Puis la voix d'Adhémar : « Commence à donner le bain aux jumeaux. » Ordre adressé à Claudette probablement. Thérèse savait au son de sa voix qu'il était inquiet. Elle est entrée, elle a dit à Claudette qu'elle laverait elle-même ses enfants.

« Toi, tu fais tes devoirs d'école. »

Elle avait presque envie de rire. Elle était heureuse. Ce qui venait d'arriver n'avait aucun sens, mais il y avait eu de l'action, un changement.

Quelques jours plus tard, Clément s'était trouvé une nouvelle job. Entre son père et lui, peu à peu, sans que jamais ils se parlent de leur différend, les choses se sont arrangées. Adhémar ne prisait toujours pas « la musique de bibittes à poils » dont Clément avait communiqué le goût à ses sœurs et à ses frères, mais il la tolérait de mieux en mieux. Puis un soir, il a sorti son accordéon et il a fait de la musique avec sa femme et ses enfants.

Au cours de ces années dominées par les Beatles, Creedence Clearwater Revival, les Doors et les Stones, Jimi Hendrix et Janis Joplin, il y avait sans cesse de la musique chez les Dion. Celle qu'ils écoutaient, celle qu'ils faisaient.

Certains soirs, pendant la vaisselle du souper, l'atmosphère était particulièrement survoltée. Les ustensiles, les casseroles, les assiettes et les verres, même la table, le réfrigérateur, la cuisinière et les murs devenaient des instruments de percussion sur lesquels tapaient Clément, Daniel, Jacques et Ghislaine, pendant que Michel, Denise et Claudette, la lavette ou le linge à vaisselle à la main, reprenaient les tubes de l'heure, ou des airs tirés des cahiers de La Bonne Chanson ou du répertoire folklorique français, comme *Frère Jacques* ou *Les Cloches du hameau,* qu'ils faisaient en canon.

Sur la porte de la garde-robe de la chambre des filles, il y avait un grand miroir devant lequel Claudette, Ghislaine et Denise prenaient des poses et répétaient des tours de chant, imitant Mireille Mathieu, Dalida, Ginette Reno, Barbra Streisand, qu'elles avaient maintes fois vues à la télé. Thérèse s'amusait, avec ses filles. Elle leur a montré à danser le tango, le merengue, le cha-cha-cha.

Les gars pratiquaient leurs pas de gigue avec leur père qui a acheté un jour une paire de souliers à claquettes que chacun, garçons et filles, portait à tour de rôle pour faire son numéro.

Avec deux amis, Michel Hamel au violon et Valmont Boucher à la guitare, Adhémar avait formé un trio qui se produisait régulièrement dans des noces, des cabanes à sucre, des kermesses. Thérèse était de nouveau souvent seule à la maison avec les tout-petits. Car les plus vieux avaient commencé à sortir eux aussi. Et à rentrer parfois très tard. Mais ils trouvaient presque toujours leur mère encore debout. Elle avait toujours aimé le monde et la magie de la nuit. Depuis plusieurs années déjà, elle avait pris l'habitude de regarder, souvent avec sa fille Denise, oiseau de nuit, elle aussi, l'émission de fin de soirée *Cinéma Kraft*, qui présentait systématiquement tous les vieux films français et italiens des années quarante et cinquante. Elles adoraient Anna Magnani, Jean Gabin, Clark Gable, Bourvil, Michel Simon. Elles craquaient pour Humphrey Bogart et Gary Cooper. Et pour ces histoires d'amour, de crimes et de châtiments que racontaient ces bons vieux films. Après ce cinéma maison, elles se préparaient des toasts avec du café. Denise parlait à sa mère de ses petits copains; elles mijotaient ensemble leur journée du lendemain.

Tard couchée, Thérèse était toujours très tôt levée, elle préparait le déjeuner et le lunch d'Adhémar et des enfants qui partaient travailler. Si, pendant la journée, elle avait un coup de barre, elle pouvait facilement récupérer en faisant un somme de cinq ou dix minutes. Mais le soir, elle n'était pas « couchable », comme elle disait. Tant que les enfants n'étaient pas rentrés, elle les attendait, en regardant la télé ou en travaillant dans sa cuisine; à leur arrivée, elle parlait avec eux, ils lui racontaient leurs soirées. Elle ne sortait pas, mais était, grâce à eux, en contact avec le monde, la mode, les idées, les musiques nouvelles... Elle avait souvent l'impression d'être une grande sœur, une confidente ou une complice, autant, sinon plus qu'une maman, comme si elle avait développé, avec les plus vieux de ses enfants, de réels liens d'amitié. Lorsqu'un conflit ou un désaccord survenait, elle cherchait avec eux une solution. Comme cette fois où Claudette, à seize ans, s'était mis dans la tête d'aller danser au Golden.

Elle et Clément étaient de remarquables danseurs. Ils remportaient l'un après l'autre tous les concours de danse qui se tenaient à l'école Jean-Baptiste-Meilleur et dans d'autres écoles de la région. Partout où ils se produisaient, on faisait cercle autour d'eux. Cette année-là, ils avaient mis au point une extraordinaire performance sur la version que les Beatles avaient faite du *Roll Over Beethoven* de Chuck Berry. Claudette réussissait à pivoter trois fois sur elle-même avant que Clément ne la rattrape. Et ils réussissaient les figures les plus compliquées et les plus acrobatiques du rock.

Encouragés par leurs amis, ils avaient projeté d'aller au grand concours de danse qui se tenait, un dimanche soir, au Golden Palace, au coin de la rue Masson et de la 4e avenue, à Rosemont, haut lieu montréalais de la danse et du rock and roll, où Clément s'était à quelques reprises aventuré avec ses amis.

Thérèse était opposée à ce projet, même si elle comprenait parfaitement le désir de son garçon et de sa fille de participer à ce concours qu'ils avaient, selon elle, de bonnes chances de remporter. Elle s'était juré autant comme autant de ne jamais exercer sur ses filles l'autorité cassante dont sa mère avait abusé avec elle. Elle se souvenait quand, à seize ans, elle avait voulu aller marcher toute seule dans La Tuque et qu'Antoinette, sans discuter, lui avait interdit de sortir.

« Toi, tu restes ici. »

Elle avait été déçue et frustrée. Toutefois, aujourd'hui, vingt ans plus tard, elle se rendait compte que sa mère avait eu raison. Elle aurait certainement compris, à l'époque, si on lui avait expliqué. Mais sa mère, comme Adhémar, n'expliquait jamais rien aux enfants. Et comme lui, elle était beaucoup moins permissive avec les filles qu'avec les garçons. C'était peut-être normal, dans ce temps-là. Ça l'était peut-être encore un peu. Thérèse aurait souhaité, en principe, que ses filles n'aient pas moins de passe-droits et de privilèges que leurs frères. Cependant, quelques lieux ne convenaient pas à des filles de dix-sept ans. Et contre ça, on ne pouvait rien. Le monde était ainsi fait, « mal fait peut-être », pensait-elle, mais, pour le moment, on n'y pouvait rien. Au Golden, Clément avait assisté certains soirs à de violentes bagarres et Thérèse, qui s'était informée, était persuadée qu'il y circulait de l'alcool et de la drogue.

Elle savait par ailleurs que Clément serait très déçu si elle interdisait à Claudette d'aller danser avec lui au Golden. Elle cherchait une solution qui ne brimerait pas trop ses enfants. Et elle avait décidé de ne pas mêler Adhémar à cette affaire.

Claudette a insisté, gentiment, poliment, toute la semaine. Elle a été sage comme une image. Elle donnait chaque soir le bain des petits, elle faisait la vaisselle, aidait Jacques, Daniel et Ghislaine à faire leurs devoirs et à apprendre leurs leçons, se portait volontaire pour toutes les tâches domestiques, toutes les courses. Le samedi soir, pour la centième fois, elle a réitéré sa demande à sa mère.

« Aide-moi à donner le bain aux enfants, lui a dit celle-ci. Après, on se parlera, toi et moi. »

Au ton de sa mère, Claudette a pensé que c'était gagné. Ça l'était d'une certaine façon. Une fois les petits couchés, Adhémar dans le salon à regarder son hockey, Claudette et sa mère se sont retrouvées seules dans la cuisine.

« Je suis sûre que vous pouvez gagner ce concours, Clément et toi, a dit Thérèse. Vous êtes les meilleurs danseurs que j'ai vus de toute ma vie. Tu peux y aller si tu veux, au Golden. Moi, je pense que c'est pas une place pour une fille de ton âge. Te savoir là, ça m'inquiéterait beaucoup. Mais c'est ton choix. Décide, toi, t'es assez grande, décide si tu peux y aller ou pas. »

Claudette n'est pas allée danser au Golden.

Thérèse était fière de son coup. Lancer des ados dans la vie était en effet une entreprise délicate et difficile, mais elle y trouvait désormais autant de plaisir qu'elle en avait eu à prendre soin des bébés et à élever de jeunes enfants. Elle entrait donc, émerveillée, dans le mystérieux monde de l'adolescence. Quand elle pensait à l'avenir, son avenir à elle et l'avenir de sa famille, toutes les images qui lui venaient à l'esprit étaient remplies de soleil, de musique et de joie.

4

L'inattendue

«En 67, tout était beau, chantera Beau Dommage. C'était l'année de l'amour, c'était l'année de l'Expo.» Montréal, en liesse et en chantier, attendait quelque cinquante millions de visiteurs de partout dans le monde. Des autoroutes fonçaient dans tous les sens sur la ville, dont l'opération bulldozer avait transformé le centre où s'élevaient maintenant de hautes tours à bureaux. On venait d'inaugurer la Place des Arts, le métro et Habitat 67; de nombreux autres ouvrages d'architecture et d'ingénierie étaient en construction, dont le mythique barrage hydroélectrique de Manic-5.

Un mois avant l'ouverture de cette fameuse Expo, Thérèse Dion avait eu quarante ans. Elle avait toujours cru (et croit encore) que c'était, tant pour une femme que pour un homme, le plus bel âge. «À quarante ans, on sait ce qu'on veut, disait-elle. On a un bon coffre à outils et, normalement, on doit savoir s'en servir. » Elle était contente de son sort, satisfaite, fière d'elle-même et de cette belle grande famille qu'elle avait réussie. Considérant qu'elle avait accompli plus que sa part pour mériter de la patrie, elle avait cessé quelques années plus tôt d'avoir des enfants. Dans un peu plus d'un an, les jumeaux entreraient à l'école. Alors, pour la première fois de sa vie, elle serait enfin libre, totalement.

Seule ombre au tableau : elle serait la plupart du temps privée de bébé. Bien sûr, les plus âgés de ses filles et de ses garçons ne tarderaient pas à fonder une famille, pensait-elle. Denise, Claudette et Liette avaient désormais des amoureux ; Clément avait des blondes. Dans pas longtemps, elle deviendrait grand-maman. Ses enfants travailleraient ou étudieraient ; la maison serait vide du matin au soir. Elle pourrait enfin profiter de la vie, voir un peu le vaste monde.

Elle allait d'abord se trouver un emploi rémunéré qui la sortirait de cet univers dans lequel elle avait été confinée depuis près d'un quart de siècle, occupée dix-huit heures par jour par les fastidieux travaux ménagers, lessive, repas, raccommodage, repassage, toujours recommencés, jamais finis. Les plus vieux pouvaient à présent l'aider à tenir la maison. Elle pourrait même ressortir son violon et faire un peu de musique avec Adhémar, leur fille Claudette, leur garçon Michel qui chantait si bien, comme Daniel, qui savait jouer de tout. Puis elle songeait à ces petits voyages avec Adhémar, ils iraient revoir la mer et leur Gaspésie natale, et visiter Monique, son amie d'enfance, à Sainte-Anne-des-Monts, avec qui elle monterait à Saint-Bernard-des-Lacs, où elles retrouveraient le ruisseau, le lac Tanguay, le village fantôme. Et elle pourrait se rendre avec Adhémar sur la côte du Maine, ou même jusqu'en Floride, un de ces jours...

Elle pensait beaucoup, cet été-là, à sa sœur Jacqueline, qui vivait alors des moments difficiles. Celle-ci avait osé faire une chose qu'une femme ne pouvait pas se permettre impunément en 1967 : elle avait laissé son mari, un homme violent, buveur et infidèle. Et parce qu'elle l'avait quitté, il avait obtenu la garde de ses enfants dont, au fond, il ne voulait pas. Il en avait placé deux chez Antoinette, un chez sa mère à lui, et un autre chez Jeanne. La pauvre Jacqueline était allée se battre devant les tribunaux pour qu'on lui rende ses enfants. Mais les juges lui ont donné tort. Son propre avocat l'a très mollement défendue ; il désapprouvait sa conduite et a tenté de la réconcilier avec son mari. Un prêtre est intervenu également pour dire à Jacqueline qu'elle devait rentrer à la maison et obéir à son homme ; telle était selon lui la volonté de Dieu. Tout ça après que la police, considérant que son mari était un homme dangereux, eut conseillé à Jacqueline de sortir de chez elle. Mais lui, personne ne l'a inquiété. En fait, devant la loi et la religion, il avait le droit de battre sa femme et ses enfants. La preuve : les tribunaux lui avaient donné raison, Jacqueline avait eu tous les torts. Évidemment, la banque avait refusé de lui prêter le peu d'argent dont elle avait besoin pour recommencer sa vie.

En 1967, une femme ne pouvait pas facilement quitter son mari, même s'il la battait et s'il battait ses enfants. Il était le maître incontesté de la famille. Ainsi pensait Antoinette. Ainsi pensait très certainement Adhémar. Ainsi pensait Thérèse… jusqu'à un certain point. Mais l'homme devait, selon elle, se montrer digne d'être le chef, et assumer ses devoirs et ses responsabilités. Ce que son Adhémar avait fait. Il avait toujours travaillé, n'avait jamais levé la main ni sur elle ni sur les enfants, l'avait toujours respectée, vraiment respectée. Quand, après avoir consulté son calendrier et craignant d'être de nouveau enceinte, elle repoussait ses avances, il comprenait. Il n'avait pas bu une goutte d'alcool depuis leur mariage. Et lui, qui, lorsqu'elle l'avait rencontré, ne connaissait rien, à part le monde des campements forestiers, n'avait cessé d'apprendre et d'exercer de nouveaux métiers.

Pour Thérèse, il avait amplement mérité le respect que lui vouaient tous les enfants. Il représentait, pour eux, l'autorité absolue, indiscutable. Il n'avait aucune explication à leur fournir. Et ils trouvaient normal de se plier à sa volonté, même aveugle et cassante. Pour Thérèse, Adhémar restait le pilier de la famille.

Quand elle se comparait à sa sœur Jacqueline, elle considérait qu'elle avait été chanceuse et privilégiée. Elle était bien mariée. Elle avait de bons enfants qui respectaient et aimaient profondément leur père. Elle allait les voir grandir, tomber amoureux, ébaucher de grands projets de vie, se tromper sans doute quelquefois, connaître de grandes joies, de grandes peines. Elle serait toujours là, avec eux, parmi eux, même quand très bientôt ils voleraient de leurs propres ailes. Comme elle.

Mais un événement inattendu allait bousculer tous ses projets et transformer radicalement sa vie, ainsi que celle de son mari et de tous ses enfants.

Un dimanche d'août, Thérèse et Adhémar Dion ont emmené leurs plus jeunes enfants, Daniel, Ghislaine, Linda, Manon et les jumeaux à l'Expo 67 et à la Ronde. Il faisait beau et chaud. Les enfants ont joué dans les manèges. Ils ont pique-niqué sur les pelouses de l'île Sainte-Hélène, près du fleuve, face aux immenses gratte-ciel du centre-ville.

Quand ils sont rentrés à la maison, en fin d'après-midi, Thérèse a commencé à préparer le souper. Elle cherchait ses cigarettes, mais ne les trouvait pas. Sa belle-mère Ernestine lui a offert une des siennes. Thérèse l'a allumée, a aspiré deux bouffées et a vite ressenti un violent mal de cœur, puis une grande chaleur l'envahir.

« Qu'est-ce que j'ai, moi, là ?

— Tu devrais le savoir, a répondu tout de suite Ernestine. Chaque fois que t'es enceinte, t'as mal au cœur et t'as chaud. »

Denise apprend ses leçons sur la galerie arrière de la première maison qu'ont occupée les Dion à Charlemagne, rue Sacré-Cœur. Thérèse lui a cousu sa petite robe d'écolière.

Jeanne, Jacqueline et Thérèse lors de l'inauguration de la fondation Achille-Tanguay. Leur père est resté pour chacune d'elles un modèle et une source d'inspiration.

Robert et Thérèse Arsenault ont été de très précieux et très chers amis du couple Dion pendant plus de cinquante ans.

Adhémar devant la fresque qui ornait le mur du salon de Charlemagne et rappelait aux parents Dion leur Gaspésie natale.

Un retour aux sources depuis longtemps espéré.
On n'oublie jamais les paysages de son enfance.

Monique Pelletier a été la grande amie d'enfance de Thérèse
Tanguay. La vie les a séparées. Elles se sont retrouvées, devenues
toutes les deux arrière-grands-mères, mais toujours aussi proches.

Comme tous les couples depuis Adam et Ève, Thérèse et Adhémar ont parfois traversé des déserts et connu quelques orages, mais ils ont fait malgré tout un merveilleux voyage.

Lors de son cinquantième anniversaire de mariage, avec ses amis le docteur Émile McDuff et son épouse, Yolande. « Elle m'a dit un jour : "Vous ne m'avez pas accouchée dix fois, docteur. Vous m'avez aidée à accoucher. Le gros du travail, c'est moi qui l'ai fait." »

Maman Dion a toujours aimé faire le clown et se déguiser. Dans sa vie, cette femme a plus souvent ri que pleuré. Sa peine et ses larmes, elle ne les montre à personne.

En 1979, toute la famille – sauf Michel qui a son propre band – s'est réunie pour faire la promotion de A. Dion et son ensemble, qui a fait quelques apparitions remarquées à la télé. À l'extrême droite, Thérèse et son violon.

Aux fêtes de 1988. À l'arrière : Pauline, Manon, Liette, Denise, maman Dion, Céline, Adhémar, Louise, Linda, Claudette, Ghislaine. Assis : Michel, Jacques, Paul, Clément et Daniel.

La famille Dion, au tournant du millénaire. Debout, de gauche à droite : Manon, Denise, Pauline, Ghislaine, Clément, Céline, Claudette, Michel, Daniel, Linda. Assis : Jacques, Louise, maman et papa Dion, Liette et Paul. (Photo : Laurent Cayla.)

Juillet 2003. Dernière photo d'Adhémar Dion entouré de sa famille. De gauche à droite, à l'arrière : Jacques, Liette, Michel, Ghislaine, Pauline, Clément, Louise, Claudette, Denise, Daniel, Linda, Paul. Assis : Manon, Thérèse, Adhémar et Céline.

Thérèse et son dernier petit-fils, René-Charles, en vacances au bord de la mer. « J'aurai toujours le goût des enfants. »

Thérèse Dion est restée une « fille de gang », très sociable.
Ici, en compagnie de son amie Monique Pelletier, de ses sœurs
Jacqueline et Jeanne et d'une lointaine cousine.

C'est à travers la musique que Thérèse et Adhémar
se sont rencontrés. Et la musique a traversé avec
eux toute l'histoire de leur famille. Ici, sur scène,
en compagnie de leur fille Ghislaine.

Thérèse n'a pu réprimer un mouvement d'humeur.

«Vous, la belle-mère, vous feriez mieux de pas parler si c'est pour dire des bêtises.»

Toutefois, sitôt les enfants à table, elle est allée dans sa chambre consulter le calendrier Ogino dans lequel, depuis six ans, elle écrivait avec minutie les dates de ses ovulations. Ernestine avait raison.

Depuis la naissance des jumeaux, Thérèse avait su contenir son mari. Et Adhémar avait été compréhensif et respectueux. Mais un soir de juillet, elle se souvenait à présent, ils avaient fait de la musique ensemble. Ils avaient repris leurs vieux numéros du temps de leurs amours, *Le Reel du Pendu*, *Le Reel de Sainte-Anne*, des valses, des berceuses et *L'Oiseau moqueur*, qu'elle considérait autrefois comme leur chanson fétiche. Tout s'était passé entre eux comme au tout début de leur relation. Le violon de Thérèse s'était laissé emporter. Ils avaient oublié...

«On a débordé de deux jours», s'est dit Thérèse complètement atterrée.

La semaine suivante, elle a retrouvé ses états d'âme et ses sensations physiques de femme enceinte. Sans aucun plaisir, cette fois. Elle était fâchée noir, extrêmement déçue. Une fois de plus, son beau rêve de liberté s'écroulait. Plus question de job à l'extérieur. Plus question de revoir la Gaspésie ou d'aller en Floride. En outre, elle n'avait plus de vêtements de bébé, plus de bassinette, plus de chaise haute.

Quant au beau Adhémar qui, lorsqu'ils s'étaient mariés, disait ne pas vouloir d'enfants, il semblait tout heureux de voir sa femme de nouveau enceinte. Elle était furieuse. Et elle l'a boudé un joli bout de temps. Elle est même allée dormir sur le divan du salon pendant quelques nuits. Dès que les enfants partaient pour l'école, elle se claquemurait dans sa chambre, fermait les stores et restait des heures dans le noir. Le soir, Adhémar devait frapper à sa porte quand il était prêt à se coucher. Elle venait lui ouvrir, se recouchait bien vite, lui faisant dos, la face tournée contre le mur. Il se déshabillait dans le noir, et ils s'endormaient sans s'être dit un mot.

Le 2 septembre, Denise, leur fille aînée, se mariait. Son mari, gérant de Caisse populaire, avait fait les choses comme il se devait ; il était venu, un dimanche matin, rue Notre-Dame, demander à Adhémar la main de sa fille aînée. On a célébré la noce à la maison, où Michel avait monté un puissant système de son. Les enfants ont fait de la musique et chanté. Thérèse, au milieu de la fête, avait peine à cacher sa tristesse, sa misère. Elle aurait été si heureuse de voir grandir sa famille en femme libre, capable de sortir, de rencontrer du monde, de voyager, de vivre sa vie à sa guise. Elle avait élevé une grosse famille, treize enfants, en bonne et due forme. Elle en était fière. Et à cause d'un moment d'égarement, un tout petit oubli, elle devrait encore passer cinq longues années prisonnière dans cette maison que les plus vieux commençaient à déserter.

Elle a ainsi vécu neuf mois à broyer du noir, neuf mois de profonde dépression, de rancœur et de mauvaise humeur. Elle ne voulait vraiment pas de cette enfant. Elle était épuisée et, contrairement à son habitude, elle ne luttait pas contre sa fatigue et sa tristesse.

Elle est allée voir le docteur McDuff espérant obtenir des antidépresseurs. Il l'a trouvée changée, sans cette énergie incroyable qui la caractérisait.

« C'est pas vous, ça, madame Dion. Je ne vous reconnais pas. »

À part ses maux de dos qui avaient débuté plus tôt que d'habitude, elle était en pleine santé, dans une forme impeccable et toujours aussi forte. Il l'avait vue déjà en bien moins bon état, quand, par exemple, elle avait eu cette pleurésie alors qu'ils habitaient les blocs Boisvert ou quand, quelques années plus tôt, six de ses enfants, Daniel, Ghislaine, Linda, Manon et les jumeaux âgés d'à peine six mois, avaient eu la coqueluche tous en même temps et qu'elle était restée plusieurs jours et plusieurs nuits sans dormir. Elle avait été au bord de l'épuisement... Mais son moral était resté solide, et elle avait rapidement repris le dessus. Là, elle n'y arrivait pas. Pour la première fois de sa vie, Thérèse Dion ne croyait plus en elle, en ses forces...

D'habitude aussi, elle cachait ses émotions, sa douleur, ses inquiétudes, même à son médecin. Cette fois, elle était devant lui, en larmes, inconsolable. Et il ne voyait vraiment pas comment l'aider. C'est l'ami en lui qui a parlé : « Madame Dion, vous avez en vous ce qu'il faut pour sortir de cet état, vous avez des ressources, vous êtes forte. » Il lui a déconseillé les antidépresseurs qui auraient pu avoir des effets secondaires indésirables sur l'enfant. Pour les maux de dos, il y avait l'Antiphlogestine camphré, un onguent dont l'odeur la ravissait et dans laquelle elle a baigné littéralement pendant toute sa grossesse.

Les enfants étaient désemparés, inquiets. Linda, qui n'avait que huit ans, ne comprenait pas bien la situation, mais elle ne voulait jamais laisser sa mère toute seule. Plutôt que d'aller jouer dehors avec ses amies, elle restait à la maison, sagement assise dans la cuisine ou le salon, attendant, espérant que sa mère lui demande quelque chose, un verre d'eau, une cigarette, une chanson, n'importe quoi. Or, Thérèse Dion, même en temps normal, ne demandait jamais rien à personne. Sauf à ses enfants, le récit de leurs soirées, de leur vie, de leurs amours. Mais pendant cette grossesse, plus rien. Elle paraissait totalement désintéressée de la vie de son mari et de ses enfants. Plus de radio, plus de télé, pas de journaux. Et elle avait cessé de lire ces romans de la collection « J'ai lu » qu'elle aimait tant. Cependant, un jour qu'elle a pu entrer dans la chambre de sa mère, Linda a trouvé un livre sur la commode : *Avoir un enfant après 40 ans.*

195

Aux fêtes, les enfants de Jeanne sont descendus de La Tuque visiter la parenté établie à Charlemagne. Ils sont rentrés chez eux en annonçant à leur mère que leur tante Thérèse filait un mauvais coton. Ses enfants, Denise et Claudette surtout, la croyaient en pleine dépression. Inquiète, Jeanne a téléphoné à sa sœur pour prendre de ses nouvelles. Mais Thérèse ne voulait surtout pas laisser qui que ce soit s'apitoyer sur son sort. Elle a raconté à sa sœur, pieux mensonge, que sa grossesse se déroulait fort bien. Elle s'était enfermée dans sa peine qu'elle ne voulait partager avec personne, pas même avec sa très chère Jeanne, par orgueil, mais aussi par souci de ne pas embarrasser.

Jeanne avait eu dix enfants, mais ses plus jeunes étaient déjà de grands ados, de sorte qu'elle était à présent beaucoup plus libre qu'elle ne l'avait jamais été de toute sa vie. Plus libre et plus heureuse, pensait Thérèse. Elle travaillait au Nettoyeur Moderne qui appartenait à sa jeune sœur Annette. Avec son mari Wilfrid, elle avait acheté et rafistolé un chalet sur la rivière Bostonnais. Ils y passaient leurs étés, allaient à la pêche, se promenaient dans le bois ou en canot sur la rivière. Thérèse, elle, devrait encore, pendant au moins six ans, répéter *ad nauseam* les mêmes gestes, refaire sempiternellement les mêmes travaux. Elle n'apprendrait rien et ne connaîtrait pas de nouveaux visages, ne découvrirait pas des paysages inconnus.

Pour tromper son ennui et chasser sa colère, elle tricotait. Un jour, elle a confectionné un chapeau et un sac assortis pour Claudette, qui travaillait alors à la crèche de la Réparation. Ses compagnes de travail ont trouvé l'ensemble joli et pratique, et en ont commandé une demi-douzaine à Thérèse, ce qui l'a réjouie et lui a rapporté quelques dollars. Mais rien ne calmait sa colère. Elle se disait que, sans cette grossesse, avec tout ce qu'elle connaissait, tous ces dons et ces savoir-faire dont elle avait hérité, elle aurait pu obtenir des profits infiniment plus importants et avoir des projets extrêmement plus passionnants que faire un quatorzième enfant. Et passer à côté de sa vie.

Devant le mutisme et la froide colère de sa femme, Adhémar était désemparé, maladroit, toujours malvenu. Il a acheté un piano droit, ce dont elle avait toujours rêvé. Il a été très mal reçu.

« On a de la misère à arriver. Et tu achètes un piano ! À quoi tu penses ? »

Quelques semaines plus tard, pendant qu'elle tricotait un foulard, il est venu poser près d'elle une jolie petite valise.

« Qu'est-ce que c'est ?
— Une valise, pour quand tu entreras à l'hôpital.
— T'es content de m'envoyer à l'hôpital, on dirait. »

Elle se trouvait bête et méchante. Cependant, elle ne pouvait s'empêcher d'en vouloir à son mari qui, lui, était toujours libre, sans souci, maître de sa vie : elle lui en voulait d'être un homme. Bien sûr, ils avaient commis une erreur tous les deux, mais elle seule en subissait les conséquences.

Adhémar n'a pas assisté à l'accouchement. La vue du sang, le spectacle de la souffrance, l'atmosphère hospitalière, tout ça le rebutait et le terrorisait. Toutefois, pendant que sa femme relevait de couches à l'hôpital, il a mobilisé tous les enfants pour faire le grand ménage de la maison. Puis il a acheté des fleurs et demandé à Daniel, Claudette et Michel de préparer un concert de bienvenue.

Thérèse est finalement rentrée à la maison dans la matinée du 3 avril, avec son quatorzième bébé, sa neuvième fille. Pendant que les plus vieux se disputaient pour savoir qui la prendrait dans ses bras, elle a préparé le gâteau d'anniversaire des jumeaux, qui fêtaient ce jour-là leurs six ans.

5

Les travaux et les jours

Quand Denise, sa fille aînée, vingt et un ans, jeune mariée de deux mois et demi, est venue la voir un après-midi d'automne pour lui annoncer, « avant tout le monde au monde », qu'elle était enceinte, Thérèse Dion atten-dait elle-même son quatorzième enfant. Ce jour-là, pour la première fois depuis plusieurs semaines, elle a voulu sortir et aller prendre l'air. Les deux femmes enceintes sont allées marcher le long de la rivière, la fille posant à sa mère mille questions sur ses grossesses et ses accou-chements.

Thérèse ne pouvait s'empêcher de penser à quel point, en quelques années, moins de dix ans, le monde avait changé. Les jeunes femmes de la génération de Denise pouvaient désormais choisir le nombre d'enfants qu'elles désiraient et quand, dans leur vie, elles les met-traient au monde. On disait même qu'elles pourraient avant longtemps en déterminer le sexe. La pilule contraceptive leur avait enfin donné une grande liberté. Thérèse se sentait comme une petite fille sans expérience de la vie, de la nouvelle vie des femmes. Denise lui parlait de ses projets, des trois ou quatre enfants qu'elle aurait, de son travail qu'elle garderait jusqu'au huitième mois au moins de ses grossesses, de ses projets de voyage. Jamais Thérèse n'avait pu penser à sa vie avec cette facilité, cette légèreté, cette certitude. Les femmes mariées de son âge n'étaient jamais maîtresses de leur vie, de leur temps, de leur corps. Faire l'amour était pour beaucoup d'entre elles, sinon une corvée, du moins un jeu dangereux. Pour les jeunes, c'était un pur plaisir, sans conséquences.

Sa grossesse se déroulant bien, Denise a continué de travailler à l'American Salvage où elle était entrée à l'âge de treize ans. Mais trois semaines à peine avant la naissance prévue de son bébé, une petite fille, des bandits ont perpétré un vol à main armée dans le magasin. Ayant subi un violent choc nerveux, elle a perdu son enfant.

Thérèse n'avait jamais connu si grande peine. Sa mère avait souvent parlé devant elle de la douleur qu'elle avait éprouvée au décès de ses bébés, surtout quand Malvina, la jumelle de Jeanne, était morte à un an et demi de la grippe espagnole. Thérèse voyait maintenant sa fille dévastée, brisée, désespérée. Et elle se sentait impuissante, incapable de la consoler ; elle qui avait dans les bras un petit bébé bien en santé, Céline, née le 30 mars 1968, qui ne pleurait pas trop et qui, à un mois, faisait déjà ses nuits. Pendant des semaines, Denise est passée régulièrement chez sa mère. Elle prenait la petite dans ses bras, la berçait, la couvrait de ses larmes. «Prête-la-moi, donne-la-moi», disait-elle à sa mère. Chaque fois, elle s'enfonçait davantage dans sa dépression, si bien que Thérèse lui a dit un jour : «Si ça te rend malheureuse à ce point de voir mon bébé, tu ferais peut-être mieux de ne plus venir chez nous. »

Denise, heureusement, est de nouveau devenue enceinte. Peu à peu, sa peine s'est assoupie. Ce n'est pas elle cependant qui a eu le bonheur de rendre Thérèse grand-mère pour la première fois. Le 2 septembre 1969, Claudette, qui s'était mariée l'automne précédent, accouchait de Katie. Christian, le fils de Denise, est né quelques mois plus tard.

Presque tous les jours, après leur journée de travail, Denise ou Claudette, très souvent les deux, venaient faire un tour à la maison de la rue Notre-Dame, de nouveau remplie de tout petits bébés, Céline, Katie, Christian. Et Thérèse, beaucoup grâce à la présence et au charme de ces poupons, est rapidement sortie de sa léthargie et de sa dépression. Elle avait toutefois signifié à Adhémar, clairement et fermement, que cette fois, « la manufacture à bébés » était définitivement fermée. Adhémar, qui avait subi pendant plusieurs mois l'implacable froideur de sa femme, a compris qu'il avait tout intérêt à être lui-même très vigilant, à ne jamais déborder, comme elle disait, et à ne jamais insister.

Il restait cependant tout à fait libre de ses allées et venues. Il voyait toujours ses chums de gars. Le vendredi soir, après être passé chez sa mère, il se rendait régulièrement au bingo, à la salle paroissiale de Charlemagne. Adhémar Dion adorait les jeux de hasard, il achetait chaque semaine des billets de loto et refusait rarement une partie de cartes entre amis. À l'entendre, il gagnait presque toujours. Et il en tirait une très grande fierté. Comme s'il avait, en choisissant ou en tirant un bon numéro, aboli ou vaincu le hasard. Thérèse et les enfants faisaient semblant de le croire. Et lui faisait semblant de croire qu'ils le croyaient vraiment. C'était comme un jeu entre eux. Adhémar Dion était resté, dans l'âme, un vrai gars de chantier, un gars de gang, champion du bluff et de l'affabulation. Ses enfants, filles et garçons, l'adoraient, même s'ils n'avaient pas du tout avec lui le même genre de relation qu'avec leur mère, et même s'il n'était pas toujours très généreux avec eux.

Il payait parfois une tournée générale de crème glacée. L'un des garçons, Michel le plus souvent, se rendait à la crémerie chercher huit, dix, douze cornets à la vanille et un au *butterscotch*, celui d'Adhémar. Ces tournées, toujours imprévues, lui attiraient évidemment de vives sympathies. Mais il devait, lui seul, en avoir pris l'initiative. Un enfant qui réclamait un cornet de crème glacée avait peu de chances d'en voir la couleur. Les enfants Dion demandaient donc rarement quelque faveur, cornet ou sou à leur père. Mais à leur mère, toujours.

Or, celle-ci ne gérait pas d'autres sous que ceux de l'allocation familiale et les quelques dollars de pension que payaient les enfants en âge de travailler. Certains mois, elle parvenait à mettre quelques billets de côté qu'elle gardait, pliés en quatre, dans le bonnet gauche de son soutien-gorge. Les enfants le savaient. Son mari aussi.

Un vendredi, Linda, dix ans, eut envie d'aller au bingo avec lui.

« Demande à ta mère si elle veut te payer ton entrée », a dit Adhémar.

Linda est allée voir sa mère, qui a fouillé dans son soutien-gorge et en a extirpé un billet de un dollar.

« Prends-le, a-t-elle dit, gagne et rapporte-moi mon dollar. J'en ai besoin pour acheter du beurre. »

Linda a promis de lui remettre tout ce qu'elle gagnerait. Et elle est partie au bingo avec son père. Elle a remporté cent dollars, une somme considérable à l'époque, qu'elle a remis à sa mère. Ou plutôt à la famille. Tous les enfants Dion tenaient de leur mère cette habitude de donner à la famille, comme à une cause essentielle. Quand Denise avait commencé à travailler à l'American Salvage, elle remettait toute sa paye à sa mère, puis elle a payé une pension hebdomadaire de dix, puis de quinze dollars. Ce qu'a fait Claudette quand elle est entrée comme nurse à la crèche de la Réparation. Et Clément et Liette…

Louise, bientôt quinze ans, sixième de la famille, qui avait terminé son secondaire 2 au printemps peu après la naissance de Céline, a laissé l'école pour aider sa mère à tenir la maison. Louise chantait et faisait de la musique et de la danse, comme tout le monde, mais elle n'avait pas comme Claudette, Denise ou Michel le goût de monter sur scène et d'être sous les projecteurs. Elle adorait tous les travaux ménagers, la lessive et la vaisselle, le rangement, le repassage, la couture, la préparation des repas. Même toute petite, elle voulait toujours travailler avec sa mère. Elle venait près d'elle et lui demandait de lui montrer à faire des confitures ou un bas de robe ; Thérèse, souvent trop occupée, l'envoyait voir Denise ou Claudette, jusqu'au jour où elle s'est rendu compte qu'elle agissait avec Louise exactement comme sa mère Antoinette autrefois. Et aussi que Louise occupait, comme elle, le sixième rang dans la famille. Elle était, disait-on, celle de ses filles qui lui ressemblait le plus, physiquement.

Comme ses frères et sœurs, Louise avait cette habitude d'emmener ses amis à la maison de la rue Notre-Dame, qui était pour eux tous le centre du monde, le lieu de toutes les libertés, le temple de la musique. L'été, ils organisaient souvent dans la cour de gros *partys* auxquels tous les voisins, tous les amis étaient conviés. Les policiers du quartier s'arrêtaient parfois pour voir ce qui se passait, se mêlaient à la cohue, écoutaient avec ravissement la musique des enfants Dion en prenant un verre de Kik ou de Kool-Aid avec les frites de Thérèse, salées, vinaigrées, enveloppées dans un cornet de papier journal. Les Dion étaient considérés comme une famille d'artistes, franchement atypique, qui ne faisait jamais rien comme les autres familles de Charlemagne ou de Le Gardeur. Ils possédaient cependant un énorme capital de sympathie et exerçaient, surtout sur les jeunes de la région qui aimaient faire et entendre de la musique, un formidable pouvoir d'attraction. Ils formaient des *rock bands* à géométrie variable, quatre, six, neuf ou douze musiciens ou chanteurs auxquels se joignaient des invités, qu'on appelait les *guest stars*, comme Michel Desjardins, le petit copain de Louise. qui devint un habitué des *Dion bands*.

Il fallait être assez cool et avoir un solide sens de l'humour pour entrer dans la famille Dion sans être froissé ou effrayé. Liette ou Ghislaine amenait-elle un nouveau copain ? Quinze paires d'yeux étaient braquées sur lui. On s'en moquait gentiment, et on lui faisait subir une sorte de test ou d'initiation. S'il en sortait indemne, il était adopté pour la vie. Ceux qui ne connaissaient pas la musique devaient évidemment travailler plus fort. Et être bon public.

Au Québec, au cours des années précédentes, une flopée de groupes, Classels, Hou-Lops, Excentriques, César et ses Romains, Gants Blancs, Sultans, Bel Canto et Baronets, s'étaient imposés au grand public. Il s'agissait le plus souvent de clones plus ou moins fidèles de groupes américains ou britanniques, qui tentaient tant par leur accoutrement que par leur musique d'attirer l'attention. À partir de 1967, brusquement, les choses avaient changé, quand le multicolore nuage psychédélique s'était posé sur la scène musicale. Chez les Dion, on écoutait alors de tout. Même Thérèse, qui, par goût, mais aussi pour connaître l'univers dans lequel vivaient ses enfants, s'intéressait aux multiples courants musicaux de l'époque. Elle écoutait donc avec eux *Sargeant Pepper's Lonely Heart's Club Band* des Beatles, *Purple Haze* de Hendrix, *Ball and Chain* de Janis Joplin, *Sympathy for the Devil* des Stones. Et elle aimait réellement cette musique… Elle adorait le monde des jeunes, dans lequel elle se sentait à l'aise, vivante, heureuse.

Elle goûtait enfin cet inestimable bonheur que connaissent tôt ou tard les mères de grosses familles qui, forcément, ayant passé leur vie dans un monde peuplé de jeunes, restent elles-mêmes jeunes de cœur et d'esprit. À quarante et un ans, elle vivait dans une maison remplie d'enfants, d'ados et de jeunes adultes dont l'âge moyen était d'à peine douze ans. Et ses filles les plus âgées avaient commencé déjà à lui faire des petits-enfants. Elle pouvait donc rester très proche de la culture et de l'esprit de l'enfance. Et garder, certainement plus que les femmes sans enfants ou les mères de petites familles, la candeur et la fraîcheur vraie des enfants, des ados et des jeunes. Elle vivait immobilisée, enfermée, confinée à sa condition de femme au foyer, mais elle avait retrouvé le grand bonheur d'avoir un bébé dans les bras, son bébé, surtout, qu'elle avait le temps de dorloter beaucoup plus qu'elle n'en avait jamais eu pour les autres, même pour les jumeaux, pour Manon ou Ghislaine, quand la maisonnée requérait tout son temps et toutes ses énergies. Il y avait maintenant moins d'enfants à la maison. Et Liette, Louise et même Ghislaine, âgées respectivement de dix-huit, quinze et dix ans, lui donnaient un coup de main. Quant au bébé, l'un ou l'autre des enfants, même les garçons, l'avait constamment dans les bras. Et ils se disputaient le soir pour savoir qui l'aurait dans son lit pour la nuit.

Adhémar était moins perméable à la culture des jeunes. En fait, même s'il aimait jouer des tours et mystifier les autres, il s'était cantonné dans le rôle de l'autorité, de la loi et de l'ordre. Du dimanche au jeudi soir, vers les vingt-deux heures trente, exactement comme faisait autrefois son beau-père Achille, il traversait le salon où ses enfants et leurs *guest stars* faisaient de la musique, en remontant ostensiblement son réveille-matin. C'était le signal. Le batteur, c'était Clément, Daniel ou Ghislaine, rangeait ses baguettes, on rabattait le couvercle du piano, guitares, flûtes et violons étaient placés dans leurs boîtiers. Les amis partaient ou ils s'entassaient avec Thérèse et les enfants dans la cuisine, où ils parlaient à voix basse jusque tard dans la nuit.

Les vendredis et les samedis soir, Adhémar ne faisait pas son numéro du réveille-matin, même s'il lui arrivait parfois de travailler les week-ends. Parfois, il sortait son accordéon et se joignait aux jeunes. Ou plutôt, c'étaient eux qui se joignaient à lui. Parce qu'Adhémar Dion ne voulait toujours rien savoir de « la musique de sauvage et de bibittes à poils » que les jeunes et même sa femme aimaient tant. Mais, grâce à lui, à son entêtement et à son esprit un peu borné, tous ses enfants ont pu explorer les fondements de la musique et du folklore traditionnels. Thérèse était entrée dans l'univers musical de ses enfants. Ils allaient, eux, vers celui d'Adhémar.

La musique que jouaient ses enfants a été pour Thérèse une sorte de porte de sortie ou de fenêtre ouverte sur le monde. Elle était occupée du matin au soir, sept jours par semaine, à ses travaux de maison, mais elle suivait avec grand plaisir et appuyait les projets de ses enfants dans ce domaine.

À quatorze ans, Michel avait commencé à former des groupes plus ou moins éphémères avec quelques amis musiciens, des petites formations comme il y en avait alors des dizaines sinon des centaines au Québec, presque toutes composées d'un guitariste, un bassiste, un *drummer*, et parfois un claviériste, entourant un chanteur.

À l'été de 1969, Michel et ses amis préparaient une tournée qui, de septembre à décembre, devait les mener un peu partout au Québec. Michel, chanteur soliste du groupe, travaillait alors pour une compagnie de fer ornemental et investissait tous ses sous dans l'aventure. Pour réaliser son projet, il devait bien sûr abandonner l'école, ce à quoi ses parents ne s'opposaient pas. Adhémar cependant refusait de faire crédit à son garçon.

« Travaille d'abord, disait-il. Une fois que t'auras les moyens, tu pourras partir en tournée. Pas avant. »

Thérèse voyait les choses tout autrement. Elle ne pouvait pas aider financièrement son garçon, pour la bonne et simple raison qu'elle n'avait pas d'argent. Mais elle a réussi à convaincre le gérant de la Caisse populaire d'avancer quelques centaines de dollars à Michel et à ses amis pour qu'ils puissent s'acheter des instruments et une fourgonnette. Elle croyait que les choses devaient idéalement se faire ainsi, sans qu'il soit nécessaire d'attendre d'avoir les moyens de les réaliser. Un bon projet donne des moyens ; s'il est bien mené, il rapportera, tôt ou tard.

Finalement, la tournée n'a jamais eu lieu. Mais les gars ont formé d'autres groupes autour de Michel, dont le gérant exigea qu'il change son nom pour celui de Michel St-Clair, sous prétexte qu'il ne pourrait réussir dans le show-business avec un nom aussi peu commercial que Dion. Thérèse, qui n'avait pas oublié sa peine quand, en se mariant, elle avait perdu son nom de jeune fille, comprenait mal que Michel accepte si facilement de changer le sien. Fascinée par la nouveauté, Thérèse restait malgré tout profondément attachée aux valeurs de base, aux paroles données, aux noms hérités.

Pour toutes ces raisons, elle fut fortement secouée quand sa mère Antoinette s'est remariée avec l'un des chambreurs venus vivre chez elle, un monsieur Gingras qui travaillait dans l'un des gros moulins à scie de La Tuque. Tellement secouée qu'elle a pris plusieurs jours avant d'envoyer ses vœux de bonheur à sa mère et à son beau-père. Elle avait l'impression que celle-ci trahissait la mémoire de l'homme, Achille Tanguay, qui avait été son compagnon de vie pendant quarante ans. Et qu'elle trahissait son nom en prenant celui de Gingras.

Pour Thérèse, son père était resté une figure d'autorité morale, un exemple et un modèle. Adhémar le savait. Il l'a su très tôt. Il a connu Achille Tanguay, il a vu l'admiration et l'affection passionnée que lui portait sa fille Thérèse, comme tous ses enfants. Il a compris qu'il devrait vivre toute sa vie dans l'ombre de cet homme fort, intelligent, déterminé. En y pensant, Thérèse ne pouvait reprocher à sa mère d'avoir laissé un autre homme entrer dans sa vie et dans son lit; mais elle n'arrivait pas à comprendre avec son cœur qu'elle ait agi ainsi.

Peu après s'être remariée, Antoinette a donné ses anneaux de première alliance à ses filles aînées, le jonc à Jeanne, la bague à Thérèse. Quelque temps plus tard, après avoir préalablement demandé l'approbation de son mari, Thérèse a fait fondre son jonc de mariage pour renforcer la bague qu'elle avait reçue de sa mère.

Elle avait alors très peu de contacts avec sa famille. Sauf avec son frère Valmont, établi à Charlemagne, qui lui donnait de temps en temps des nouvelles de La Tuque. Elle avait chaque fois l'impression que ses sœurs faisaient une belle vie, tranquille, mais bien remplie, Jeanne surtout, qui avait fini d'élever sa famille. Elle pensait parfois à Monique, son amie d'enfance. Elle se disait alors qu'elle devrait lui donner des nouvelles, qu'elle le ferait, un de ces jours. Et elle l'inviterait à Charlemagne. Ou elle irait chez elle en Gaspésie. Et elles redeviendraient des amies, comme autrefois. Mais ce jour n'arrivait jamais, tout passait si vite, trop vite, et il y avait toujours tellement de choses à faire, ne fut-ce que pour réussir à joindre les deux bouts.

Elle devait en effet toujours tout calculer. Ne jamais faire de folies. Être à l'affût des bonnes affaires, des soldes. Savoir par exemple que la boîte de savon Breeze, qui ne coûtait pas plus cher que les autres marques, contenait autant de poudre et d'aussi bonne qualité, mais en sus une belle et bonne serviette de ratine. Savoir repérer les rabais dans les journaux, où et quoi et quand acheter en gros. Mais ce qui faisait défaut plus que tout à Thérèse Dion, c'était le temps. Elle cherchait des moyens de se libérer autant que possible des tâches quotidiennes, pour pouvoir encourager et appuyer ses enfants dans leurs projets de vie. Et elle grappillait toutes les miettes de temps qu'elle pouvait trouver.

Un jour, un représentant d'une marque de lait en poudre, Crino, s'est présenté chez elle. Sa compagnie offrait un malaxeur électrique aux ménagères qui s'engageaient à acheter une certaine quantité de son produit au cours de la prochaine année. Il ne savait sans doute pas qu'on buvait, chez les Dion, jusqu'à deux gallons de lait par jour et qu'en moins de trois mois Thérèse aurait payé son appareil. Elle le savait, elle.

« Donne-moi ton papier que je le signe. »

Les enfants se sont vite habitués au goût un peu fade du lait en poudre. Thérèse a rangé son fouet et son batteur à œufs, et a fait travailler son malaxeur Crino. Elle préparait toujours sa pâte à tarte, ses gâteaux, ses biscuits, mais elle faisait de belles économies de temps qu'elle allait investir dans les projets de vie de ses enfants. Car tel était son but désormais : aider sa progéniture à organiser sa vie, l'éclairer, l'orienter, la conseiller.

Ni elle ni Adhémar n'ont poussé leurs enfants à étudier. Ils croyaient tous les deux que, dans ce domaine, comme en toutes choses, on n'est jamais mieux servi que par soi-même. Thérèse considérait que les valeurs qu'elle et son mari avaient transmises à leurs enfants étaient sans l'ombre d'un doute aussi riches et solides, sinon plus, que celles qu'on tenterait de leur inculquer à l'école.

En 1970, les sept plus vieux étaient donc sur le marché du travail, où ils se débrouillaient fort bien, comme l'avait toujours fait leur père, qui connaissait pratiquement tous les employeurs de Lanaudière et de l'est de l'île de Montréal. Il changeait encore souvent de job pour diverses raisons : meilleur salaire, meilleures conditions ou simplement pour le plaisir, pour le changement.

Ainsi, il avait laissé la Coopérative fédérée du Québec pour travailler comme gardien et homme à tout faire au centre Berthelet, un établissement pour jeunes délinquants situé à Rivière-des-Prairies. Ces jeunes avaient l'âge de ses garçons, Michel, Daniel et Jacques. Mais ils étaient mal partis dans la vie. Plusieurs ne se sortiraient sans doute jamais de leur misère. Ils étaient brisés, fâchés ; certains étaient devenus amers et méchants. Adhémar se rendait compte, à leur contact, à quel point la famille qu'il avait bâtie avec Thérèse était réussie. Certains de ses enfants avaient commis des écarts de conduite, quelques-uns avaient parfois pris un coup un peu fort, et plusieurs avaient sans doute fait l'expérience de la drogue comme la grande majorité des jeunes de l'époque, mais aucun d'entre eux n'avait commis de graves méfaits, aucun n'avait gâché sa vie ou celles des autres. Lui, d'ordinaire peu loquace sauf lorsqu'il était avec ses amis, racontait chaque soir à Thérèse les histoires de misère et d'horreur qu'il avait tous les jours sous les yeux. Et tout ça le confortait dans la certitude qu'il avait eu raison d'être dur avec ses enfants, exigeant, intransigeant, autoritaire.

Les Dion habitaient maintenant depuis plus de dix ans la maison de la rue Notre-Dame, que Thérèse avait fini par aimer. Mais elle était toujours inquiète, parce que la bâtisse était toujours « entre deux feux », disait-elle, entre la rue et la rivière. Elle craignait, comme de raison, que quelque autre malheur arrive à l'un ou l'autre de ses enfants. Au printemps de 1970, c'est du côté de la rue que le malheur a frappé.

C'était un samedi. Il faisait beau et chaud. Les vinaigriers qui fermaient la cour du côté de la rivière L'Assomption avaient commencé à faire leurs feuilles. Maman Dion avait mobilisé ses garçons Michel, Jacques et Daniel pour faire le ménage de la cour et des alentours, râteler la vieille pelouse pelée, nettoyer les plates-bandes, soigner les plans de pivoines blanches, roses et rouges qui faisaient son bonheur. Céline, qui avait eu deux ans un mois plus tôt, jouait dans le carré de sable avec une truelle et un seau, quand elle a vu venir, sur la rue Notre-Dame qui longeait la façade de la maison, une femme blonde poussant un landau. Croyant sans doute qu'il s'agissait de sa sœur Denise avec son bébé Christian, elle a entrepris de traverser la rue pour aller à sa rencontre, puis elle a rebroussé chemin lorsqu'elle s'est rendu compte de sa méprise…

Les garçons, dans la cour, ont entendu le crissement des pneus et les cris affolés de la femme au landau. Ils se sont précipités devant la maison et ont vu leur petite sœur étendue sous une voiture. Michel est allé la chercher pendant que Daniel, pressentant le pire, tentait d'écarter sa mère. Toutefois, celle-ci a pris sa fille dans ses bras. Il n'y avait pas de sang, apparemment rien de cassé, mais l'enfant avait quelques ecchymoses aux bras et à la tête.

Le chauffeur a offert vingt dollars à monsieur Dion pour qu'il n'appelle pas la police, mais il a insisté pour qu'on emmène Céline à l'hôpital Le Gardeur, où, inquiet de certains symptômes (elle avait vomi, ne pleurait pas, semblait confuse, voulait dormir), le médecin la fit transporter en ambulance à l'hôpital Sainte-Justine, où Michel l'a accompagnée. Pendant le repas du soir, il a téléphoné à la maison pour dire que Céline avait une fracture du crâne. Dans la soirée, Thérèse est allée voir son enfant, qui, pour la première fois de sa vie, passerait la nuit toute seule, loin du cocon familial.

La petite Céline est demeurée trois jours à l'hôpital. Elle s'est vite rétablie, mais elle a gardé quelque temps une salutaire crainte de la rue. Elle restait plus que jamais dans les jupes de sa mère, ce qui ravissait celle-ci. Elles vivaient pratiquement en symbiose, sa fille et elle. Où qu'elle soit dans la maison ou autour et où qu'elle aille, faire ses courses ou visiter ses filles mariées, Thérèse avait toujours Céline avec elle. C'était une enfant facile, un peu sauvage, très sage, plutôt obéissante, sauf quand il était question d'aller dormir ou parfois quand mademoiselle n'avait pas faim ; sa mère devait alors lui faire des dessins avec sa nourriture : une colline en pommes de terre pilées avec un étang (la sauce) au sommet et des moutons (les petits pois) sur ses flancs.

La petite dormait à l'étage, dans la même chambre que Linda, Manon et Pauline, qui avaient couvert les murs d'affiches d'acteurs et de chanteurs. Les trois lits occupant presque entièrement la pièce, elles avaient tout juste assez d'espace pour se faufiler entre eux et les commodes. Céline aimait fréquenter l'autre chambre des filles, où il y avait ce grand miroir devant lequel Ghislaine, qu'elle trouvait si belle et si élégante, se maquillait, s'habillait, prenait des poses et imitait Mireille Mathieu, Dalida, Ginette Reno, Barbra Streisand, Janis Joplin ou Aretha Franklin. Céline n'allait pas encore à l'école qu'elle connaissait déjà toutes ces vedettes du show-business. Elle vivait dans une maison continuellement remplie de musique, celle qu'on entendait à la radio ou sur le tourne-disque, mais surtout celle que faisaient ses parents, ses frères et ses sœurs.

Avec Thérèse, qui s'était acheté un violon neuf, Jacques à la guitare, Clément à la batterie, Daniel à l'orgue Hammond, l'ami Michel Desjardins à la basse, Michel aux percussions, Adhémar Dion avait créé sa propre formation musicale, A. Dion et son ensemble, qui se produisait dans les salles de Lanaudière et de l'est de l'île de Montréal et qui a fait quelques apparitions remarquées à *Soirée canadienne*, une émission de télévision consacrée à la musique traditionnelle. Mais le répertoire de l'ensemble que dirigeait Adhémar Dion était, plus ou moins contre son gré, résolument varié et éclectique.

Claudette et Denise chantaient pêle-mêle de la chansonnette française, des chansons de folklore et quelques-uns des gros *hits* de l'heure, comme *The Way We Were*, popularisé par Barbra Streisand, ou *Me and Bobby McGee*, un succès de Joplin, morte quelques années plus tôt, à l'automne de 1970. Denise aimait bien ces chansons *destroy* qui prenaient aux tripes et à travers lesquelles s'exprimait le mal de vivre d'une génération qui, aux yeux de Thérèse et d'Adhémar, était terriblement déboussolée.

Un soir, en 1972, Michel et Danièle, sa blonde, sont venus à la maison leur annoncer qu'ils partaient vivre ensemble. Ils se marieraient plus tard, dans quelques mois ou quelques années, quand ils en auraient le temps et les moyens. Les parents Dion n'ont pas bien réagi. Ils étaient visiblement peinés. Ce que Michel et Danièle ignoraient, c'est que, un peu plus tôt, Denise leur avait appris son intention de divorcer. Entre son mari et elle, les choses se passaient fort mal depuis un moment. Thérèse était attristée, Adhémar, fâché.

Dans son esprit, comme dans celui de Thérèse, le mariage était une institution indéfectible. Bien sûr, un couple traversait fatalement, dans son histoire, des déserts, il essuyait quelques orages, mais elle et lui devaient s'arranger pour que ce qui les avait déjà unis soit préservé. Il fallait travailler à cela, comme on travaille à entretenir sa maison ou son jardin, ou comme on doit travailler pour faire des miracles. Et Thérèse découvrait avec énormément d'appréhension que les jeunes n'étaient pas convaincus de cela. Ils laissaient au contraire les choses se faire et se défaire par elles-mêmes. Les temps et les mœurs changeaient. Pas toujours pour le mieux. Mais on n'y pouvait rien.

Pour occuper Denise, lui donner un but, Thérèse a eu l'idée de lui demander de se joindre à A. Dion et son ensemble. Linda, qui avait quatorze ans et un petit copain sage et fiable, s'occuperait de ses enfants. Linda était la championne gardienne d'enfants de tout Charlemagne. Mais la vie de couple de Denise avait continué de se détériorer.

Persuadée (à tort) que ses parents, son père en particulier, n'accepteraient jamais que leur fille soit divorcée, que sa vie familiale soit un échec, Denise était partie vivre ailleurs, sans donner de nouvelles. Thérèse avait le cœur brisé. Elle n'approuvait évidemment pas la conduite de sa fille, pas plus qu'Adhémar. Mais en même temps, elle comprenait que Denise ne pouvait continuer à vivre dans l'enfer qu'était devenue sa vie de couple. Thérèse songeait à toutes celles de sa génération qui avaient accepté leur enfer, qui y avaient passé leur vie, soumises, insatisfaites, profondément malheureuses. Denise, au moins, cherchait sa liberté, son bonheur, maladroitement sans doute, et douloureusement, mais au moins elle avait eu le courage de sortir de son enfer.

*

Année après année, tranquillement, la maison de la rue Notre-Dame se vidait de ses habitants. Liette s'était mariée à son tour, puis Louise. Certains soirs ou les samedis après-midi, quand Adhémar effectuait sa tournée des garages, que les jumeaux partaient patiner à l'aréna ou jouer à la balle-molle au parc, que Michel, Jacques et Daniel allaient faire de la musique à Joliette, Saint-Donat ou Berthier, il ne restait plus à la maison que Thérèse et Céline. Le dimanche, par contre, la maison était toujours remplie. Dès la fin de la matinée, les enfants mariés arrivaient avec conjoints et enfants, et on faisait de la musique. Claudette, Michel et Ghislaine se passaient le micro et, à tour de rôle, interprétaient en anglais et en français les succès de l'heure auxquels ils apportaient toujours d'importantes modifications.

Céline chantait souvent devant sa mère et son père, ses frères et ses sœurs. Le soir, après le souper, ils la faisaient monter debout sur la table de la cuisine et lui mettaient dans la main, en guise de micro, une cuillère ou un crayon. Elle pouvait chanter pendant une heure. Mais dès qu'un *guest star*, ou le mari de Claudette, le chum de Ghislaine, la femme de Clément ou la blonde de Michel, entrait dans la maison, elle se taisait.

Thérèse l'a quand même convaincue, sans trop de peine, de chanter au mariage de Michel, son frère, son parrain, son idole, le 18 août 1973. Au cours des jours précédents, elles ont répété, avec Daniel au piano, une chanson folklorique, *Du fil, des aiguilles et du coton*, que France Castel avait repopularisée, puis *Mamy Blue* d'Hubert Giraud, dont le Kényan Roger Whittaker avait fait un énorme succès. Thérèse avait confectionné une robe de tulle bleu à sa fille, le bleu étant la couleur thème qu'avait choisie Danièle, la mariée, décoratrice d'intérieur de son métier. La réception eut lieu au motel Kennedy, tout près du pont Le Gardeur, premier lieu public où s'est produite Céline Dion.

Elle a bien failli renoncer au dernier moment. Par trois fois, Daniel dut reprendre au piano les premiers accords de *Du fil, des aiguilles et du coton*, sa petite sœur étant restée figée, les yeux par terre, incapable d'entonner sa chanson. Mais sa mère s'est approchée et l'a poussée tout doucement, fermement. « Vas-y, mon bébé, c'est à toi. » Alors, la petite Céline s'est avancée. Et dès qu'elle s'est mise à chanter, son trac s'est dissipé, comme par magie.

Thérèse était allée s'asseoir à l'écart pour mieux l'observer. Elle voyait sa fille éprouver, pour la première fois de sa vie, le grand plaisir d'être écoutée et regardée. Elle-même prenait conscience que, depuis un bon moment, des semaines, des mois, elle avait été souvent très heureuse, malgré l'absence de Denise, sa fille aînée, qui peinait toute la famille. Elle songeait que, dans un peu plus de deux semaines, le premier mardi de septembre au matin, elle conduirait Céline à la maternelle et s'en irait tout de suite après à l'American Salvage, où travaillaient déjà ses filles Liette et Louise. Elle serait affectée au rayon des bottes, des cirés, des manteaux de pluie, des *overalls*, des bottes de travail. Elle verrait enfin tout plein de gens. Et ce serait un tournant important dans sa vie. Elle aurait des sous à elle. Elle serait libre, d'une liberté bien méritée, dont elle était immensément fière. Elle avait accompli son devoir. Mieux, elle avait trouvé le moyen ou la manière de le faire avec, au fond, beaucoup de plaisir, car elle avait su être heureuse et utile aux siens pendant ces cinq années de « prolongation ».

Or, encore une fois, les choses ne se sont pas passées exactement comme Thérèse les avait imaginées. À la maternelle, Céline a été tout de suite très malheureuse. Ayant toujours vécu entourée d'adultes ou de grands enfants, elle était sans doute incapable ou trouvait inutile de se lier de quelque manière que ce soit à des tout-petits. Elle restait à l'écart, ne parlait à personne. Elle ne retrouvait sa bonne humeur qu'au moment où elle rentrait à la maison. Pour ses frères et ses sœurs, même ceux et celles qui étaient mariés, la maison familiale restait le centre du monde ; pour elle, c'était le seul univers fréquentable. Rien, semblait-il, en dehors de sa famille immédiate, ne l'intéressait.

Ce fut encore pire l'année suivante, quand elle est entrée en première année d'école. Toute sa vie était bouleversée. Parce qu'il n'y avait personne à la maison le midi, elle devait aller dîner chez sa sœur Louise, où elle dormait les jeudis et vendredis soir, sa mère travaillant jusqu'à la fin de la soirée à l'American Salvage. Louise était douce, prévenante, très attentive aux autres. Elle avait pratiquement été la deuxième mère de Céline, celle qui, pendant toute son enfance, avait aidé leur mère à tenir la maison. Mais le soir, seule dans son lit, Céline ne parvenait pas à trouver le sommeil. Elle pensait qu'à la maison, elle serait restée dans la cuisine, à attendre le retour de sa mère avec Manon, Paul et Pauline. Et même si on l'avait envoyée se coucher, il y aurait eu tous ces bruits familiers, ces voix, ces odeurs, l'univers habituel. Elle aurait entendu ses grands frères et ses sœurs entrer au milieu de la nuit, elle les aurait écoutés raconter leur soirée, parler du spectacle qu'ils avaient donné au Bord-de-l'eau ou dans une salle de Pointe-aux-Trembles ou de Sorel. Chez Louise, comme à l'école, éloignée du nid familial, elle se sentait en exil, exclue, hors de la vie.

Se rendant compte de tout cela, Thérèse était dévorée par la culpabilité. Ne devrait-elle pas, plutôt que d'acquérir sa liberté, s'occuper de son enfant qui avait tant besoin d'elle? Le matin, quand elle se rendait au travail en autobus, elle ne pouvait s'empêcher de penser qu'elle gâchait la vie de Céline. Elle se demandait si elle était une bonne mère, si elle avait été une bonne mère. Elle sentait parfois monter en elle une sourde colère à l'idée que la grande majorité des hommes ne s'embarrassaient jamais de semblables remords, que tous ceux qu'elle connaissait étaient capables de ne penser qu'à eux, qu'à leur carrière, qu'à leur plaisir. Pas les femmes. Les femmes n'étaient jamais tout à fait libres. Ou alors, elles payaient très cher leur liberté. Comme sa sœur Jacqueline: quand elle avait voulu se séparer d'un mari alcoolique et violent et pour ravoir ses enfants, elle avait dû renoncer à son droit de propriété sur la moitié de la valeur de la maison. Comme sa fille Denise, qui ne pouvait être heureuse si loin de la famille.

Adhémar s'était mis dans la tête d'ouvrir un bar juste à côté de la maison. Il y aurait une petite terrasse donnant sur la rivière et une grande salle où son ensemble ou l'un ou l'autre des *bands* de ses enfants pourrait se produire les jeudis, vendredis et samedis soir. On servirait des repas, les pâtés, les tourtières de Thérèse, ses gâteaux. Ils avaient fait des plans, elle et lui. Il avait obtenu de la banque une hypothèque de dix mille dollars sur la maison. On n'attendait plus que le permis de la municipalité.

Thérèse a démissionné de l'American Salvage et s'est inscrite à des cours d'hôtellerie. Pendant trois mois, très assidûment, elle a étudié. Les élèves, qui avaient tous autour de vingt ans, garçons et filles, étaient étonnés, puis charmés, par cette étrange femme, mère de quatorze enfants, plusieurs fois grand-mère, qui les faisait rire et qui est vite devenue la confidente de quelques-uns. À l'heure du dîner, ils lui racontaient leurs amours, leurs peurs devant la vie, leurs révoltes. Avec eux, grâce à eux, Thérèse découvrait le monde des ados, des jeunes adultes. Et elle se rendait compte qu'elle pouvait intéresser plein de gens.

Mais la ville a refusé à Adhémar le permis de construction de son bar-salon. Thérèse est alors retournée à l'American Salvage.

Elle allait rester près de trois ans sans revoir sa fille aînée, qui avait coupé tous les ponts avec la famille. Jacques, dont la blonde était originaire du nord de Lanaudière, la croisait quelquefois, par hasard. On savait donc qu'elle travaillait dans des bars et des restaurants, du côté de Sainte-Émélie-de-l'Énergie et de Saint-Michel-des-Saints. Thérèse était inquiète. Elle craignait que sa fille se réfugie dans la drogue toujours abondante et facilement accessible dans le milieu où elle vivait.

Mais Denise, malgré sa peine écrasante, se débrouillait assez bien et menait une bonne vie. Et elle cherchait un moyen d'entrer en contact avec ses enfants. Elle descendait parfois à Repentigny, garait sa voiture près de leur école dans l'espoir, souvent déçu, de les apercevoir. Lorsqu'elle était jeune, Thérèse n'aurait jamais pu imaginer que des enfants soient ainsi privés d'un foyer, de la présence de leur mère et de leur père. Même Charles et Ernestine Dion, des êtres frustes, mal organisés, étaient restés près de leurs enfants.

Thérèse était profondément rassurée de penser que ses enfants étaient tous, à part Denise, demeurés très proches du foyer familial. Et qu'ils aimaient leurs parents et en prenaient soin. Un jour, le gérant de l'American Salvage l'avait engueulée parce qu'elle n'avait pas réussi à vendre un imperméable à une dame qui, visiblement, n'en avait aucun besoin et n'en voulait pas. Louise, vendeuse elle aussi, était allée voir Dave et lui avait dit : « Toi, si jamais tu parles encore comme ça à ma mère, je laisse la job, mes sœurs aussi. » Dave s'était excusé. Et une alliance sacrée s'est créée entre les Ryshpan, propriétaires de l'American Salvage, et la famille Dion, qui fut chargée d'animer les *partys* de fin d'année ou les pique-niques d'été auxquels tout le personnel et les principaux fournisseurs étaient conviés. Daniel apportait ses claviers, Jacques, sa guitare, Thérèse, son violon… Et Ghislaine et Céline chantaient des cantiques, des berceuses, du rock et des blues.

L'été des Jeux olympiques de Montréal, Thérèse et Adhémar ont raccroché, elle, son violon, lui, son accordéon. Clément est parti travailler dans le Grand Nord, à la terre de Baffin ou au Yukon. Thérèse était toujours à l'emploi d'American Salvage, laissant Céline à la garde des jumeaux. Les enfants passaient leurs journées à regarder les Jeux. Pauline et Céline avaient placardé les murs de leur chambre des photos de leurs athlètes préférés, qu'elles trouvaient dans les journaux. Céline rêvait alors d'être gymnaste, comme son idole Nadia Comaneci. Elle admirait la rigueur, la précision et l'application avec lesquelles la reine des Jeux exécutait tous ses mouvements. Adhémar aussi. Thérèse, amusée, se rendait compte que sa petite dernière avait hérité, entre autres choses, du sens de la discipline de son père, de son goût pour les vêtements impeccables et de l'ordre.

Avec Michel Desjardins, l'un des *guest stars* les plus assidus, Ghislaine (batterie, trompette et voix), Jacques (guitare), Michel (percussion et voix) et Daniel (claviers, etc.) ont formé un vrai *band* de rock et de rythm &

blues... Les soirs de fin de semaine, ils jouaient dans un cabaret de Charlemagne, le Bord-de-l'Eau. Ils s'étaient tous endettés pour acheter, notamment, une guitare Gibson Les Paul et un car de tournée, un vieux campeur Volks, puis ils s'étaient fait fabriquer des t-shirts marqués de deux « D » séparés par la note *si*, car ils s'appelaient les « D *si* D ». Céline avait sept ans, elle était la *fan* numéro un des D *si* D.

Ghislaine avait repris la batterie de Clément. Elle chantait si bien, avec tellement d'âme, que tout le monde se taisait dans le cabaret quand elle prenait le micro. Adhémar et Thérèse assistaient souvent à ces shows. Céline aussi, forcément. Thérèse aurait bien pu la laisser à la maison sous la garde de Manon ou même des jumeaux, qui avaient maintenant seize ans. Mais elle se disait que le plaisir de Céline de voir ses frères et ses sœurs en spectacle était trop grand pour l'en priver. Quand elle n'en pouvait plus, la fillette s'endormait sur un banc.

Thérèse, qui avait souffert enfant d'être tenue à l'écart du monde des adultes, n'a jamais traité Céline comme la petite dernière de la famille, celle dont les plus vieux tolèrent difficilement la présence, et à qui on cache certaines choses, à qui on dit « C'est pas de ton âge, va te coucher » ou « Tu comprendras ça plus tard, quand tu seras grande ». Elle ne l'a jamais exclue des conversations d'adultes, quel qu'en ait été le sujet. Céline n'allait pas encore à l'école qu'elle connaissait tout des mystères de la vie, du moins en théorie.

C'était une façon pour le moins originale d'élever des enfants. Mais ni Thérèse ni Adhémar n'étaient encore convaincus, à cette époque, que l'école était un lieu d'apprentissage incontournable. Ils avaient toujours vécu dans un monde où les savoir-faire se transmettaient de père en fils, de mère en fille. Et ça avait bien fonctionné. Tous les enfants étaient de bons musiciens, ils avaient du savoir-vivre, des savoir-faire, de l'ambition, de l'imagination, et beaucoup de débrouillardise. Le noyau familial pouvait, selon Thérèse, suppléer à l'environnement scolaire.

En 1976, Céline, huit ans, et les jumeaux, quatorze ans, étaient les seuls de la maison obligés en principe d'aller encore à l'école, faire soir après soir de fastidieux devoirs et apprendre d'ennuyeuses leçons... Les plus vieux avaient quitté la maison l'un après l'autre, mais ils habitaient tous dans les parages, sauf Michel qui s'était établi avec Danièle, à Otterburn Park, dans la vallée du Richelieu. Mais quand les D *si* D se produisaient au Bord-de-l'Eau ou qu'ils étaient en tournée dans Lanaudière ou dans les Basses-Laurentides, leur port d'attache restait la maison de la rue Notre-Dame, à Charlemagne, où ils pouvaient arriver à n'importe quelle heure du jour ou de la nuit. Personne n'avait de clé, pour la bonne raison que la porte n'était jamais verrouillée, parce qu'il y avait toujours du monde, sauf peut-être un ou deux jours par année quand on allait voir mémère Antoinette à La Tuque et qu'on laissait tout seul Tibi, un gros matou jaune que tous adoraient.

Les enfants Dion étaient, par nature et par métier, des oiseaux de nuit. Quand ils rentraient, à deux ou trois heures du matin, ils trouvaient presque toujours leur mère, qui les attendait en tricotant devant la télé. Elle s'était parfois assoupie dans son fauteuil, mais en entendant du bruit, elle se réveillait et, machinalement, reprenait son tricot, comme pour laisser croire qu'elle ne dormait pas, qu'on ne l'avait pas dérangée. Elle avait préparé une grosse sauce à spaghetti ou un pâté au poulet ou au saumon. Et on mangeait au beau milieu de la nuit. L'été, quand le temps le permettait, elle entretenait un feu de camp dans la cour, près de la rivière, et elle passait le reste de la nuit avec Michel, Danièle, Ghislaine, Daniel et leurs amis, à parler des shows qu'ils avaient vus, des dernières musiques qu'ils avaient écoutées, de leurs projets, de leurs rêves. Ils voyaient le soleil se lever, puis Thérèse préparait le déjeuner de son mari et des enfants qui, l'un après l'autre, partaient travailler, sauf les jumeaux et Céline qui, jusqu'à la Saint-Jean-Baptiste, prenaient, toujours à contrecœur, le chemin de l'école.

Un samedi soir de la fin de novembre, Michel a trouvé sa mère dans son *lazy-boy*, devant la télé éteinte, sans son tricot dans les mains.

«Grand-maman ne viendra plus nous voir», a-t-elle dit.

Elle venait d'apprendre que sa mère Antoinette était très gravement malade, qu'elle ne passerait peut-être pas la nuit. Tous les enfants Dion adoraient cette femme, bonne et douce, très rieuse. Adhémar aussi, même s'il ne le disait pas, avait beaucoup d'affection pour elle. Lorsqu'elle venait passer quelques jours à Charlemagne, le plus souvent en août, avant la rentrée des classes, c'était toujours une fête.

Antoinette est morte le 30 novembre, à l'âge de soixante-dix-neuf ans. Thérèse est partie pour La Tuque avec Adhémar. En voiture, cette fois. Elle a retrouvé, là-bas, ses frères et sœurs. En les voyant, elle s'est aperçue à quel point le temps avait passé. Elle-même aurait cinquante ans dans moins de quatre mois. Henry et Lauréat avaient franchi déjà le cap de la soixantaine, l'âge auquel leur père, Achille, était mort. Et ils étaient, comme lui, pris du cœur, fragiles, menacés. Valmont avait même été opéré à cœur ouvert par le célèbre docteur Pierre Grondin, qui a réalisé la première transplantation cardiaque au Québec. Et Pit avait toujours été faible et souffreteux, sombre.

En fait, les femmes de la famille semblaient beaucoup plus solides que les hommes. Jeanne approchait, elle aussi, la soixantaine. Elle avait élevé dix enfants. Elle travaillait toujours au Nettoyeur Moderne. Quant à Jacqueline, elle avait refait sa vie. Elle était serveuse dans un grand restaurant du Cap-de-la-Madeleine. Elles étaient toutes deux remplies d'énergie…

Mais Thérèse avait senti, à La Tuque, que tout ne tournait pas rond dans la famille douloureusement divisée à cause de l'héritage qu'on interprétait de diverses manières. Elle comprenait mal ce qui se passait, pas juste parce qu'elle vivait à Charlemagne, loin de ses frères et sœurs, mais parce qu'elle était une femme, et que les femmes ne pouvaient se mêler de ces choses.

Elle était rentrée de La Tuque avec une sorte de vague à l'âme, se demandant ce qu'elle allait faire de sa vie. Depuis plus de trois ans, elle était vendeuse à l'American Salvage. Elle adorait son travail. Elle voyait plein de gens. Elle faisait des sous. Elle avait trouvé enfin cette liberté si longtemps cherchée. Elle l'avait toujours su : le travail, fondamentalement, c'est la liberté. Mais il lui manquait quelque chose. Il y avait un vide dans sa vie. Le vide qu'avait laissé la musique, peut-être. Elle savait bien qu'elle n'avait pas sa place dans les *bands* de ses enfants. Et elle ne pouvait, comme Adhémar, partir le samedi pour aller jouer dans une noce à Joliette ou à Berthier. Elle devait toujours être disponible pour sa famille. N'empêche, il lui manquait quelque chose. Et cette insatisfaction, elle la ressentait le soir surtout, quand elle était seule dans la maison endormie. Elle prenait parfois un crayon, un papier et notait des idées, des pensées, et elle dessinait. Elle s'est finalement mise à peindre. D'abord, presque en cachette, le temps de maîtriser certaines techniques de base. Quand Michel et Ghislaine, de passage à la maison, ont par hasard découvert ses esquisses et ses ébauches, elle a dit, comme de raison, que ce n'était rien, qu'elle faisait ça pour s'amuser. Mais ce n'était pas rien. On voyait l'application, le travail, le plaisir.

Pour son cinquantième anniversaire, les enfants lui ont offert un chevalet, des pinceaux, des tubes d'acrylique, quelques mètres de toile. Elle a commencé à reproduire des paysages qu'elle trouvait dans des magazines ou sur des pochettes de disque. Elle a essayé de mémoire de retrouver ceux de Saint-Bernard-des-Lacs, les champs, le ruisseau, la montagne, la forêt de son enfance. Et un jour, elle a entrepris de peindre ce chef-d'œuvre qu'elle avait réalisé avec Adhémar : sa propre famille, ses quatorze enfants. Elle a représenté les visages de chacun d'eux, retrouvant dans leurs regards, leurs traits, leurs chevelures, ceux de sa mère, de son père, de ses beaux-parents aussi, d'Adhémar. De même, elle repérait de temps en temps dans la voix, les gestes, le rire de l'un ou l'une de ses enfants quelque chose de ses frères et sœurs. Liette avait la chaleur et la douceur de sa mère Antoinette. Chez Jacques, il y avait un heureux mélange d'Adhémar et d'Achille. Elle s'amusait également à faire des liens de caractère. Daniel, indéniablement, était un Dion, secret, timide, impénétrable, mais il avait quelque chose d'Henry : il était comme lui un artiste complet capable de dessiner, de chanter, de faire de la musique, de fabriquer un meuble. Denise aussi avait du Dion en elle. Elle avait préféré fuir et se cacher, plutôt que de parler. Ghislaine et Michel étaient indiscutablement des Tanguay, extravertis, flamboyants, déterminés.

Observer ce monde qu'elle avait créé, le voir vivre et grandir, se transformer peu à peu était toujours pour maman Dion une grande source de joie.

Or, au printemps de 1977, une grande épreuve frappait sa famille. Un dimanche après-midi, Liette est passée à la maison avec sa fille Karine, qui avait la diarrhée depuis trois jours. Thérèse, qui l'a prise dans ses bras, a tout de suite remarqué que sa peau était couverte d'une sueur saumâtre. Le lendemain, Liette s'est rendue avec son enfant à la clinique. Le médecin qui a examiné Karine l'a tout de suite fait transporter par ambulance à l'hôpital Sainte-Justine, où on a informé sa mère qu'elle souffrait d'une maladie incurable, qu'elle n'avait peut-être que quelques semaines à vivre, et qu'on devrait songer à la faire baptiser le plus rapidement possible. C'était le premier vrai grand malheur qui frappait la famille de Thérèse et d'Adhémar Dion.

Les plus vieux se souvenaient de la mort violente du grand-père Dion. Tous avaient été terriblement peinés quand grand-maman Antoinette était morte à peine un an plus tôt. Mais c'était dans l'ordre des choses. Antoinette était morte en douceur, au bout d'une longue vie. Vers la fin, elle n'avait sans doute plus vraiment envie de vivre. La mort est venue comme une sorte de délivrance, autant pour elle que pour les siens. Il y avait eu aussi le pénible avortement de Denise après le braquage de l'American Salvage ; mais personne, à part elle, n'avait eu le temps de vraiment s'attacher à cet enfant qui n'a jamais vécu.

Cette fois, la mort s'annonçait au commencement d'une vie, celle d'un tout petit bébé que Liette et Thérèse avaient eu le temps de dorloter, d'aimer. Cette fois, on ne pouvait pas parler de délivrance. Cela ressemblait plutôt à une condamnation cruelle et injuste.

Identifiée pour la première fois en 1938, la fibrose kystique est une terrible maladie, qui tient vraiment de la pire des malchances. Elle n'est transmise à l'enfant que si les deux parents sont porteurs du gène qui la cause. Thérèse a effectué des recherches. Elle a découvert qu'une de ses cousines vivant aux États-Unis avait deux de ses sept enfants qui souffraient de cette maladie. La fibrose s'attaque aux poumons, au système digestif, aux glandes qui sécrètent les larmes, la sueur, la salive. Un mucus épais et visqueux se développe dans les poumons, entravant la respiration, créant un milieu propice aux infections, imposant une charge excessive au cœur, qui se fatigue vite. Et les poumons s'épuisent et se détériorent progressivement.

Dans le système digestif, le mucus empêche l'écoulement des enzymes du pancréas nécessaires à une digestion normale. Les enfants atteints de fibrose kystique ont de constants problèmes intestinaux et, même s'ils mangent avec appétit, ils restent maigres et chétifs, et leur croissance est considérablement ralentie. Leur espérance de vie, à l'époque, était dans le meilleur des cas de quelques années seulement.

Le mari de Liette, incapable de supporter cette épreuve, l'a quittée, l'abandonnant seule avec son enfant malade. « Faut pas s'étonner, avait dit Thérèse, la plupart des hommes ont peur de la maladie et de la mort. » Thérèse Dion avait, au fond, une assez piètre opinion des hommes. Ils prétendaient régenter et diriger le monde, mais ils étaient, rappelait-elle souvent à ses enfants, incapables de mettre fin aux guerres ou de régler le problème de la faim dans le monde. Ils investissaient des milliards de dollars pour aller faire quelques pas sur la lune ou tourner en rond dans l'espace, mais ils hésitaient toujours à dépenser pour trouver un remède à une maladie qui, chaque année, tuait des milliers d'enfants. « Parce que ce ne sont pas vraiment leurs enfants, pensait-elle. Ce sont les enfants de leurs femmes. »

Céline avait neuf ans. Elle détestait toujours passionnément l'école, où elle s'ennuyait à périr. Aucune matière ne l'intéressait. Elle s'assoyait à sa place et attendait la fin des cours. À quoi bon l'arithmétique, l'histoire et la géographie ? Elle savait déjà très bien ce qu'elle voulait faire de sa vie. Elle savait aussi qu'elle ne ferait rien d'autre. En attendant, elle fignolait ses rêves, s'imaginant, comme son frère Michel, comme ses sœurs Claudette et Ghislaine, debout sur une scène, chantant devant un public attentif... Son frère Michel, son parrain, lui disait qu'un jour ils chanteraient ensemble à la télévision.

Thérèse la surprenait souvent en train d'imiter des chanteuses ou des chanteurs qui passaient à la télévision. Ou là-haut, devant le grand miroir de la chambre des filles. Elle savait par cœur toutes les chansons de Ginette Reno. Un jour, Adhémar a remarqué qu'elle ne suivait pas simplement la mélodie, mais qu'elle faisait des harmonies consonantes. Elle réinterprétait réellement la chanson.

Les D *si* D s'étant sabordés, Michel avait formé d'autres groupes. Il y avait eu Les Playboys, les Dirty Shames, il y aura Michel et la Quatrième Volonté, et finalement Le Show, qui allait connaître un certain succès dans le réseau des cabarets et des boîtes de nuit, qui allait se produire à quelques reprises à la Palestre Nationale et enregistrer deux singles, dont l'un a failli atteindre le sommet des palmarès radio.

Un soir d'automne, les parents Dion se sont rendus à Saint-Jean-de-Matha, avec Céline et les jumeaux Paul et Pauline, pour voir Le Show, qui se préparait à une grande tournée du Québec. Sur scène, Michel était impressionnant, il parlait avec humour et aisance, d'une voix forte et solide, il avait un sens remarquable du rythme et bougeait bien. Thérèse lui avait confectionné un costume de scène que lui enviaient beaucoup de ses confrères : une redingote en satin blanc avec jabot et poignets de dentelle. Thérèse adorait les modes populaires. Quand les pantalons à pattes d'éléphant étaient sortis et que sa fille Louise avait exprimé le désir d'en avoir une paire, elle lui en avait taillé dans un manteau de fin lainage. Du sur mesure, bien sûr. Quoi de mieux !

Adhémar n'était jamais très expansif quand il assistait à un spectacle rock. Mais ce soir-là, à Saint-Jean-de-Matha, il avait été particulièrement songeur et taciturne. Et, malgré l'insistance de Céline qui aurait souhaité rester tant et aussi longtemps qu'il y avait quelque chose à voir et à entendre, il a voulu partir dès la fin du numéro de Michel. Il ne l'aurait pas dit pour tout l'or du monde, mais il était très inquiet. Sa mère Ernestine était très gravement malade : les médecins avaient diagnostiqué un cancer de l'estomac.

« Combien de temps, docteur ?

— Un an, peut-être deux. »

Thérèse était songeuse, elle aussi, ce soir-là. Saint-Jean-de-Matha se trouvait au cœur de la région qu'habitait Denise, sa fille aînée qu'elle n'avait pas vue depuis près de trois ans. Et plus tôt dans la journée, quand ils avaient traversé les beaux petits villages de Lanaudière : Saint-Félix-de-Valois, Saint-Ambroise-de-Kildare, Sainte-Mélanie, il lui semblait voir sa fille partout. Cette jeune femme penchée sur un enfant, c'était peut-être elle. Ou celle-ci passant à cheval dans le champ, là-bas. Ou derrière ces fenêtres closes, peut-être. Ou dans ce jardin.

Elle savait que Denise n'était pas en danger. Elle en avait parfois des nouvelles par Jocelyne, la copine de Jacques, qui avait de la parenté dans le coin ou par les D *si* D, qui y donnaient souvent des shows. Le monde des bars et des boîtes à chanson est petit. Les D *si* D étaient entrés tard, un soir, dans un bistro-bar de Sainte-Émélie-de-l'Énergie, où ils venaient de donner une série de spectacles. Ils s'étaient installés au comptoir, Michel, Gigi, Jacques et Daniel, en disant qu'ils étaient affamés et assoiffés. La barmaid, qui était en train de fermer sa caisse, leur avait dit que la cuisine et le bar étaient fermés. Elle s'est retournée vers eux et a poussé un cri. Eux aussi. « Denise ! » Ils ont pleuré, se sont embrassés. Ils sont tous allés chez leur grande sœur, où ils ont mangé et bu, parlé jusqu'au petit matin.

« Maman s'ennuie de toi. »

Denise a promis qu'elle tenterait de se rapprocher de ses parents.

« C'est pas vrai que papa est fâché après toi, disait Ghislaine. Tu le connais, il parle jamais, il demande jamais rien, jamais où tu es, jamais si on t'a vue. Mais quand on parle de toi, il écoute. Et il est triste. »

Le dimanche suivant, Denise s'est rendue à Charlemagne et est allée voir sa mère, qui se trouvait seule à la maison. Elle finissait, ce jour-là, de construire un foyer dans le salon, entreprise jugée complètement insensée par Adhémar. Il avait quand même accepté d'ouvrir le mur à la base, puis accompagné Thérèse dans Lanaudière où elle avait repéré un tas de pierres des champs qu'elle avait acheté pour presque rien à un fermier trop heureux d'en être débarrassé. Ensuite, elle avait engagé Jean-Yves, le frère d'Adhémar, qui s'y connaissait lui aussi en maçonnerie et a monté la cheminée contre le mur extérieur de la maison, et son frère à elle, Valmont. Celui-ci a construit le manteau de l'âtre flanqué d'une petite bibliothèque dans laquelle elle rangerait ses *Almanach du peuple* et les livres de sa collection « J'ai lu ».

Thérèse contemplait son œuvre quand Denise est entrée sans frapper. Elle est restée un long moment debout contre la porte à regarder sa mère qui lui faisait dos.

« C'est moi, maman. »

Thérèse a mis longtemps à se retourner. Et Denise a pensé : « Elle ne veut pas pleurer. » Mais elles pleuraient toutes les deux.

« Je t'attendais, mon bébé. »

Thérèse considérait qu'elle n'avait rien à pardonner à Denise. Sa fille s'était éloignée, elle avait souffert, elles avaient souffert toutes les deux, chacune de son côté. Mais il n'y avait de faute nulle part, que de la tristesse, quelques regrets qui seraient bientôt oubliés.

Elles avaient à peine eu le temps d'échanger quelques mots que Claudette est arrivée avec son mari et ses enfants. Les deux sœurs ne voyaient pas la vie et le monde de la même manière. L'une était timide et secrète, pas toujours sûre d'elle-même ; l'autre était fonceuse et bien organisée. Denise manifestait le désir de rentrer dans la famille ; il fallait bien l'accueillir.

Le dimanche suivant, Adhémar et Thérèse, leurs filles Louise et Céline, se sont rendus à Sainte-Émélie-de-l'Énergie, chez Denise. Adhémar était ému. Il ne parlait toujours pas. Mais il a pris sa fille aînée dans ses bras et l'a serrée très fort. Elle savait qu'ils ne parleraient jamais ensemble de ce qui s'était passé. Et que tout devait être oublié, pardonné.

Denise a ainsi renoué avec une famille qui, en son absence, avait beaucoup grandi. Michel, Liette, Louise s'étaient mariés. Clément était parti travailler au Yukon. Les jumeaux, Paul et Pauline, étaient devenus de grands ados. Céline avait maintenant dix ans. Et mémère Dion habitait depuis quelques semaines au 130 de la rue Notre-Dame.

« Elle pouvait pas rester seule », a dit Thérèse en guise d'explication à sa fille aînée.

Ernestine, en effet, avait eu des étourdissements de plus en plus fréquents et fait quelques chutes qui auraient pu être catastrophiques. Bref, elle était, selon les médecins qui l'avaient examinée, incapable de vivre seule. Elle devait être placée. Or, Adhémar, son fils aîné, savait se trouver des jobs, asseoir les fondations et élever la charpente d'une maison, négocier le prix d'un char usagé, mais il était incapable de prendre des décisions. Thérèse a vite compris que, dans ce dossier, il s'en remettrait à elle.

Adhémar, ses frères et sa sœur avaient tenu un conseil de famille, chez Ernestine. Et ils avaient insisté pour que Thérèse y participe. Adhémar ne pouvait nier que sa femme était devenue pour sa propre famille la *mater familias*, le véritable chef de la tribu Dion. Et qu'elle avait, plus qu'eux tous réunis, le sens de l'organisation et des responsabilités.

Elle se doutait bien qu'aucun des garçons Dion ne voudrait s'occuper d'Ernestine. Au fond, c'était peut-être mieux: ils étaient tous instables, comme avait été leur père, et ils souffraient tous d'un plus ou moins grave problème d'alcool. On ne pouvait pas non plus compter sur Jeannine, qui avait connu déjà plusieurs comas éthyliques. Restait Yrène qui s'était sortie assez bien de la misère ; son mari et elle avaient un peu d'argent, une grande maison, un beau gros char. Thérèse avait pensé que les autres proposeraient de l'aider financièrement si elle prenait Ernestine chez elle. Mais aucun n'a fait de proposition dans ce sens. De toute façon, Yrène a signifié qu'elle ne voulait rien savoir. Elle a plutôt soutenu, lors de cette réunion de famille, que sa mère serait très bien dans un hospice. Ernestine était recroquevillée dans son fauteuil, terrorisée, tremblante. Adhémar ne disait rien. Il y a eu un long et lourd silence. Les garçons Dion se levaient pour partir quand Ernestine a agrippé sa bru par la manche : « Tu vas pas les laisser faire ça, Thérèse. Tu vas pas les laisser m'enfermer dans un asile de vieux. »

Thérèse était bouleversée. Mais sa décision était prise. Elle n'avait plus que cinq enfants à la maison, Linda, Manon, les jumeaux et Céline. Et l'une des chambres du haut était libre.

« Vous allez venir vivre chez nous, mémère, a-t-elle dit. Donnez-moi quelques jours, je vas vous arranger ça. »

Sans attendre la réaction de ses beaux-frères et de ses belles-sœurs, sans même les regarder, elle était sortie sui-vie de son mari. Elle savait que mémère prendrait beau-coup de place dans la maison et qu'elle requerrait énor-mément d'attention. Elle devrait lui faire prendre ses médicaments. Lui préparer ses repas. Et mémère parlerait comme une machine, passerait des commentaires sur tout, conseillant sa bru, lui disant « Moi, Thérèse, à ta place je ferais pas ça ou j'irais pas là ou je parlerais pas à une telle » ou, cent fois par jour : « Tu devrais pas faire ci ou ça. »

Mais Thérèse remplirait jusqu'au bout son devoir, sans se plaindre, sans rechigner. Cette vieille femme malade et démunie était la mère de son mari, la grand-mère de ses enfants et, en tant que telle, elle avait droit à son respect, à sa charité.

Elle avait projeté de l'installer dans la chambre du haut. Mais la santé et l'équilibre d'Ernestine étaient plus détériorés et précaires qu'elle n'avait cru ; elle était incapable de monter l'escalier sans aide. Thérèse lui a donc offert la grande chambre du bas et a déménagé avec Adhémar dans celle d'en haut.

Denise et elle ont vite retrouvé leur complicité d'autrefois, quand elles passaient des soirées entières à parler ou à ranger la maison tout en regardant *Cinéma Kraft*. Et Denise disait à sa mère qu'elle était une sainte de garder sa vieille belle-mère pas très agréable et presque impotente. Thérèse lui répondait sèchement que ça n'avait rien à voir avec la sainteté, que c'était normal, que les enfants devaient s'occuper des parents quand ceux-ci se faisaient vieux. Pour la première fois de sa vie, Denise se rendait compte que sa mère et elle appartenaient vraiment à deux générations, qu'elles n'avaient pas la même culture, pas du tout les mêmes valeurs. Elle enviait presque sa mère, femme d'un autre âge, mais qui avait des principes, des certitudes. Thérèse Dion savait sans l'ombre d'un doute où était son devoir, elle savait toujours ce qu'elle devait faire. Ses enfants, eux, vivaient dans un monde sans repères, sans barrières ni balises. Denise ne pouvait s'empêcher de penser que la génération de ses parents était plus mûre, plus mature que la sienne toujours en train de se poser mille et une questions, de chercher son chemin, de revenir sur ses pas. Au fond, malgré l'énorme travail qu'il lui restait à accomplir, sa mère lui semblait plus libre et plus heureuse qu'elle.

Thérèse continuait de travailler cinq jours et deux soirs par semaine. Elle tenait maison, préparait les déjeuners, les lunchs, les soupers de son mari, de Céline et des jumeaux, s'occupait de sa belle-mère, la nourrissait, lui donnait son bain, la peignait, changeait ses couches, lui faisait prendre ses médicaments.

Au fur et à mesure que filles et fils quittaient le foyer familial, l'âge moyen des résidants du 130, rue Notre-Dame augmentait. Il était passé, entre 1970 et 1978, de quatorze à tout près de cinquante ans. Thérèse, qui avait toujours vécu entourée d'enfants et de jeunes, élevait maintenant une fillette vivant avec deux quinquagénaires et une octogénaire.

Elle ne voulait plus d'enfants quand elle était devenue enceinte de Céline. Peut-être a-t-elle, par la suite, inconsciemment bien sûr, refusé en partie ce bébé non attendu. Pour aller le plus vite possible chercher l'adulte en elle. Jusqu'à faire de Céline, à dix ans, une quasi-professionnelle du show-business.

Elle avait bichonné, bécoté, dorloté cette enfant plus que tous les autres, mais, en même temps, elle l'avait entraînée avec elle, très vite, dans le monde des grands. Parce qu'elle voulait qu'elle soit près d'elle, et parce que ce milieu du show-business la fascinait elle aussi. C'était un monde d'adultes, mais d'adultes jeunes, très dynamiques, très actifs, dans lequel Thérèse se sentait parfaitement à l'aise…

Elle allait donc pousser sa fille à y entrer le plus vite possible. Avec elle, Céline faisait donc ses classes, très sérieusement, avec énormément d'application ; pas ses classes de géographie, d'histoire ou de mathématiques, qu'elle délaissait de plus en plus, mais ses classes de chant, de techniques vocales, de pose de voix, de maintien, etc. Thérèse lui donnait même des devoirs à faire : regarder telle chanteuse à la télé, apprendre trois mélodies très proches l'une de l'autre, imiter Streisand et Reno, faire une chanson de celle-là à la manière de celle-ci. Et vice-versa.

De peur d'effaroucher ou de distraire son enfant, elle ne lui parlait pas de son grand projet d'en faire une chanteuse célèbre. Mais elle mettait tout en œuvre pour atteindre un jour ce but.

Elles passaient tous leurs temps libres ensemble, passionnées par leurs études. Et certains jours, parce qu'elle était littéralement happée par son projet, Thérèse souhaitait ne pas avoir cette job à l'American Salvage, qui lui prenait trop d'heures, trop d'énergie. Elle venait d'avoir cinquante ans, elle était ménopausée et avait de fréquentes migraines extrêmement douloureuses. Mais elle ne pouvait arrêter. Elle avait besoin d'argent pour que son artiste s'épanouisse, qu'elle puisse lui acheter des disques, un bon système de son pour la maison, un bon micro, qu'elle puisse aussi lui confectionner de beaux costumes de scène...

L'idée lui est alors venue de se trouver une autre job. Elle avait appris que Claude Thouin, qui possédait à Repentigny un magasin où il vendait des meubles, des habits de travail et de motoneige, des bijoux, voulait partir en vacances pendant quelques semaines et cherchait quelqu'un pour le remplacer. Elle est allée le rencontrer.

Insatisfaite du salaire qu'il lui offrait, elle a commencé par refuser. Thouin a renchéri. Ils se sont finalement bien entendus. Et bientôt, des liens d'amitié et de confiance se sont noués entre eux. Elle était bonne vendeuse. Elle a réaménagé le magasin, refait les étalages et l'éclairage. Après trois mois, elle gérait le commerce toute seule. Et Thouin vaquait en toute confiance à ses autres affaires.

«Vous devriez m'acheter», lui dit-il un jour.

Elle trouvait sa proposition complètement folle. Elle n'avait pas un sou de côté. Mais l'idée a fait son chemin. Jour et nuit. Elle calculait dans sa tête la valeur de l'inventaire, de la bâtisse, du terrain. Ce commerce était très bien situé, dans une rue passante, et, juste à côté, il y avait un grand espace de stationnement. Si Thouin lui faisait un bon prix, elle pourrait rentrer dans son argent en moins de cinq ans, elle démolirait alors la bâtisse qui avait trop besoin de rénovation et ferait construire à sa place un bel édifice à bureaux.

Les négociations ont eu lieu dans la joie. À l'école d'hôtellerie, puis à l'American Salvage, Thérèse avait pris beaucoup d'assurance ; elle aimait parler aux gens, discuter. Elle adorait vendre et négocier. Thouin et elle ont vite conclu une entente qui les satisfaisait tous les deux.

Fière de son plan et de cet accord, Thérèse est allée rencontrer son gérant de banque à Le Gardeur. C'était un garçon d'une trentaine d'années, bien peigné, bien léché. Elle lui a exposé son plan. Tout se tenait. Elle avait tout calculé, couché sur papier tous les chiffres bien alignés, bien tapés, le tout en deux copies, dont une pour lui, qu'elle a posée sur son bureau. Il n'a même pas daigné y jeter un regard. Il a seulement dit, avec un sourire moqueur, condescendant, que sa banque n'était pas intéressée par ce genre d'aventure.

Elle s'est levée. « Je vous dirai une chose, jeune homme. Si j'avais des pantalons, une cravate et un veston, vous auriez regardé mon plan. Et si vous l'aviez regardé, vous m'auriez accordé ce que je vous demande, parce que mon plan, il est en béton armé. Vous méprisez la femme que je suis. Je méprise l'homme que vous êtes. Nous serons quittes dans cinq minutes quand j'aurai fermé mon compte chez vous. »

Elle était furieuse. En rentrant chez elle à pied, elle se disait qu'en plus elle devrait essuyer les sarcasmes d'Adhémar et encore une fois l'entendre répéter : « Je te l'avais dit. Tu vis pas les pieds sur terre, tu rêves en couleurs. »

Comme elle arrivait à la maison, elle a aperçu son fils Michel qui passait par hasard. Elle lui a raconté ce qu'elle venait de vivre.

« Pourquoi pas essayer à la Caisse populaire de Repentigny ? » a-t-il lancé.

Elle s'y est présentée le jour même, sans rendez-vous. Là aussi, le gérant était jeune, mais moins bien peigné, moins bien léché. Adhémar aurait même trouvé qu'il avait les cheveux un peu longs pour un gérant d'institution bancaire. Thérèse lui a dit qu'elle voulait s'acheter un commerce, qu'elle n'avait pas un sou, mais un plan en béton armé. Il y a jeté un coup d'œil.

« Votre projet m'intéresse. »

Il savait, par Claude Thouin, qui était cette femme intelligente et responsable, mère de quatorze enfants, capable de gérer un commerce, de mener des négociations sans heurter qui que ce soit.

Quelques jours plus tard, Thérèse Dion était propriétaire du petit centre commercial qu'elle a appelé Centre TD. Elle a loué un espace à Danièle, la femme de son fils Michel, qui vendait des articles de décoration, un autre à sa fille Ghislaine qui a ouvert un magasin de vêtements pour femmes, et un atelier au peintre Claude Gauthier, un copain de sa fille Linda. Elle-même exploitait une tabagie. Pour la première fois de sa vie, Thérèse Dion avait une propriété bien à elle. « C'est une assurance pour mes vieux jours », disait-elle à ses enfants.

Or, Adhémar s'était mis lui aussi dans la tête de posséder un commerce. Il avait même quelque chose en vue, un resto-bar fraîchement abandonné, situé rue Notre-Dame, à Le Gardeur. Sa fille Claudette était prête à investir dans cette aventure, mais la banque refusait de prêter à Adhémar Dion, à moins que quelqu'un d'autre, détenteur d'un bon compte en banque ou propriétaire d'un immeuble de valeur, accepte d'endosser l'emprunt. Il a hésité pendant quelques jours avant de demander à sa femme de l'aider. Elle a accepté, à condition qu'il ne quitte pas sa job. Adhémar était, de son propre aveu, un piètre administrateur, mais quand il donnait sa parole, on pouvait se fier à lui. En 1945, quand ils s'étaient mariés, il avait promis à sa femme qu'il ne boirait pas pendant au moins vingt-cinq ans, « le temps qu'il faut pour élever une famille ». Et il avait tenu parole. Il pouvait désormais prendre un verre ou deux sans soulever l'ire de son épouse. Comme elle-même disait : « Il l'a bien mérité. »

« Je laisserai pas ma job tant que l'hypothèque sera pas remboursée », a promis Adhémar.

Le resto-bar Le Vieux-Baril, qu'il a finalement acheté avec Claudette, avait connu des jours meilleurs. L'endroit, quasi désert, était plutôt sinistre. Comme après chaque acquisition de maison, Adhémar a entrepris d'importants travaux de réfection. Claudette, aidée par sa mère et ses sœurs, a redécoré la place et préparé le menu des repas qu'on servirait le midi et le soir. Paul a eu l'idée d'acheter un orgue électrique et de jouer, les soirs de fin de semaine, pour créer de l'ambiance. Puis Ghislaine est venue chanter quelques fois, puis Michel, Daniel et Denise enfin, qui s'était tout à fait réconciliée avec Claudette… Le Vieux-Baril est vite devenu un lieu de rendez-vous très couru des gens de la région. Et le foyer de la famille Dion.

En fin d'après-midi, quand elle quittait le Centre TD, Thérèse passait à la maison prendre sa Céline et se rendait avec elle au Vieux-Baril, où elle aidait à préparer les repas, pendant que sa fille, en principe, faisait ses devoirs. Mais Céline était infiniment plus intéressée par la musique de ses frères et sœurs que par ses manuels scolaires. Elle suivait avec passion tout ce qui se passait sur scène, autour et derrière. Elle étudiait, elle travaillait, elle apprenait les métiers de la scène avec infiniment plus de plaisir qu'elle n'en avait jamais eu à l'école.

Un jour que Ghislaine était grippée et enrouée, Daniel a eu l'idée de faire chanter Céline à sa place. Elle est montée sur scène, cette fois sans trop de peur, elle s'est emparée du micro et elle a exécuté quelques chansons. C'est alors, pendant qu'elle écoutait chanter sa fille et qu'elle voyait la réaction du public ébahi, qu'est née en Thérèse Dion une idée qui, au cours des mois suivants, ferait son chemin. Et comblerait ce vide souvent ressenti, cette impression qu'elle éprouvait encore trop souvent de ne plus servir à rien ni à personne.

Elle s'est vite désintéressée elle aussi des devoirs et des leçons d'école de Céline, pour suivre ses progrès sur la scène du Vieux-Baril ou devant le grand miroir de la chambre des filles. Souvent même, elle venait lui proposer d'essayer une nouvelle chanson. Ou elle lui disait :

« Imite pas cette chanteuse-là, elle a une belle voix, mais elle s'en sert mal. »

Et la petite faisait ses classes, très sérieusement, avec beaucoup d'application et de discipline. Au Vieux-Baril, les gens étonnés l'applaudissaient, lui donnaient parfois des sous, lui demandaient de reprendre *Mamy Blue* ou *La vie en rose*. Elle pouvait maintenant affronter le public sans aucune peur. Bientôt même, c'était plutôt l'absence de ce public qui l'effrayait. Elle voulait sans cesse chanter.

Thérèse, elle, n'arrêtait jamais. Elle administrait son Centre TD, tenait la maison et la tabagie, nourrissait mari et enfants, soignait la belle-mère, faisait tous les soirs la cuisine et le service au Vieux-Baril. Après un an de ce régime, elle était au bord de l'épuisement. Elle fumait beaucoup. Elle avait les bras couverts d'eczéma. Et de terribles migraines. Jamais un jour, jamais une heure de repos. Surtout, pas le temps de mener à bien ce projet qui lui tenait tant à cœur : orienter sa fille dans le merveilleux monde du show-business.

Elle a donc décidé de fermer sa tabagie et de louer son espace à un marchand de piscines. Elle travaillera désormais à temps plein au Vieux-Baril, qui ne peut fonctionner sans elle. Adhémar savait créer de l'ambiance au bar qu'il administrait bien. Mais au restaurant, il était parfaitement inutile, ce qui créait parfois de graves disputes entre lui et sa fille copropriétaire…

Chaque après-midi, vers seize heures, Thérèse se rendait à la maison faire manger Ernestine et revenait au Vieux-Baril avec Céline. Un jour, au retour de l'école, celle-ci a trouvé sa mère endormie sur le divan. Elle s'est allongée près d'elle. Les vêtements, les cheveux de sa mère sentaient la fumée, la friture. Elle tenait dans ses mains un sac de nectarines, le fruit préféré de Céline. Pour la première fois de sa vie, elle voyait sa mère endormie en plein jour. «Il fallait, se disait-elle, qu'elle soit vraiment fatiguée. » Elle a alors pensé à tout ce que sa mère faisait pour les autres, son mari, ses enfants, sa belle-mère, tous les jours… Elle a regardé dormir sa mère, bien décidée à ne pas la réveiller de toute la soirée, même si on avait besoin d'elle au Vieux-Baril, même si le monde devait s'arrêter. «Mais le monde allait sûrement s'arrêter», pensait-elle. Le monde ne pouvait pas continuer de tourner si sa mère n'était plus là. Qui nourrirait la famille? Qui soignerait mémère? Qui ferait les costumes de scène de Michel et de Ghislaine? Si sa mère s'endormait pour toujours, ce serait la fin du monde. Céline en était persuadée. À tel point qu'elle a toussé, presque malgré elle, et sa mère s'est réveillée. Et le monde qui avait commencé à s'arrêter s'est remis à tourner.

«Je t'ai apporté des nectarines, mon bébé. »

Dans les yeux de son enfant, elle a vu tant d'amour, tant d'admiration, qu'elle a retrouvé ses forces. Elles sont parties ensemble pour le Vieux-Baril. En taxi, comme toujours, que Thérèse payait avec les pourboires des clients.

Puis mémère Ernestine est morte, quelques jours après être entrée à l'hôpital, toute petite, toute sèche. Thérèse a été, bien sûr, fort attristée par la mort de sa belle-mère. Elle s'était finalement attachée à cette vieille femme envers qui la vie n'avait jamais été bien tendre. Mais ce qui la peinait en réalité, plus que la mort d'Ernestine, c'était la misérable petite vie qu'elle avait menée, sans envergure, sans beaucoup de joie. Adhémar était dévasté; il était toujours resté très proche de sa mère pour qui il avait gardé le plus profond respect. Thérèse, elle, se trouvait enfin libérée de certaines tâches qui, au cours des années précédentes, lui avaient pris beaucoup de temps. Elle pouvait désormais passer à autre chose, penser aux choses sérieuses.

Or, peu de temps après la mort de mémère Ernestine, le Vieux-Baril passait au feu. Céline et Thérèse avaient perdu leur champ d'études, leur rampe de lancement. Céline, qui s'était habituée à la foule, aux applaudissements, aux rires et aux bravos, n'avait plus de lieu où se produire.

Après avoir réfléchi plusieurs jours, madame Dion est arrivée à la conclusion que cette catastrophe pouvait être positive. Et qu'elle tombait même parfaitement à point. Thérèse pourrait enfin s'occuper à plein temps de la carrière de son enfant. Elle en a fait l'annonce à son mari moins d'une semaine après l'incendie. « Thérèse, tu rêves en couleurs », a dit Adhémar. Il l'appelait toujours par son prénom, quand ils étaient seuls. Et Maman ou Sa Mère, lorsqu'ils se trouvaient devant les enfants.

« C'est vrai, se disait Thérèse, je rêve peut-être en couleurs. » Mais en même temps, elle avait la certitude absolue que ce rêve était réalisable. « Ça n'arrive pas qu'aux autres, se répétait-elle. Tout ce qu'il nous manque, c'est deux ou trois bonnes chansons originales. Et une scène ou un plateau. » Elle était persuadée que si des producteurs voyaient et entendaient Céline, ils lui donneraient tous les moyens, tous les plateaux, toute la lumière. Dans son esprit, il n'y en avait pas deux comme elle.

Elle n'avait pu, tout absorbée qu'elle était par ses devoirs de mère et d'épouse, s'occuper autant qu'elle aurait voulu de la carrière de Claudette, de Michel, de Ghislaine. Elle était bien résolue à tout faire pour que Céline réalise son rêve. Elle avait le talent, sa mère en était sûre. Et une grande maturité. Même si elle n'avait que douze ans, elle était prête pour la grande aventure. Mais avant de s'embarquer pour de bon dans ce projet qui l'accaparerait sans doute plusieurs années, Thérèse sentait le besoin d'en parler à quelqu'un qui l'écouterait avec intérêt.

Elle s'est d'abord rendue avec Céline en Haute-Mauricie pour le quarantième anniversaire de mariage de Jeanne, sa grande sœur bien-aimée, chez qui elle allait passer quelques jours. Jeanne et Wilfrid, dont les dix enfants (six garçons, quatre filles) étaient maintenant mariés, habitaient alors à l'écart du charmant petit village de La Bostonnais, en haut de La Tuque. Jeanne était une femme libre désormais, épanouie et heureuse. Et toujours aussi douce. Quand Wilfrid avait pris sa retraite, des années plus tôt, ils avaient hivernisé leur chalet d'été pour en faire une confortable maison où ils habitaient à présent en toutes saisons.

Les deux sœurs, autrefois si proches, ne s'étaient pas beaucoup parlé au cours des vingt-cinq dernières années, chacune prise à faire et à élever ses enfants. Mais elles se revoyaient toujours avec le plus grand plaisir lors des fêtes de famille, des mariages, des funérailles.

Jeanne avait toujours considéré Thérèse un peu comme son enfant. Elle s'était un temps étonnée et désolée de voir sa petite sœur, qui autrefois parlait si ouvertement à tout le monde de ses rêves, de ses joies, de ses peines, devenir si discrète, si pudique, cachant même à ses sœurs ses sentiments et ses émotions. Adhémar et elle étaient maintenant mariés depuis plus de trente-cinq ans. Ils avaient dû, comme tous les couples, y compris celui que formaient Adam et Ève, traverser des déserts, connaître quelques orages. Mais jamais Thérèse n'avait glissé un mot à Jeanne sur ses relations avec Adhémar, jamais la moindre plainte, le moindre signe d'impatience, de regret. Jeanne était persuadée que Thérèse avait connu des années difficiles, même si elle ne voulait jamais en parler. Elle savait également qu'elle avait fait une véritable dépression quand elle était devenue enceinte de Céline. Ses enfants, les plus vieux, en avaient parlé :

« Maman passe ses journées dans sa chambre, les rideaux tirés, la porte barrée. Elle ne parle à personne. Elle n'écoute plus de musique, elle ne regarde même plus les films de fin de soirée. »

Jeanne avait écrit à Thérèse, qui avait mis près de deux semaines avant de répondre que tout allait bien, ce qui n'était pas tout à fait exact. Jeanne avait alors compris que sa sœur voulait garder sa peine pour elle. Antoinette était encore en vie à cette époque. Elle s'inquiétait elle aussi pour Thérèse. Elle avait dit à Jeanne : « Ta sœur a son orgueil. Elle ne veut rien devoir à personne. Depuis qu'elle s'est mariée, elle n'est jamais venue pleurer dans mes jupes. »

Or, ce jour-là, à La Bostonnais, pour la première fois depuis très longtemps, Thérèse a parlé à sa grande sœur à cœur ouvert des moments difficiles qu'elle avait connus, mais surtout d'un projet auquel elle tenait beaucoup, un rêve en couleurs qui l'exaltait au plus haut point.

Thérèse venait en fait demander conseil à sa grande sœur. Pendant que Céline était allée marcher le long de la rivière, elle lui a parlé du talent de son enfant. Et de la décision qu'elle avait prise de s'occuper de sa carrière…

Jeanne savait la place immense que la musique avait toujours prise dans la vie de Thérèse. Et aussi que plusieurs de ses enfants, comme les siens d'ailleurs, faisaient de la musique. Ses enfants à elle jouaient de l'accordéon, du violon, de la guitare. Pour leur plaisir. Aucun n'avait eu envie de faire de la scène. Mais elle était au courant que dans la famille de Thérèse, plusieurs y pensaient. Elle avait vu quelquefois A. Dion et son ensemble, à la télé.

Thérèse lui a dit ce jour-là sa grande peine de n'avoir pu aider Claudette, Ghislaine, Michel ou Daniel autant qu'elle l'aurait voulu.

« Je sais que c'est une mère qui parle et que tu peux penser que j'exagère, mais ils ont tous du talent à revendre.

Moi, maintenant que j'ai du temps et un peu de moyens, je veux m'occuper de la carrière de Céline. »

Et elles se sont rappelé ce qu'avait vécu leur jeune sœur Annette qui avait dû renoncer à sa carrière de chanteuse parce que son mari s'y opposait. Annette avait enregistré, dans les années cinquante, plusieurs 78-tours qui avaient obtenu un certain succès. Et elle avait parfois chanté à la radio. Mais son mari voulait qu'elle s'occupe du Nettoyeur Moderne qu'il avait acheté, et il a exigé qu'elle renonce à sa carrière de chanteuse.

« C'est comme s'il lui avait coupé les ailes, disait Jeanne. Je suis pas musicienne, moi, mais si ta fille a envie de chanter et si t'en as le temps et les moyens, tu devrais tout faire pour l'aider. »

Dans l'autobus qui la ramenait à Charlemagne, Thérèse se disait qu'elle vivait un moment important de sa vie. Elle se sentait forte et heureuse. Il lui semblait que tout ce qu'elle connaissait, tout ce qu'elle avait appris allait désormais servir. Tout s'organisait, se coordonnait parfaitement...

Elle avait un plan. Elle voulait d'abord trouver un producteur. « Le problème, expliquait-elle à Céline sur le chemin du retour, c'est qu'un bon gérant ne voudra rien savoir d'une fille qui imite les autres. Faut te trouver des chansons originales. Faut que tu arrêtes d'imiter, même les meilleures chanteuses du monde. »

Elle avait une intuition et un instinct très sûrs, un sens inné du show-business. Elle était persuadée qu'on pouvait difficilement juger de la valeur d'une chanteuse si celle-ci interprétait une chanson déjà existante. Il fallait donc, selon elle, que sa fille crée elle-même une chanson afin que le bon gérant qu'elle lui trouverait, ou plutôt qui la découvrirait, se rende compte qu'elle comprenait quelque chose à la musique, à la structure de la chanson, en d'autres mots, qu'elle était réellement capable de chanter, et pas seulement de reproduire ce qu'une autre avait déjà fait.

« Et pour commencer, tu vas arrêter d'imiter Claudette et Ghislaine, Ginette, Aretha, toutes les autres. Faut que tu trouves ta voix à toi. »

Jacques et Daniel ont préparé des bandes des succès de l'heure sur lesquelles Céline chantait. Quand elle retombait dans la mélodie travaillée par la fille qui l'avait précédée et qu'elle faisait du Ghislaine ou du Ginette ou du Aretha, Thérèse l'interrompait. Peu à peu, Céline trouvait des intonations originales, elle créait sa propre mélodie.

Mais depuis que le Vieux-Baril avait passé au feu, Thérèse n'avait plus de tribune où produire sa fille. Paul Lévesque, alors gérant d'un groupe rock, était venu un jour l'entendre au Vieux-Baril et avait été estomaqué et un peu interloqué. Céline avait repris une chanson d'Olivia Newton-John, très populaire auprès des jeunes, *Let's Get Physical*, dont elle ne comprenait visiblement pas un traître mot. Il a parlé à Thérèse, lui a dit que sa fille avait énormément de talent. Et qu'il souhaitait gérer sa carrière.

Madame Dion lui avait dit, ce jour-là, qu'il devrait d'abord et avant tout trouver à Céline des chansons originales. Elle ne pouvait quand même pas, à douze ans à peine, se mettre à hurler, comme les gros rockers tatoués, qu'il fallait tout faire sauter. Ni chanter des chansons d'amour torride. Elle avait besoin de ballades et de textes ayant du sens dans la bouche d'une adolescente, qui correspondent aux réalités de sa vie.

Thérèse eut beau chercher parmi les amis de Michel et de Claudette, elle ne trouvait pas d'auteurs capables d'écrire des paroles de chansons pour une adolescente. Et elle a vite compris que Paul Lévesque ne trouvait rien lui non plus. Elle a alors entrepris d'écrire elle-même quelques chansons pour sa fille. Elle savait qu'elle en était capable. Elle avait presque toujours tout fait elle-même, ses pâtes, ses confitures et ses ketchups, les vêtements de la famille, même le sirop pour le rhume avec du gros gin et des fleurs de vinaigrier. Ainsi, de même qu'elle avait cousu une redingote sur mesure pour Michel, elle écrirait une chanson sur mesure pour Céline. Il ne sera pas dit que sa fille a commencé sa carrière avec une chanson « achetée ».

Elle a donc commencé à écrire. D'abord, une chanson intitulée *Autour de moi* et dans laquelle elle tentait de décrire la vie que menait son enfant, le milieu dans lequel elle vivait, ses états d'âme.

Je reste dans un tout petit village
Près d'un grand fleuve merveilleux
Une vieille maison qui n'a pas d'âge
Autour de moi que des gens heureux

Dès le matin à mon réveil
Mon cœur est plein, plein de chansons
Je tourne en rond comme une abeille
Je ris et pleure sans raison

Moi, j'ai besoin de terre et de soleil
D'un peu de pluie comme une fleur
Toutes les saisons pour moi sont pareilles
Ma vie s'écoule tout en douceur

Je vis dans un tourbillon de rêves
On me regarde sans rien comprendre
Moi, je vais tous les jours aux manèges
Je vais et viens et recommence

Dès le matin à mon réveil
Mon cœur est plein, plein de chansons
Je tourne en rond comme une abeille
Je ris et pleure sans raison
Je ris et pleure sans raison

Pierre Tremblay, le mari de sa fille Louise, qui avait fait de la musique avec Michel, a écrit une musique pour *Autour de moi*. Mais Thérèse n'était pas entièrement satisfaite, ni des paroles ni de la musique. Un soir, la maison rangée, elle s'est assise à la table de la cuisine avec ses cigarettes, un crayon à mine, quelques feuilles de papier lignées arrachées à un cahier d'école de Céline. Et d'autres paroles lui sont venues assez facilement.

Dans un grand jardin enchanté
Tout à coup je me suis retrouvée
Une harpe, des violons jouaient
Des anges

Elle s'est couchée heureuse, contente de ce qu'elle avait trouvé. Mais quand elle s'est relue, le lendemain matin, elle n'était plus tout à fait satisfaite. Elle a retravaillé son texte. Mais avant d'aller plus loin, il lui fallait une mélodie. Vers le milieu de l'après-midi, son fils Jacques est passé faire un tour à la maison. Thérèse lui a soumis son problème. Comme son frère Daniel, Jacques avait une oreille phénoménale et une mémoire auditive extraordinaire. Il pouvait retrouver dans les tonalités les partitions de tous les instruments d'un enregistrement qu'il avait entendu deux ou trois fois. Et il avait un sens remarquable de la mélodie. Quand il est parti, il avait en tête les paroles que Thérèse avait écrites. Il est revenu quelques jours plus tard. Il avait écrit une fort jolie musique, mais quelque chose dans le refrain clochait encore selon lui... Thérèse et son garçon ont cherché, fait quelques propositions. Céline écoutait et faisait la moue.

« Trouve autre chose, si t'es si fine », a lancé sa mère.

Au bout d'un petit quart d'heure, Céline a dit à Jacques et à sa mère qu'elle avait trouvé. C'était vrai. Elle avait trouvé le lien manquant entre le refrain et le couplet. Le lendemain, on a enregistré la chanson dans la cuisine, avec pour tout accompagnement la guitare de Jacques.

Deux jours plus tard, presque tous les enfants Dion étaient venus entendre l'enregistrement. Ils étaient en admiration devant le talent de leur petite sœur, mais surtout devant celui de leur mère qui avait écrit toute seule les paroles d'une chanson. Et elle en avait une autre toute prête, elle aussi sur mesure, elle aussi décrivant l'univers de Céline, *Grand-Maman*.

Quand tu venais nous visiter
Toujours à la fin de l'été
Pour mon plaisir tu racontais
Des histoires drôles d'autrefois

Cet automne de 1980 a été, certes, l'un des plus beaux et des plus heureux de la vie de Thérèse. Elle avait l'impression d'être plus que jamais vivante, forte, jeune. Elles travaillaient sans cesse, elle et Céline.

Le 5 décembre 1980, Thérèse Dion signait un contrat de gérance avec Paul Lévesque. Ce dernier s'engageait à trouver à Céline une bonne compagnie de disques, un producteur compétent, un répertoire original, bref tout pour qu'elle devienne une vedette. Mais le temps passait, et il n'arrivait rien. Ou pas grand-chose de bien stimulant. Lévesque faisait suivre à Céline des cours d'art dramatique chez Yoland Guérard, un chanteur de formation classique fort expérimenté, mais plutôt vieille école. En elle-même, Thérèse se disait qu'on n'irait pas loin avec ça.

En plus, il existait entre les Dion et Paul Lévesque une sorte d'incompatibilité culturelle qui, dès le début, a tout compliqué. Lévesque, vingt-huit ans, était un homme d'ordre, minutieux et responsable, respectueux des lois, des valeurs établies, des us et des habitudes sociales. Il était étonné, pour ne pas dire effrayé, par la façon de

247

vivre des Dion, très bohèmes, très artistes. Ils se couchaient tous très tard. Même la petite Céline, qui manquait souvent l'école sans que personne dans la famille s'en formalise. Or, devant la loi, la carrière de Céline ne devait d'aucune manière compromettre ses études. Inquiet et craignant, si les professeurs et le principal de l'école signalaient les absences répétées de la fillette, l'annulation de son contrat de gérance, Lévesque a fait parvenir une mise en demeure aux parents Dion les enjoignant d'envoyer leur fille à l'école. On comprendra que les relations n'aient pas été longtemps très cordiales entre Thérèse et lui.

Néanmoins, Lévesque a fait réaliser par Georges Tremblay, au studio Pélo de Longueuil, des maquettes de trois chansons, *Chante-la ta chanson*, popularisée par Jean Lapointe, *Ce n'était qu'un rêve* et *Grand-Maman* écrites par madame Dion. Mais toutes les démarches qu'il a entreprises auprès des compagnies de disques ont été infructueuses. En réalité, Lévesque ne savait où positionner son artiste, dans quel genre la cantonner. Au cours de l'hiver, poussé par madame Dion, il a finalement consenti à contacter René Angélil, à qui il a envoyé les chansons enregistrées. Angélil, l'imprésario le plus important du show-business québécois, avait géré la carrière de Ginette Reno, l'idole de Céline, et produit ses derniers albums, qui avaient l'un après l'autre battu des records de vente. Mais Angélil n'avait jamais donné de nouvelles.

De peur de rater son appel, Thérèse s'arrangeait pour qu'il y ait toujours quelqu'un à la maison. Quand elle rentrait de son travail, elle prenait le relais de Ghislaine, de Manon ou de Pauline. Mais rien, toujours pas de nouvelles. C'était l'hiver, il faisait froid, il faisait noir. Céline était déçue. Sa mère, en colère.

« Il pourrait au moins répondre, disait-elle. Il pourrait au moins être poli. S'il a pas aimé notre chanson, qu'il nous dise pourquoi. »

René Angélil était déjà l'artisan de la plus brillante carrière de chanteuse qu'un gérant québécois ait créée. On pouvait lire dans les journaux à potins que Ginette Reno était sur le point de percer en France ; Angélil avait en effet convaincu le plus talentueux parolier de l'heure, Eddy Marnay, de travailler avec elle. Déjà, Ginette avait chanté à Las Vegas et plusieurs fois à la télévision américaine. Pourquoi Angélil aurait-il voulu s'embarrasser d'une deuxième chanteuse et s'embarquer dans un projet où il devait penser que tout était à faire ?

« S'il entend chanter Céline rien qu'une fois, il hésitera pas à s'embarrasser d'elle », disait Thérèse.

En réalité, René Angélil ne gérait plus la carrière de Ginette Reno ; ils s'étaient séparés quelques semaines plus tôt, dans le plus grand désordre, celle-ci exigeant que celui-là partage la gérance de sa carrière avec son fiancé. Angélil, qui avait fait tout le montage du microsillon français qui devait sortir peu après, avait carrément refusé. Et il songeait, meurtri et déprimé, à tout laisser tomber et à retourner aux études, en droit ou en commerce.

Madame Dion a convaincu son garçon Michel, qui, à l'époque, chantait encore avec Le Show et qui avait à plusieurs reprises croisé René Angélil, de tenter de le rejoindre. Michel a téléphoné, sans arrêt, toutes les demi-heures, jusqu'à ce qu'il tienne le fameux imprésario au bout du fil.

« Je sais que t'as pas écouté la maquette que ma mère t'a envoyée. Si tu l'avais fait, tu nous aurais déjà rappelés. »

Angélil a ri. Et il a dit à Michel qu'il n'avait pas eu le temps, effectivement, d'écouter sa maquette, mais qu'il le ferait dans les prochains jours. Promis.

« Quel âge elle a, ta sœur ? »

Michel a hésité un moment.

« Douze ans. »

Il savait bien que ce n'était pas un atout. Il y avait déjà dans le show-business québécois une petite fille, Nathalie

249

Simard, qui chantait et animait des shows qui marchaient très fort. Le créneau était occupé.

« L'âge n'a rien à voir, a ajouté Michel. Ma sœur a douze ans, mais c'est pas une petite fille qui chante. C'est une vraie chanteuse. Écoute-la, tu vas voir. C'est l'affaire de dix minutes. Et ça pourrait changer ta vie. »

La légende a pris ici un commode raccourci et a prétendu que madame Dion et sa fille étaient allées le jour même rencontrer Angélil dans ses bureaux du boulevard de Maisonneuve. En fait, c'est lui qui s'est rendu à Charlemagne, rue Notre-Dame, sans s'être annoncé. Thérèse était en train de ranger sa cuisine quand il a frappé à la porte. Il venait discuter. En deux minutes, il a mis cartes sur table, disant en substance : « Je ne fume pas, je ne bois pas, mais je suis un *gambler*. Et je suis prêt à jouer gros sur votre fille. »

« Moi aussi, je sais jouer et prendre des risques », a pensé Thérèse Dion. Sans qu'elle s'explique pourquoi, elle se sentait parfaitement en confiance. Elle a alors pensé que sa vie, celle de Céline, celle de toute sa famille, sans doute aussi celle de René Angélil, toutes ces vies avaient commencé à changer. On venait, elle en était sûre, de franchir un grand pas. Et tout se passait comme dans le plan qu'elle avait dressé.

Angélil était, bien évidemment, déçu de constater qu'un autre gérant se trouvait déjà dans le décor. Il a dit à madame Dion que, s'il s'occupait de Céline, il voulait pouvoir établir librement son plan de carrière, décider des stratégies de mise en marché, sans devoir répondre à qui que ce soit de ses décisions. « Sauf à vous, évidemment », a-t-il ajouté.

Ce soir-là, Manon, qui avait commencé ses cours de coiffure, a coiffé les cheveux de Céline. Sa mère lui a repassé sa plus jolie robe… Elles sont parties le lendemain midi ; pour se rendre de Charlemagne au centre-ville, il fallait compter près de deux heures en autobus et en métro.

Vers quatorze heures, elles frappaient à la porte du bureau d'Angélil, boulevard de Maisonneuve, juste en face des studios de Télé-Métropole. La fille et la mère se tenaient toutes droites devant lui, l'air très sérieux, presque sévère, pas un sourire. La mère a poussé doucement la petite fille, qui est entrée la première dans le bureau de l'imprésario. Dans la vie de l'imprésario. Celui-ci l'a regardée intensément: pas vraiment jolie, des canines proéminentes, un menton en galoche, d'épais sourcils, mais des yeux extraordinaires, très mobiles, de grands yeux noisette, intenses, intelligents... intimidants. Angélil s'est adressé à la mère. Il l'a remerciée très gentiment et lui a dit à quel point il avait été impressionné par la voix de sa fille.

«Votre garçon avait raison: c'est pas une petite fille qu'on entend, c'est une vraie chanteuse, une grande chanteuse.»

Ni l'une ni l'autre n'ont réagi. Il a pensé qu'il venait de proférer ce qui devait apparaître à leurs yeux comme une évidence, genre «le ciel est bleu» ou «l'eau est mouillée». Il a alors compris que ces deux personnes étaient très sûres d'elles; elles ne venaient pas lui demander de l'aide ou des conseils, elles venaient lui proposer un marché, une aventure. «On fournit le chef-d'œuvre, occupez-vous de le mettre en valeur.»

Il a quand même demandé à la petite de faire comme si elle était à la Place des Arts et de chanter. Elle lui a répondu qu'elle avait l'habitude de chanter avec un micro ou un semblant de micro. Angélil lui a tendu un crayon. Elle s'est levée, s'est écartée de quelques pas et, *a capella*, s'est mise à chanter *Ce n'était qu'un rêve*. On aurait dit qu'elle avait pris le contrôle d'une grande scène. Elle était à la Place des Arts, elle regardait les balcons derrière Angélil qui, toujours assis à son bureau, n'en croyait ni ses yeux ni ses oreilles. Cette enfant-là était peut-être mal fagotée, peut-être pas très jolie, mais elle avait tout pour

251

réussir, l'instinct, la puissance de la voix, le contrôle… et une chanson écrite sur mesure.

Angélil était ému aux larmes. Et tellement impressionné que, lorsque la petite fille s'est tue, il n'a pas osé s'adresser à elle. Il n'était d'ailleurs pas sûr de se souvenir de son nom, Christine ou Céline ou Cécile ! Sa chanson terminée, Céline s'était tournée vers sa mère, et elle était venue s'asseoir près d'elle, sans chercher à savoir ce que l'imprésario pensait de sa prestation.

Celui-ci ne cachait pas son emballement, ni l'émotion qu'il ressentait. Il a dit tout de suite à madame Dion : « Si vous me faites confiance, je vous garantis que dans cinq ou six ans votre fille sera une vedette importante au Québec et en France. » Il n'osait pas dire ailleurs dans le monde. À l'époque, personne au Québec n'avait de réels contacts dans les ligues majeures du show-business américain, personne ne disposait d'une machine assez puissante pour projeter un artiste sur les grands circuits internationaux. La référence, en matière de succès populaire, restait Ginette Reno, qui occupait une place énorme au Québec, mais qui restait pratiquement inconnue en France et aux États-Unis. Mais Angélil se disait depuis longtemps qu'il devait y avoir quelque part un chemin à prendre pour accéder aux grands marchés, à Broadway, à Hollywood, à Las Vegas.

Il croyait impressionner madame Dion en lui parlant de tout cela. Mais celle-ci ne semblait pas du tout surprise par son emballement, ni même par les promesses énormes qu'il lui faisait. «Je vais aller chercher les plus grands auteurs et les meilleurs compositeurs en France, disait-il. Ceux qui ont travaillé avec Piaf, Legrand, Mouskouri, avec Streisand aussi. Céline va faire un album qu'on va sortir à l'automne ici et là-bas en même temps. »

Angélil était reconnu dans le milieu pour voir grand, démesurément grand. Plusieurs le considéraient comme un illuminé, un rêveur, et accueillaient avec un sourire dubitatif les plans de carrière et les projets qu'il échafaudait pour ses artistes. Ne parlait-il pas, quelques semaines plus tôt, des séries de shows que Ginette Reno allait donner à Broadway et Las Vegas ? Ne disait-il pas à tout le monde, depuis plusieurs mois, qu'il était en train de produire un disque de Ginette avec les plus grands paroliers et les meilleurs compositeurs de France ? Il avait, bien sûr, produit les albums les plus vendus au Québec, mais depuis le temps qu'il parlait de Vegas et de Paris, rien de vraiment tangible et remarquable ne s'était produit.

Madame Dion, elle, l'écoutait en hochant la tête, ses yeux noirs fermement braqués sur lui, pas du tout étonnée, comme si tout ça allait de soi, comme si elle n'en attendait pas moins de lui, de la vie, de sa fille. Et c'est ce qui a plu à Angélil, autant sinon plus que le talent de la petite : la détermination et la foi inébranlable qu'avait sa mère en elle, sa tranquille assurance et aussi la compréhension innée qu'elle avait du show-business. Cette mère de famille avait une vaste culture musicale. Elle connaissait les *hits* de l'heure, québécois, français, américains, anglais, les standards des années trente, quarante, cinquante, Elvis Presley et Francis Blanche, Hendrix et Dylan aussi bien que Brel et Brassens. Fasciné, Angélil lui posait mille questions, voulait savoir d'où elle venait, ce qu'elle pensait.

Il lui semblait même que la chanson qu'elle avait écrite, *Ce n'était qu'un rêve*, s'adressait à lui. « Ce n'était qu'un rêve, mais si beau qu'il était vrai. » Il avait toujours exactement pensé cela, sans parvenir à le formuler ainsi : les vrais rêves, quand on y croit vraiment, finissent par se réaliser. Il suffit de travailler, de faire les choses une à une, de mettre un pas devant l'autre...

Le soir même, il confiait à son épouse Anne-Renée qu'il avait fait dans l'après-midi la plus belle rencontre professionnelle de sa carrière. Avec une femme d'une cinquantaine d'années, une mère de quatorze enfants qui écrivait des paroles de chansons et qui comprenait le show-business comme si elle en avait toujours fait.

Madame Dion a signifié à Paul Lévesque qu'elle voulait rompre son contrat avec lui. S'il s'y opposait, Céline retournerait à l'école. Il n'y aurait pas de carrière. Il ferait donc mieux de s'entendre avec Angélil. Quelques jours plus tard, celui-ci rencontrait Lévesque pour sceller avec lui une entente. Puis il s'est mis au travail avec enthousiasme.

Angélil était un joueur, un *gambler*, il avait décidé de tout miser sur Céline Dion. Elle serait sa bouée de sauvetage, sa dernière chance, sa dernière carte. Elle était beaucoup plus jeune que lui, il pourrait grâce à elle passer sa vie, finir ses jours dans le show-business, son pays, dont il croyait quelques jours plus tôt devoir s'exiler à tout jamais. Il avait plus d'expérience que tout autre gérant au Québec, il avait fait de la scène, du cabaret, du studio, des disques, il avait établi Ginette Reno dans les ligues majeures. C'était ce qu'il se proposait de réaliser avec Céline.

Madame Dion et lui s'entendaient magnifiquement bien. Ils se comprenaient à demi-mots. Elle avait totalement confiance en lui, même quand il lui disait que Céline serait un jour une grande vedette en France… et peut-être ailleurs. C'était son rêve en couleurs, un rêve familier, réaliste, sûr et certain.

*

Les Dion avaient toujours vécu dans un petit monde tricoté serré, peuplé presque exclusivement de Québécois francophones de souche. Angélil venait d'ailleurs, d'un autre monde. Ses parents étaient levantins, il parlait comme eux plusieurs langues, il avait voyagé. Il roulait en grosse Buick décapotable. Il avait été une vedette importante de la chanson, du cabaret, de la télé, du show-business. Les Dion auraient pu se laisser impressionner et intimider. Or, Angélil allait découvrir que les membres de cette grande famille, sans être imbus d'eux-mêmes, étaient bien conscients de leur valeur et de leurs talents. Ils croyaient en eux, ils se faisaient confiance les uns les autres. Et il était bien évident que cette force, il la tenait de leur mère, d'abord et avant tout.

Le contact avait été facile, chaleureux. Mais il fallait maintenant créer des liens entre madame Dion et Eddy Marnay, avec qui, depuis le cafouillage de l'album qu'il devait produire pour Ginette, il était resté ami. Le jour même où il avait rencontré Céline et sa mère, la minute même où elles avaient quitté son bureau, ce jour gris de février 1981, malgré l'heure tardive (il était près de vingt-deux heures à Paris), il avait téléphoné au parolier pour lui parler de sa découverte exceptionnelle. Il ne lui a pas révélé cependant que cette merveille n'avait que douze ans. Il craignait, non sans raison, que Marnay pense qu'il s'accrochait comme un noyé à tout ce qui passait. Il décrivit la voix qui prenait au cœur, le timbre unique, la puissance. Eddy a promis : « Je serai à Montréal dans deux semaines, tu me feras entendre ta chanteuse. »

Trois semaines plus tard, Angélil accueillait Eddy Marnay et sa fiancée, Mia Dumont, à Mirabel. Il les a emmenés directement à son bureau. Ce n'est que dans l'ascenseur qu'il a avoué à Marnay l'âge de la jeune fille qu'il allait lui faire entendre. Ils ont écouté *Ce n'était qu'un rêve*, que Céline avait réenregistrée en studio avec de nouveaux arrangements et sous la direction du pianiste Daniel Hétu. Marnay, qui avait travaillé avec les plus grandes voix de l'époque, de Mouskouri à Streisand, a été conquis.

Ce n'était pas tant la puissance de la voix qui l'avait impressionné, que son contenu, sa vibration, ce qu'elle évoquait, ce qu'elle provoquait. « Je n'ai jamais entendu autant d'émotion et de vécu dans une voix si jeune, disait-il.

C'est peut-être un peu trop coincé par moments, un peu nasillard dans les aiguës, mais ce sont des défauts de jeunesse qui se corrigent aisément. »

Il savait aussi que cette voix ne s'était pas faite toute seule. Quelqu'un avait montré à cette enfant à chanter intelligemment, avec non seulement ses cordes vocales, mais aussi toute son âme.

« C'est sa mère, lui dit Angélil. Et aussi ses frères et sœurs. Elle vient d'une famille de quatorze enfants, tous musiciens, le père aussi. Mais c'est sa mère, surtout, qui l'a formée. Vous la verrez demain. »

Ce disant, il se rendit compte qu'il était pratiquement aussi émerveillé et ébahi par la mère que par la fille. Mais il s'inquiétait, se demandant si les choses allaient bien se passer entre Thérèse et Marnay. Si ça ne collait pas, il devrait revoir ses plans. Or, ces deux personnes étaient on ne peut plus différentes l'une de l'autre. Elle, élevée sur des terres de colonies dans le fin fond de la Gaspésie, femme au foyer depuis trente-cinq ans, jamais sortie du Québec, une femme forte, solide ; lui, juif algérien, polyglotte, grand voyageur, un homme d'une culture prodigieuse, riche et célèbre, mais tout fragile, tout délicat. René avait dit à madame Dion : « Eddy est la personne la plus sensée, la plus intelligente que j'ai connue de toute ma vie. Je sais qu'il va aimer Céline. » Et à Marnay, il avait dit : « Madame Dion, c'est la femme la plus intelligente que j'ai rencontrée de ma vie. »

Madame Dion savait, elle, qui était Eddy Marnay. Qu'il avait écrit *Les moulins de mon cœur* de Michel Legrand qu'elle aimait tant, et qu'il était l'auteur de nombreuses chansons d'Édith Piaf, de Mireille Mathieu, d'Yves Montand, de Nana Mouskouri, et de beaucoup d'autres.

Moins d'une minute après qu'elle fut entrée avec sa fille dans son bureau du boulevard de Maisonneuve où il les attendait en compagnie d'Eddy Marnay, Angélil a senti des atomes crochus entre Thérèse et le célèbre parolier.

Si madame Dion a été impressionnée par Marnay, elle n'en a rien laissé paraître. Marnay, lui, était fasciné. Il avait plusieurs fois écouté *Ce n'était qu'un rêve*. Il avait lu et relu les paroles au point de les savoir par cœur. Il avait dit à Mia : « La structure de cette chanson est impeccable ; le thème convient parfaitement à une débutante, à une petite fille de treize ans qui possède un immense talent ; en plus, la mélodie est riche et complexe, elle lui permet de mettre sa voix en valeur. C'est ça, un chef-d'œuvre : une chanson sur mesure, qui exige que l'interprète chante avec toute son âme. Et cette enfant-là, quand elle chante, on voit son âme. »

La petite Céline n'intervenait pas dans les conversations et répondait, plutôt laconiquement, aux questions qu'on lui posait. Quand elle parlait, elle s'adressait à sa mère, même si c'était René, Eddy ou Mia qui l'avait interrogée. Mais elle n'était pas du tout mal à l'aise. Elle écoutait avec attention ce qui se disait en regardant tout le monde avec de grands yeux qu'Angélil, pour des raisons qu'il ne s'expliquait pas trop, trouvait toujours intimidants.

Thérèse Dion, elle, semblait trouver absolument normale la réaction enthousiaste d'Angélil, de Marnay et de Mia devant le talent de son enfant. Le contraire l'eut davantage étonnée, mais pas vraiment ébranlée. Elle savait, sans l'ombre d'un doute, que sa fille avait un talent exceptionnel et elle faisait confiance au goût et à l'instinct de ces trois personnes. Elle avait toujours cherché pour sa petite ce qu'il y avait de mieux et avait été toujours très exigeante avec elle. Elle avait compris qu'ils agiraient de même. Son but était atteint, son premier but.

Angélil lui a clairement laissé entendre, dès leurs premières rencontres, qu'il traiterait Céline comme une star, un trésor. Et qu'il ne lui ferait pas chanter n'importe quelle niaiserie. Si Thérèse Dion était venue le voir avec la maquette d'une chanson originale, il était évident qu'elle ne voulait pas que sa fille interprète des versions de tounes américaines ou des remakes de chansons françaises. Il fallait trouver un filon original.

« Sa mère nous a déjà indiqué où se trouve ce filon, a dit Eddy Marnay. C'est l'univers adolescent de *Ce n'était qu'un rêve* et de *Grand-Maman*. C'est de ce côté-là qu'il faut travailler. C'est elle qui, pour commencer, sera notre guide. »

René a très rapidement réuni une équipe compétente autour de son artiste. Sa femme, Anne-Renée, qui avait l'expérience de la scène et des studios de télé, conseillerait Céline sur son look et ses tenues vestimentaires, sur la manière de tenir un micro, d'accrocher le regard des caméras, l'attention de la foule, sur les gestes à faire et à ne pas faire. Mia agirait auprès des médias et aiderait la chanteuse à structurer sa pensée de manière à intéresser les journalistes. Eddy écrirait les paroles, trouverait des musiciens, des arrangeurs, des producteurs européens.

« Et vous, madame Dion, vous restez avec nous », a dit Angélil.

En elle-même, Thérèse a pensé : « Même si t'avais pas voulu, mon garçon, moi, je restais auprès de ma fille. » Elle était au fond fort heureuse de la tournure que prenait cette aventure. Elle faisait partie d'une équipe extrêmement dynamique qui avait un grand projet, de grands moyens.

Dès le printemps, deux mois à peine après la première rencontre avec Angélil, et avant même qu'elle n'existe sur la place du show-business, on parlait déjà publiquement de Céline Dion. Elle n'avait encore aucune chanson sur le marché. On ne l'avait jamais entendue à la radio, jamais vue à la télé, mais des communiqués rédigés par Mia parvenaient aux journaux, décrivant la jeune fille déterminée qui rêvait de conquérir le monde, et parlant en détail de son répertoire : « Il est varié, il comporte des textes ayant, pour la plupart, un côté réaliste qui raconte la vie de tous les jours des adolescents, de leurs joies, de leurs peines, de leurs espoirs... »

Voilà qui était bien dans les manières de René Angélil, toujours prompt à vendre la peau de l'ours avant de l'avoir tué. Les textes dont on parlait dans les communiqués n'étaient pas encore écrits. Mais pour lui, c'était tout comme, puisque Marnay y travaillait, en ce printemps de 1981, tentant de comprendre ce qui se passe dans la tête et dans le cœur d'une enfant cinq fois plus jeune que lui.

C'était presque toujours à madame Dion qu'il montrait d'abord les textes des chansons qu'il avait écrites pour Céline. Comme s'il sentait le besoin d'obtenir son approbation. Thérèse ne pouvait espérer mieux. Et en même temps, elle n'en attendait pas moins. Elle était tout à fait consciente de l'importance déterminante qu'elle avait dans cette histoire.

Marnay, lui, restait proprement fasciné par tout ce qu'il découvrait, madame Dion, cette famille musicienne, cette chanteuse de treize ans qui ne parlait pas beaucoup, mais qui, à travers sa voix, disait tant de choses. Pour un homme de son âge et de sa culture, il y avait là du jamais vu, du jamais entendu, du jamais vécu nulle part. Quatorze enfants ! Une énergie à tout casser. Et un bonheur de vivre total, aveugle, absolu. De la foi, de la passion, beaucoup d'action. Il aurait voulu écouter Thérèse se raconter pendant des heures et des heures. Il voulait tout savoir : les concessions, les colonies, La Tuque, les déménagements, les blocs Boisvert, la maison de la rue Saint-Jacques, tout ce qu'avait vécu cette femme qu'il bombardait sans cesse de questions.

Quand, un jour, elle a dit, comme ça, pas pour se vanter, mais parce qu'elle répondait aux questions que lui posait Eddy Marnay, que son mari et elle, à temps perdu, avaient bâti une maison qu'ils avaient habitée avec leurs enfants, il s'est levé dans le petit bureau d'Angélil, s'est pris la tête à deux mains demandant tout haut : « Mais où suis-je tombé ? À qui ai-je affaire ? Et en plus, elle écrit des chansons ! »

Il est revenu s'asseoir près d'elle. Il lui a dit qu'il adorait travailler avec Céline, qu'il lui écrirait des textes, mais qu'il souhaitait que la chanson avec laquelle elle allait bientôt faire son entrée « dans la gloire » soit « cette chanson magnifique que vous avez écrite pour elle, *Ce n'était qu'un rêve*, qui devra toujours rester sa chanson phare, sa chanson fétiche ».

On ne sait qui, de Thérèse ou de René, a eu l'idée de proposer Céline aux recherchistes de Michel Jasmin, qui animait à l'époque le plus gros talk-show de la télévision québécoise. Madame Dion l'adorait, parce que, plutôt que de chercher à se mettre en valeur comme, selon elle, beaucoup d'animateurs de radio ou de télé, il donnait à chacun de ses invités l'occasion de s'exprimer. Angélil aussi l'aimait bien, un peu pour les mêmes raisons, mais surtout parce qu'il était l'hôte de la plus importante tribune médiatique au Québec. Et, depuis la première fois qu'il avait vu chanter Céline dans son bureau du boulevard de Maisonneuve, Angélil avait l'intuition très sûre ou plutôt l'inébranlable conviction que, même si elle n'avait strictement rien de la jolie petite poupée qui ornait les magazines de mode ou qui participait aux émissions jeunesse, elle possédait un charme irrésistible. La voir, c'était croire en elle. Et personne ne pouvait la faire voir aux Québécois autant que Michel Jasmin. René l'a rencontré, lui a fait écouter une fois seulement *Ce n'était qu'un rêve*.

« N'importe quand, a dit Jasmin

— Quel est le meilleur soir ? a demandé Angélil.

— Le vendredi, on touche deux millions de téléspectateurs.

— Le 19 juin, alors. »

Le 19 juin, c'était trois jours plus tard. Madame Dion a entrepris de confectionner à sa fille une robe rose, cintrée à la taille, avec des manches bouffantes. Trois jours et presque trois nuits de travail. Toute la famille a alors été mobilisée. Même Clément, qui se trouvait toujours dans le Grand Nord, téléphonait matin, midi et soir pour suivre l'évolution des choses. Linda avait des bas de soie rose. Mais on avait eu beau chercher, impossible de trouver des souliers de même couleur, nulle part. Thérèse a finalement déniché au fond d'une garde-robe de vieux souliers rouges qu'elle a teints en rose dans la nuit du 18 au 19 juin 1981, trois couches.

Céline s'est présentée pour la première fois de sa vie devant le public québécois avec une chanson sur mesure écrite par sa mère et une robe sur mesure confectionnée aussi par elle.

Tout le monde, sauf Thérèse (en apparence, du moins), était pétri d'angoisse. Pendant qu'elle répétait, Céline n'osait regarder l'œil immense et lourd de la caméra froidement braqué sur elle. « Il va falloir que tu plonges, lui disait René. Regarde-toi pas dans le moniteur. Regarde la caméra... Dis-toi qu'à travers elle, c'est ta mère qui te regarde, qu'elle t'écoute. Et qu'elle t'aime. » Et il était allé chercher Thérèse discrètement retirée au fond du studio.

« Arrangez-vous pour qu'elle vous voie toujours. »

Quand elle a chanté, Céline ne voyait que sa mère et son père, ses frères et sœurs, qui étaient tous venus assister à l'enregistrement de l'émission, sauf Clément. Angélil a compris, ce soir-là, à quel point la famille était essentielle et vitale pour Céline ; elle était sa force, son équilibre. Même si la majorité de ses frères et de ses sœurs n'habitaient plus la maison familiale, ils étaient tous restés très proches les uns des autres, ils constituaient un milieu hors duquel Céline n'aurait pu vivre. Sans sa famille, surtout sans la présence de sa mère, elle n'aurait pas pu chanter avec autant d'âme et de force.

261

Ce soir-là, Angélil a dit à son épouse Anne-Renée que des cinq personnes (Eddy, Mia, Anne-Renée, lui-même et madame Dion) qui formaient l'entourage de Céline, c'était Thérèse qui jouait le rôle le plus important.

« Elle serait pas là, on n'aurait pas de chanteuse. »

*

Outre la jeune Céline Dion, Fernand Gignac, le chanteur Bruce Huard, chanteur-vedette des ex-Sultans, qui avait laissé tomber le show-business après avoir redécouvert Dieu, le hasard avait invité au show de Michel Jasmin du 19 juin 1981, Rodger Brulotte, directeur des relations publiques du club de baseball des Expos de Montréal. Après avoir entendu Céline chanter, Rodger était allé voir Angélil pour lui dire qu'il avait trouvé sa nouvelle chanteuse formidable. Attrapant la balle au bond, Angélil lui avait proposé que Céline interprète l'hymne national au Stade olympique lors d'un prochain match des Expos.

C'est ainsi qu'au cours de l'été 1981, Thérèse Dion s'est rendue à plusieurs reprises au Stade olympique pour entendre sa fille chanter le *Ô Canada* et le *Star Spangled Banner* dont elle ne comprenait pas les paroles, qu'elle avait apprises par cœur. Angélil traitait madame et monsieur Dion aux petits oignons. Il leur avait chaque fois obtenu une loge où Céline et lui les rejoignaient pour regarder le match. Ainsi, dès le départ, avant même qu'elle soit réellement devenue une vedette importante (elle avait quand même vendu, cet été-là quelque 25 000 exemplaires de « Ce n'était qu'un rêve »), Céline changeait déjà la vie de ses parents. René leur présentait des joueurs, des journalistes connus, des vedettes du show-business venus assister au match. C'était une porte ouverte sur la grande vie. Madame Dion restait toujours imperturbable, impassible et grave, très digne, comme si elle avait toujours connu cette vie, les loges, les limousines, le traitement VIP, tous les égards, apparemment aussi à l'aise devant Gary Carter, le joueur étoile des Expos, que devant les copains de ses enfants ou les commis de l'épicerie Quintal. Adhémar, infiniment plus expansif, ne cessait de s'extasier, de s'exclamer. Tout semblait le ravir.

Il avait clairement signifié, à sa manière, c'est-à-dire en ne cherchant jamais à participer aux décisions, mais au contraire en se retirant quand sa femme et Angélil discutaient de la carrière de Céline, qu'il n'était pas intéressé à faire partie de l'équipe. Il s'entendait cependant fort bien avec René Angélil qu'il savait faire rire ; ils parlaient beaucoup tous les deux, de sport, de pêche, de golf, des divers jeux de cartes qu'ils pratiquaient... De show-business, jamais.

À la mi-août, Céline enregistrait, en quatre jours ou plutôt quatre nuits, la douzaine de chansons originales de son premier album, en présence de ses deux paroliers, Thérèse Dion et Eddy Marnay.

Le samedi 31 octobre 1981, gros titre en page D1 de *La Presse*, « Céline Dion, treize ans. Une nouvelle Judy Garland ». Tout était là, pour la première fois, dans un texte signé Denis Lavoie : la famille musicienne originaire de Charlemagne, les treize frères et sœurs, un père bûcheron et bâtisseur, une mère-auteur-compositeur et femme-orchestre, la rencontre avec René Angélil, avec Eddy Marnay, le talent, l'intelligence, la détermination. Au début de décembre paraissait « Céline Dion chante Noël ». Aux fêtes, chacun des deux albums s'était vendu à plusieurs dizaines de milliers d'exemplaires.

Jamais aucun des enfants de Thérèse et d'Adhémar Dion n'était allé si loin, si haut dans le merveilleux monde du show-business.

Jusqu'alors, Thérèse Dion avait assumé à elle seule, auprès de sa fille Céline, toutes les fonctions nécessaires à l'épanouissement d'un artiste : imprésario, gérant, auteur-compositeur, entraîneur, costumière, maquilleuse et habilleuse, mécène, directrice artistique... D'autres allaient désormais tenir pratiquement tous ces rôles à sa place. Anne-Renée avait décidé de quitter le métier d'animatrice télé pour s'occuper avec René de la carrière de Céline. Thérèse ne pouvait s'empêcher de penser que sa fille, tôt ou tard, lui échapperait. Et qu'elle devrait la laisser partir.

Elle avait choisi de faire confiance à l'équipe qu'avait formée Angélil. Celui-ci avait écarté Paul Lévesque et détenait à présent le contrôle absolu sur la carrière de Céline. Mais contrairement à madame Dion, il ne pensait pas que Céline devait échapper à sa mère. Bien au contraire. Il avait remarqué que Céline avait un besoin absolu de la présence de Thérèse. En studio, après chaque prestation, elle se tournait toujours vers elle.

Pourtant, elle n'était pas du tout timide. Elle parlait avec beaucoup de facilité et de plaisir à Anne-Renée, à Angélil, aux ingénieurs et aux techniciens de studio. Thérèse a vite remarqué que sa fille avait, beaucoup plus qu'elle, la faculté d'aller vers les gens, de créer des liens avec une simplicité souvent désarmante. « Ça, c'est du Adhémar tout craché », pensait-elle. Elle-même ne se laissait intimider par rien ni personne, mais elle ne se liait pas aussi facilement qu'Adhémar ou que Céline, qui parlaient à tous et chacun et qui adoraient faire rire. En observant sa fille, Thérèse se souvenait qu'autrefois, elle avait été comme ça, elle aussi. Mais depuis plus d'un quart de siècle, elle avait été sans cesse occupée à élever ses enfants, à les nourrir, les habiller, les consoler, les conseiller... Elle avait eu une vie sociale plutôt réduite. Pas le temps de créer des liens d'amitié, de parler pour parler, de ne rien faire parfois, de regarder simplement la journée s'écouler. Elle avait peut-être un peu perdu la manière ou le goût d'amuser les autres. Pourtant, elle était heureuse. Comme jamais, peut-être, elle ne l'avait été. Ses enfants approuvaient sans condition ses choix de vie. Et tous étaient heureux des succès de leur petite sœur.

Rapidement, Thérèse a compris qu'elle ne pouvait plus habiter Charlemagne. Céline et elle devaient régulièrement se rendre au centre-ville, ce qui leur demandait parfois près de deux heures ; il fallait traverser le pont Le Gardeur, prendre plusieurs autobus, puis le métro. Et Thérèse voulait toujours être de retour à temps pour préparer le souper.

Elle a facilement convaincu son mari de vendre la maison de la rue Notre-Dame qu'ils avaient habitée pendant plus de vingt ans. Adhémar avait eu une âme de nomade ; il ne s'attachait jamais aux objets, ni aux maisons. Il avait toujours eu la bougeotte, et s'ils s'étaient écoutés (ou plutôt si sa femme l'avait écouté), les Dion auraient déménagé tous les deux ou trois ans. Au printemps de 1982, peu après les quatorze ans de Céline et à cause d'elle exclusivement, la famille (ce qu'il en restait, Manon, les jumeaux, Céline, le papa, la maman) emménageait dans un appartement à Pointe-aux-Trembles, rue de la Rousselière, près de la chapelle de la Réparation. Le centre-ville, le bureau d'Angélil, les studios d'enregistrement n'étaient plus qu'à une heure de route.

Thérèse, elle, était partie de Charlemagne le cœur gros. Elle avait vécu plus de trente ans dans cette paisible petite ville. Elle y avait élevé sa famille. Et elle avait fini par aimer la maison de la rue Notre-Dame. Mais il fallait maintenant tourner la page. C'est ce qu'elle a fait, sans hésiter, persuadée, que le prochain chapitre de sa vie serait passionnant.

6

Le vaste monde

Le 1er juillet 1982, à l'âge de cinquante-cinq ans, Thérèse Dion prenait l'avion pour la première fois de sa vie et s'envolait vers Paris avec sa fille Céline et René Angélil. Son mari et plusieurs de ses enfants étaient venus à l'aéroport assister au départ. Comme toujours quand elle vivait du nouveau, elle arborait un visage calme. Mais ses enfants la connaissaient assez pour savoir que ce n'était qu'en surface. Leur mère avait toujours su maîtriser ses émotions, ne dévoilant jamais ses peines et ne manifestant ses joies qu'avec parcimonie. Au moment où elle entreprenait le premier vrai grand voyage de sa vie, elle tenait à profiter de tout, ne pas se laisser submerger par la peur ou l'attrait de l'inconnu, rester cool, attentive. Mais au fond d'elle-même, elle était extrêmement excitée. Elle avait si longtemps attendu et préparé et voulu ce qu'elle vivait enfin !

Pour Eddy Marnay, la chanson *Ce n'était qu'un rêve,* avait valeur de symbole essentiel. Il avait obtenu que Pathé-Marconi la sorte en France, même s'il se doutait bien que ce n'était pas une chanson commerciale susceptible de connaître là-bas un gros succès populaire. Effectivement, la chanson n'a pas marché bien fort. Mais pour Eddy Marnay, Céline était partie comme elle devait partir, avec cette assise forte, son accent, et des paroles écrites pour elle.

Pendant ce séjour à Paris, Céline allait enregistrer, au studio Family Sound, quelques chansons de son deuxième album, auxquelles Marnay avait travaillé au cours des derniers mois. Fasciné par les liens très forts qui unissaient la jeune fille à sa mère, il avait écrit *Tellement j'ai d'amour pour toi.* Thérèse Dion n'était plus auteure ; elle était devenue sujet de chanson.

Une quinzaine de personnes s'étaient entassées dans le studio pour assister à l'enregistrement : René et Anne-Renée, Eddy et Mia, le compositeur Hubert Giraud, l'arrangeur Guy Mattéoni, des amis parisiens, des gens de chez Pathé-Marconi. « On peut te laisser seule », avait proposé Angélil. « Ça me dérange pas qu'il y ait vingt ou cent ou mille personnes, du moment que maman est là », a répondu Céline. Elle est allée se planter debout, toute seule, au milieu du studio, elle s'est tournée vers sa mère et elle a chanté...

Il peut couler du temps
Sur tes cheveux d'argent
Je serai une enfant
Jusqu'à mon dernier jour
Tellement j'ai d'amour pour toi

À la fin de l'enregistrement, tout le monde s'est tourné, non pas vers l'ingénieur du son, comme on le fait toujours, mais vers madame Dion. Si elle était émue, elle

268

n'en laissait rien paraître. Tous les autres l'étaient ; certains, dont Angélil, jusqu'aux larmes.

Madame Dion était, bien sûr, immensément fière. Mais elle s'inquiétait toujours un peu pour sa famille, son mari, ses enfants, ses petits-enfants, dont elle était séparée pour la première fois de sa vie. Depuis plusieurs mois, elle investissait presque tout son temps et toutes ses énergies dans la carrière de Céline. Aux autres, elle n'avait jamais pu donner autant d'attention ni d'affection. Elle ne les aimait pas moins, mais elle s'était moins occupée de chacun d'eux. Et elle ne pouvait s'empêcher de penser qu'ils en avaient peut-être souffert. Que Claudette ou Ghislaine, si elle s'était consacrée à elles comme à Céline, seraient peut-être aussi en train d'enregistrer des chansons dans un grand studio parisien, en présence des meilleurs producteurs, des paroliers et des compositeurs les plus en demande.

Malgré tout le bonheur qu'elle vivait dans cette ville magnifique, quand elle pensait à ses autres enfants, elle se laissait parfois envahir par une sorte de sentiment de culpabilité, par des regrets, de tenaces inquiétudes. Elle se disait qu'ils ne seraient peut-être pas également heureux. Certains réussiraient sans doute moins bien que d'autres. Ils ne pourraient sans doute pas tous réaliser leurs rêves. Aurait-elle pu faire quelque chose pour qu'ils y arrivent, pour que tous ses enfants soient également heureux et qu'ils atteignent tous leurs buts ? Même si elle savait qu'elle avait accompli son devoir de son mieux, de toutes ses forces, elle ne pouvait s'empêcher de se sentir responsable du bonheur et de l'avenir de ses enfants.

En septembre, un an et demi à peine après la première rencontre avec René Angélil, il était devenu évident pour Thérèse Dion que sa fille Céline ne pouvait plus aller à l'école. Elle avait encore d'autres chansons à enregistrer, un show à monter, de la promotion à faire.

Que sa fille abandonne l'école à quatorze ans ne lui posait pas de problème. Elle-même n'y était pas allée bien longtemps. Et elle s'était fort bien débrouillée dans la vie, elle était devenue une femme responsable, autonome, respectée. Et ce n'était pas à l'école qu'elle devait ça, ni de savoir faire cuire un œuf ou écrire une chanson, tricoter des mitaines ou des bas, jouer du violon ou gérer un magasin. Tout ce qu'elle connaissait, elle l'avait appris dans la vie. Si elle avait toujours poussé ses enfants à travailler, à apprendre (musique, ébénisterie, couture, cuisine), elle ne les avait jamais vraiment encouragés à fréquenter l'école. Angélil n'était pas loin de penser ainsi. Il voyait, chez Céline, une soif d'apprendre qu'aucune institution scolaire n'aurait su étancher.

En éducation, comme en toutes choses, Céline aurait donc droit à du sur mesure. Peu après la rentrée scolaire, madame Dion et René Angélil sont allés rencontrer le principal de son école. Ils voulaient qu'on lui prépare un programme d'études particulier qu'ils se chargeraient de lui faire suivre. Ils ont expliqué au directeur qu'avec tout ce qui se préparait, les tournées, les télés, la promotion, les séances d'enregistrement, elle ne pourrait plus étudier comme les autres enfants. Elle apprendrait l'anglais, l'allemand, l'espagnol, pas en classe, mais dans la vie, en parlant avec les gens. La géographie, elle l'étudierait en voyageant. Elle fréquentait de grands auteurs. De la musique, elle en faisait déjà tous les jours. À Paris, pendant l'été, elle avait étudié le chant avec une vieille cantatrice, Tosca Marmor, une amie d'Eddy Marnay, qui l'avait fait travailler vraiment très fort. Elle avait maintenant une carrière qui l'occupait à plein temps, qui la passionnait.

Le principal n'avait pas tellement le choix. Il avait le bulletin de Céline sous les yeux. C'était un pur désastre ! « Vous voyez bien qu'elle ne peut pas apprendre moins qu'à l'école », a dit Thérèse. Le directeur a promis qu'un programme approuvé par le ministère de l'Éducation leur serait remis sous peu.

À l'époque, Thérèse n'était toujours pas loin de croire qu'en matière d'éducation, on n'est jamais mieux servi que par soi-même ou par ses proches, ses parents, ses amis, et que les autodidactes, s'ils sont le moindrement vaillants, sont mieux armés pour réussir dans la vie que ces êtres passifs et satisfaits que forment les institutions. « Ce qui compte, disait-elle, paraphrasant son père Achille Tanguay, c'est d'avoir une tête sur les épaules et du cœur au ventre. »

Quelques jours après cette rencontre avec le principal, à l'heure du souper, Eddy Marnay appelait de Paris. C'est Céline qui a répondu. Thérèse a vite compris au ton de sa fille qu'Eddy lui annonçait une nouvelle énorme. Céline disait : « Peut-être, oui... je sais pas... faudrait que je demande à maman. » Et elle a tendu le combiné à sa mère. Madame Dion a parlé à Eddy, et Céline l'a entendu dire que c'était d'accord, que sa fille irait chanter au Japon et que, bien sûr, elle l'accompagnerait. La chanson *Tellement j'ai d'amour pour toi* avait été choisie pour représenter la France dans un grand concours international, le Festival de la chanson Yamaha, qui se tiendrait à Tokyo, à la fin d'octobre, dans un peu plus d'un mois.

Les jours suivants, Anne-Renée entraînait Céline dans les boutiques et les salons de beauté les plus *glamours* de Montréal... « Il faut qu'elle soit impeccable », avait dit Angélil. Céline avait déjà une passion pour la mode, qui représentait à ses yeux un univers presque aussi vaste que celui de la musique. Toute petite, elle regardait sa mère coudre, crocheter, tricoter. Elle découpait avec elle des patrons dans les magazines, elle dessinait des robes et des manteaux. Elle s'amusait à se déguiser avec les robes et les souliers à talons hauts de ses sœurs. Et celles-ci, quand elles en avaient les moyens, lui achetaient des chandails, des souliers, des jupes et des chemisiers. Avec Mia et

Anne-Renée, elle découvrait le vaste univers de la haute couture, les super griffes, les grands noms. Mais elle savait déjà, d'instinct, mais aussi beaucoup grâce à sa mère, apprécier et reconnaître la qualité et l'originalité, distinguer le vrai du faux, le beau du banal. Sa mère lui avait également communiqué la passion des voyages, et donné le goût de voir le monde.

Elles sont alors parties pour le Japon, radieuses bien sûr, et heureuses. Mais Thérèse, toujours incapable de se défaire de cette inconfortable impression que, sans elle, sa famille serait démunie, en danger.

Au cours des journées précédentes, elle avait ressenti une sourde inquiétude. Son grand rêve, qu'elle avait entretenu toute sa vie, d'aller un jour au bout du monde était sur le point de se réaliser, elle vivrait pendant deux semaines dans de grands palaces, elle verrait sa fille chanter devant des dizaines de milliers, de centaines de milliers, voire des millions de personnes. Or, elle considérait qu'elle n'avait pas vraiment mérité tout ce qui lui arrivait. Depuis qu'elle était toute petite, elle était en effet persuadée qu'on n'avait rien pour rien. Elle devait accomplir quelque chose. Mais quoi ?

L'inspiration est venue à l'instant où elle embrassait ses enfants, juste avant de monter à bord de l'avion. Il y avait des mois qu'elle voulait arrêter de fumer. Parce que c'était certainement malsain, mais aussi et surtout parce que Céline et plusieurs de ses enfants lui avaient laissé entendre qu'ils détestaient la voir fumer. Le moment était enfin venu. Elle a tendu son paquet de cigarettes à son fils Paul en lui disant qu'il pouvait en faire ce qu'il voulait, les donner, les fumer, les jeter. « Moi, dit-elle, je ne fumerai plus jamais. »

Et elle est partie l'âme en paix, son bonheur enfin mérité, à la découverte d'un autre continent. Mais ce n'était pas la Thérèse garde-malade qui partait en voyage, ni la Thérèse soldate, ni la Thérèse sœur missionnaire.

C'était la Thérèse maman, la Thérèse auteur-compositeur, la Thérèse cinémériste qui allait prendre soin de sa fille chérie, la Thérèse fan aussi. Et la Thérèse muse, celle qui inspirait et stimulait.

Malgré sa grande soif de voir le monde, cette Thérèse n'était pas une grande aventurière en gastronomie. Elle avait fait à manger toute sa vie, des centaines de milliers de repas (3 repas par jour, pour 10 personnes en moyenne pendant 25 ans = 273 750 repas). C'était de la bonne cuisine familiale, pâtés et tourtières, bouillis et hachis, pains de viande, côtes levées, etc. De la nourriture délicieuse, quoique jamais assez relevée, au goût de René. Quand il les emmenait au restaurant, même chez Guy et Dodo, Céline et sa mère ne mangeaient pratiquement que du poulet, des omelettes, des steaks frites. Dans les restaurants libanais qu'il fréquentait, à Montréal et à Paris, il leur avait fait découvrir le babaganoush, le oumos, le shawarma.

À bord de l'avion qui les emmenait à Tokyo, les passagers avaient le choix entre un repas occidental (du poulet, en l'occurrence) et des mets japonais. Sans hésiter, Céline et sa mère ont opté pour le poulet. Angélil a pris des crevettes tempura, du sunomono, des sushis et des sashimis. Et, comme elles s'y attendaient, parce qu'il faisait toujours ça, il a tenté de les convaincre de goûter à la cuisine japonaise. Il n'y avait aucun doute dans son esprit : si elles essayaient, elles aimeraient. Elles n'ont pas goûté. Mais il leur a fait promettre qu'une fois là-bas, si Céline remportait le Grand Prix du festival, elles se forceraient toutes les deux, ne serait-ce que par politesse, à manger ce qu'on leur proposerait, même du poisson cru.

Or, Céline a remporté le Grand Prix de Tokyo. Et il y eut, quelques jours plus tard, un grand banquet où se trouvaient des ambassadeurs, des hauts fonctionnaires et des ministres du gouvernement japonais. Céline et sa mère étaient assises à la table d'honneur. Après une soupe joliment parfumée qu'elles ont avalée avec plaisir, on leur a apporté du poisson cru, avec des herbes, un peu de riz et d'étranges sauces. Se souvenant de sa promesse à bord de l'avion, Thérèse a tendu maladroitement ses baguettes vers le grand plat de sushis et de sashimis, a saisi une bouchée de thon cru qu'elle a glissé dans sa bouche et, devant les convives silencieux qui la regardaient en silence, a apprécié ostensiblement la chair onctueuse. Elle fut la reine de la soirée. Elle aurait aimé poser à ses voisins mille questions sur le pays, sur la manière dont ils peignaient la soie et cousaient les kimonos… La barrière de la langue, hélas, l'en empêchait. Mais au cours des jours suivants, elle a voulu tout voir, les parcs et les rues animées, les boutiques, les petits marchés…

Au retour, à l'aéroport de Dorval, elles eurent droit à leur premier bain de foule. René Lévesque, alors premier ministre du Québec, a tenu à rencontrer Céline personnellement et à la féliciter au nom de tous les Québécois. Et à madame Dion, il a parlé de la Gaspésie dont il était lui aussi originaire. Il savait qu'elle avait vécu son enfance et son adolescence sur des terres de colonisation. Ainsi, la gloire de sa fille qui, en un an et demi de carrière, était devenue un personnage incontournable du show-business québécois, rejaillissait maintenant sur elle. Quand est sorti, quelques semaines plus tard, l'album «Tellement j'ai d'amour…», les médias ont commencé à s'intéresser à la personne qui était l'objet de cet amour, Thérèse Dion. On ne parlait jamais de Céline Dion sans souligner son lien privilégié avec sa mère, que celle-ci lui avait écrit sa première chanson et qu'elle était une femme remarquable, forte, intelligente, pleine d'humour, une mère de quatorze enfants qui n'avait pas froid aux yeux, qui voyageait de par le vaste monde.

À Noël, comme chaque année, maman Dion avait préparé pour son mari et pour tous ses enfants et ses petits-enfants un cadeau fait de ses mains, foulards, chandails, gants ou mitaines, costumes de neige ou pyjamas... et, en plus, pour chacun, un cadeau acheté en France et au Japon. Elle les a tous vus, ensemble et séparément. Ils sont en effet venus la visiter l'un après l'autre, pour qu'elle leur raconte ses aventures au pays du Soleil levant, mais aussi pour la rassurer, pour qu'elle sache qu'ils allaient bien. Elle pensait souvent qu'au cours des mois, peut-être même des années à venir, elle les verrait sans doute beaucoup moins. Ils avaient leur vie, leurs enfants, leurs affaires; et elle, elle avait été happée, en même temps que Céline, dans un irrésistible tourbillon. Tout allait terriblement vite. Mais tout était formidablement excitant. Et Thérèse, bien que fort occupée, se sentait plus libre et plus forte que jamais. Elle avait remis à la banque son Centre commercial TD et investi le plus clair de son temps, le plus gros de ses énergies, la presque totalité de ses économies dans la carrière de sa fille.

En janvier 1983, elles partaient à Cannes, où Céline, révélation de l'année, allait représenter le Canada au Marché international du disque et de l'édition musicale (MIDEM). Cette fois, elle voyageait en classe affaires, dans le grand luxe. René avait signé une entente avec Air Canada qui surclassait Céline et les siens. Après avoir longtemps hésité, Adhémar n'était pas venu. Il n'aimait pas les voyages. Et, dans l'entourage de Céline, il se sentait inutile et dépendant... Et ses amis lui manquaient.

Pendant ce temps, Thérèse pénétrait dans des lieux qu'elle n'avait jusque-là qu'imaginés, quelquefois entrevus dans ces films de fin de soirée qu'elle regardait autrefois avec Denise : les luxueux palaces, les boutiques chics, la Croisette, le casino de Monte-Carlo, où elle s'est rendue un soir avec Angélil. Au milieu de cette faune polyglotte, elle s'est comportée comme si elle avait toujours connu ce monde, imperturbable, jamais intimidée...

Quelques jours plus tard, elle se trouvait dans les studios où on enregistrait *Champs-Élysées*, une émission animée par Michel Drucker. C'était à l'époque le plus gros show de variétés d'Europe, quatorze millions de téléspectateurs. Thérèse Dion, assise entre Mia et Eddy Marnay, a vu sa fille, pantalon noir, chemisier blanc, veston pied-de-poule, grande révélation du MIDEM 83, s'avancer sur l'immense plateau et chanter une chanson qu'elle lui avait écrite deux ans plus tôt, chanter ses paroles à elle sur une musique qu'elle avait elle-même composée avec son fils Jacques. La voyant toujours aussi impassible, Angélil a cru bon de lui dire : « Vous savez, madame Dion, il n'y a pas beaucoup de paroliers et de compositeurs québécois ou même français qui ont réussi à voir leurs chansons monter si haut. » Il était toujours aussi impressionné par le sang-froid de cette femme. Dans les heures précédant ce spectacle, elle avait réussi, par sa seule présence, quelques mots, un sourire ici et là, à maintenir un certain calme dans l'équipe complètement affolée et percluse de trac des producteurs et des relationnistes qui s'agitaient autour de Céline. Et c'était grâce à elle si Céline avait chanté si brillamment, sa voix parfaitement juste.

En 1981, René Angélil avait promis à madame Dion que, cinq ans plus tard, sa fille Céline serait une grande vedette au Québec et en France. Il lui aura fallu la moitié moins de temps pour atteindre son objectif. À l'été de 1983, Céline Dion était d'ores et déjà, au Québec, l'artiste qui tournait le plus à la radio, qui donnait le plus grand nombre de spectacles, et faisait, en mal ou en bien, le plus parler d'elle. En France, sa chanson *D'amour ou d'amitié* s'était maintenue pendant des semaines aux plus hauts sommets des palmarès. Et elle préparait d'autres albums et une grande tournée du Québec.

Madame Dion accompagnait sa fille partout. Elle avait conclu cette entente avec Angélil et Marnay ; c'était son devoir. Et son bonheur. Touchés par l'amour et l'attention qu'elle portait à tous ses enfants, Angélil et Marnay ont eu l'idée de produire un album de Noël auquel participeraient ses enfants, la plupart de ses frères et sœurs, plusieurs de ses neveux et nièces, quelques brus et gendres, formant un chœur de près de quarante voix. C'était pour madame Dion le plus beau des cadeaux : voir sa grande famille réunie, participant à un projet commun, voir ses enfants toujours aussi heureux de chanter ensemble. Le bonheur ! Avec, tout au fond, très souvent, cette lancinante petite inquiétude : « Ai-je vraiment mérité tout ce qui m'arrive ? En ai-je assez fait pour ma famille ? »

Dans le feu de l'action, elle n'avait pas toujours le temps de trouver des réponses à ces grandes interrogations existentielles. La carrière de Céline était lancée à une folle vitesse ; chaque jour apportait son lot de surprises, souvent à la limite du possible, du croyable.

Un soir de l'été 1984, à Paris, René Angélil informa madame Dion que sa fille chanterait, lors des fêtes marquant, à la mi-août, le 450ᵉ anniversaire de la découverte du Canada par Jacques Cartier. Un *one-woman-show* dans le Vieux-Port de Québec, avec une trentaine de musiciens et des choristes extraordinaires. La télé diffuserait l'événement auquel assisterait le premier ministre et la fine fleur culturelle du Québec. À son habitude, Thérèse a reçu la nouvelle avec un calme olympien, attitude qui médusait toujours Angélil. Il a alors laissé passer un moment et a ajouté, mine de rien :

« Puis en septembre, elle va chanter au Stade olympique devant le pape. »

Cette fois, pour son plus grand plaisir, il a vu madame Dion véritablement secouée. Mieux encore, il a aperçu quelque doute dans son regard. Elle ne le croyait pas vraiment.

Mais au cours des jours suivants, ils ont rencontré à Paris les organisateurs du spectacle, des gens sérieux qui avaient déjà fait préparer la chanson de circonstance qu'interpréterait Céline, le 11 septembre suivant. Madame Dion était alors au comble du bonheur. Toutefois, cette même journée, une nouvelle lui brisa le cœur.

Son frère Lauréat, si gentil, qui avait illuminé son enfance avec ses contes, ses jeux, son chaleureux humour, sa grande générosité, était mort subitement, à l'âge de soixante-huit ans. De tous ses frères, il était celui qu'elle avait le plus aimé. Lauréat était un homme enjoué et enchanté qui ne pensait qu'à faire plaisir aux autres... Il était « mort du cœur », comme son père Achille, comme plusieurs de ses oncles. Quant à Valmont, il avait été opéré à cœur ouvert. Et Henry, l'aîné de la famille, portait depuis plusieurs années un stimulateur cardiaque.

Pour le moment, Thérèse s'avançait dans la vie en terrain sûr. Avec Angélil aux commandes, l'avenir (celui de sa fille, le sien, même celui de sa famille) semblait en effet tout bien tracé, planifié, sûr et certain. Mais il y avait et il y aurait toujours ce danger auquel les Tanguay pouvaient difficilement échapper : une mort subite. Ils avaient tous un cœur fragile qui pouvait, semblait-il, flancher à tout instant. Elle devait apprendre à vivre avec cette peur, et profiter quand même des joies immenses que lui apportait la vie, qu'elles soient méritées ou pas. Et être reconnaissante envers la vie.

Madame Dion était devenue au Québec un personnage fort connu. Adhémar aussi. Céline parlait souvent d'eux, d'elle surtout, qui lui avait écrit sa première chanson et l'avait accompagnée et guidée. Pendant le spectacle, elle faisait braquer les projecteurs sur eux. Thérèse, toujours très digne, esquissait alors un sourire poli ; Adhémar, exubérant, saluait la foule avec de grands gestes de bras... On les disait très unis. Une légende idyllique naissait autour du couple qu'ils formaient, image qui plaisait bien à Thérèse : qu'on sache qu'elle avait réussi, non seulement la carrière de sa petite dernière, mais aussi sa famille... et son mariage.

En octobre, peu après que leur fille eut récolté, avec force larmes, deux importants Félix (album le plus vendu et interprète féminine de l'année) au gala de l'ADISQ, ils partaient ensemble à Paris où, pendant cinq semaines, la petite Céline Dion, seize ans, tiendrait l'affiche de l'Olympia, un lieu sacré, mythique, où depuis près d'un siècle s'étaient produits tous les grands de la chanson. Seul ou avec sa femme, Adhémar arpentait les rues et les places pour voir les affiches géantes de leur fille, son radieux sourire, son regard vainqueur. Quand, le soir de la première à l'Olympia, Céline a signalé la présence de ses parents parmi la foule, il s'est levé sous les projecteurs et a salué à la ronde.

Aux fêtes, ils accompagnaient également leur fille, Angélil et sa femme, sa mère et ses enfants, à Aruba, une île des Petites Antilles située tout près du Venezuela. C'est tout chaud, très vert; avec de beaux terrains de golf, d'immenses plages de sable blanc... et plusieurs casinos. Adhémar a adoré sans retenue ce monde de luxe, de douceur, de farniente. Angélil l'initiait aux joies du golf, le matin; du casino, le soir. Les deux hommes s'entendaient bien et riaient beaucoup ensemble. Ils ne parlaient jamais d'affaires, ni même de la carrière de Céline, mais de leurs jeux. Et, dans ce domaine, René travaillait très fort pour changer l'attitude de monsieur Dion. Celui-ci partait avec l'idée de flamber un certain montant pendant sa soirée, cinquante ou cent dollars, par exemple. Et il jouait jusqu'à épuisement de ses fonds. Madame Dion, elle, était résolue à faire des gains. Et elle arrêtait de jouer quand elle en avait réalisé.

« C'est elle qui a raison, disait Angélil à Adhémar. Elle joue pour gagner. C'est une vraie joueuse, une vraie gagnante. Vous devriez la prendre comme modèle. »

Thérèse gagnait, en effet, presque tous les soirs, jamais d'énormes sommes, mais amplement de quoi acheter de fort beaux cadeaux de Noël à chacun de ses enfants et peut-être même rentrer au pays avec un peu d'argent.

Cependant, malgré le décor enchanteur des îles, elle demeurait soucieuse. Elle pensait à ses enfants restés là-bas, dans la neige et le froid, et ne pouvait s'empêcher de se demander s'ils étaient heureux, si tout allait bien dans leur vie, leurs amours, leur travail, si elle avait fait tout ce qu'une mère doit faire pour ses enfants. Elle se sentait toujours un peu coupable de vivre dans tout ce luxe, entourée de tant de beauté, alors que certains d'entre eux avaient peut-être besoin d'elle… En fait, Adhémar savait mieux qu'elle profiter de la vie.

« Les enfants ? Mais on n'a plus d'enfants, lui disait-il. Les jumeaux ont passé vingt-deux ans. Denise en a presque quarante. Arrête de t'en faire pour tout le monde. »

Mais c'était chez elle une sorte de déformation professionnelle. Elle s'était inquiétée tous les jours pour toute sa progéniture pendant près de quarante ans. En réalité, ses enfants se débrouillaient fort bien, tous avaient une job, un amour, de l'argent, un toit et mangeaient à leur faim. Elle éprouvait quand même toujours le besoin de les nourrir…

« Pense à toi », lui répétait Adhémar.

Mais ça revenait toujours au même. Toute mère est Dame Gigogne. Elle ne peut penser à elle sans penser à ses enfants…

Elle savait que certains d'entre eux avaient dû renoncer à leurs rêves. Claudette aurait tant voulu faire carrière dans la chanson. Elle avait une voix extraordinaire. Mais aussi des enfants. Après un choix déchirant, elle avait dû renoncer à la scène, accomplir elle aussi son devoir de mère. Michel ne chantait plus, lui non plus. Il était parti travailler dans le Grand Nord, comme son frère Clément. Paul et Ghislaine faisaient encore de la musique dans des petites salles, des cabarets de Lanaudière. Rien à voir avec ce que vivaient leur petite sœur et leur maman dans le merveilleux monde du show-business. Elles voyageaient en première, roulaient en limousine, descendaient dans de charmants hôtels, rencontraient les grands de ce monde.

Elles ont même été reçues par le pape Jean-Paul II à sa résidence d'été. Il a été très chaleureux, très simple. Il leur a parlé, en français, du grandiose spectacle au cours duquel Céline avait chanté au Stade olympique. Puis, René, qui les accompagnait, a dit au pape que la maman de Céline avait eu quatorze enfants. Jean-Paul II s'est alors tourné vers elle, il l'a félicitée et lui a dit qu'il bénissait toute sa famille. Au Vatican, maman Dion a acheté un petit cadeau pour chacun des enfants, un chapelet béni par le pape. «J'ai tout pour être heureuse», se disait-elle. Et elle était heureuse, comblée ; ses enfants étaient en bonne santé, elle voyait du pays, elle réalisait les plus beaux de ses rêves et, même, ce qui l'inquiétait bien un peu, des rêves qu'elle n'avait osé faire, elle connaissait des joies qu'elle n'avait peut-être jamais vraiment méritées et pour lesquelles il lui faudrait peut-être payer un jour. Car, dans la vie, on n'a rien pour rien. Parole d'Antoinette.

C'est au cours des jours suivants, de retour à Paris, à Neuilly en fait, au petit hôtel Charlemagne où elles avaient maintenant leurs habitudes, que maman Dion s'est rendu compte pour la première fois que sa fille Céline, bientôt dix-sept ans, avait un gros béguin pour René Angélil. Quelques-uns de ses enfants lui en avaient déjà parlé. « C'est évident, maman. Elle ne parle que de lui, elle n'attend que lui ou qu'il téléphone. Rien qu'à voir comment elle le regarde, il est évident qu'elle est amoureuse de lui. » Thérèse voyait, bien sûr ; elle avait vu avant tout le monde. Céline n'avait d'yeux que pour René, elle buvait ses paroles, se renfrognait et se languissait en son absence, quand, par exemple, il sortait en boîte avec Guy Morali et ses amis.

Mais Thérèse ne s'inquiétait pas outre mesure, persuadée qu'il s'agissait d'une passade et que Céline, tôt ou tard, tomberait amoureuse d'un garçon de son âge. Jamais l'idée ne lui serait venue que René Angélil pouvait, lui, être intéressé par une petite fille deux fois et demie plus jeune que lui. Pourtant, elle-même considérait Céline comme une adulte, et depuis longtemps. Et elle avait remarqué que René, même au tout début, quand elle n'avait que treize ans, ne lui avait jamais parlé comme à une enfant, mais plutôt comme à une partenaire ou une coéquipière. Cependant, selon elle, l'attitude de sa fille devait l'ennuyer plus qu'autre chose, parce que ça risquait de compliquer ses relations avec son artiste. « Tout ce que je demande au bon Dieu, se disait-elle, c'est que ça ne fasse pas souffrir Céline. Et que ça passe au plus vite. »

Dans l'avion qui les ramenait à Montréal, Céline n'a parlé que de René Angélil. Et elle a avoué à sa mère, en toute candeur, qu'elle était amoureuse de lui. Thérèse était peinée ; sa fille avait dix-sept ans, René en avait quarante-trois, c'était un homme mûr, marié, père de trois enfants.

« Mêlons pas les choses, a-t-elle répondu. C'est pas lui que tu aimes, c'est tout ce qu'il te fait vivre. Penses-y.

— C'est tout pensé. »

À Montréal, ce soir-là, une méchante surprise l'attendait. Adhémar venait d'apprendre que le ministère des Affaires sociales abolirait bientôt le poste qu'il occupait depuis quelque temps au Centre Habitat-Soleil, un foyer pour jeunes filles en difficulté. Lui qui, depuis l'âge de quinze ans, n'avait jamais manqué de travail plus de deux ou trois jours d'affilée, s'est retrouvé sans emploi du jour au lendemain. Il a cherché en vain pendant quelques semaines. Il connaissait autrefois toutes les shops, les ateliers et les usines de l'est de l'île de Montréal. Mais les temps avaient changé. Il n'y avait plus de jobs nulle part pour un homme de cinquante-neuf ans sans diplôme.

Un soir, il a informé sa femme qu'il avait pris sa retraite. Elle avait fini par renoncer à comprendre l'état des finances de son homme, un domaine qu'il avait toujours tenu dans le plus grand secret. Elle savait seulement qu'il n'avait jamais eu de dettes bien longtemps, qu'il pouvait changer d'auto (toujours usagée) tous les deux ans. Elle ne craignait surtout pas qu'il soit désœuvré comme certains retraités et qu'il s'incruste à la maison. Il resterait certainement un gars de gang, il avait plein d'amis avec qui il jouerait au golf, irait de temps en temps à la pêche sur le fleuve, passerait des heures à parler de tout et de rien.

Adhémar allait vivre de la maigre pension que lui verserait le Régime des rentes du Québec. Peut-être aussi, songeait Thérèse, qu'il s'était mis quelques sous de côté. On ne saura jamais. Elle payerait le loyer de l'appartement de Pointe-aux-Trembles, le téléphone et l'épicerie grâce à ses droits d'auteure et aux pensions de Manon et des jumeaux, qui vivaient encore à la maison, dont ils étaient cependant très souvent absents. Comme leur mère et leur petite sœur, ce qui embêtait fort madame Dion, persuadée que son homme ne pouvait rester seul. Il ne savait ni faire une toast ni cuire un œuf. Depuis quarante ans qu'ils étaient mariés, elle ne lui en avait jamais laissé le loisir.

Mais il ne voulait sous aucun prétexte partir en tournée. Quand Céline chantait à Montréal, il allait la voir, bien sûr. Et il applaudissait très fort. Il se levait debout avec la foule et il criait à tue-tête « Bravo ! Bravo ! » ; quand on se tournait vers lui, il n'hésitait pas à dire : « C'est ma fille, je suis son père. » Mais, en tournée, quel autre rôle aurait-il pu tenir auprès d'elle que celui de fan ?

Sa femme, elle, avait amplement de quoi s'occuper. Elle aidait Céline à s'habiller, à se maquiller, à se coiffer. Elle la rassurait, quand elle avait le trac. Elle était très critique aussi. Chaque soir, elle regardait le show depuis la salle, elle notait plein de petits détails, des gestes qu'elle n'avait pas aimés, un faux pli dans le pantalon, la jupe ou le chemisier, une expression malheureuse dans ses présentations.

Elle était rassurée sur le sort d'Adhémar. Il avait pris l'habitude d'aller manger tous les midis au restaurant où il retrouvait ses copains, des amis de Charlemagne qu'il avait connus du temps qu'il fréquentait les garages et les cours à bois. Et il ne restait jamais seul à la maison le soir. Quand Pauline ou Manon passaient la soirée chez leur copain, il sortait lui aussi pour se rendre, sans s'être annoncé, souper chez l'un ou l'autre de ses enfants qui l'accueillaient toujours à bras ouverts, car ils découvraient un tout autre homme, plus jovial et plus liant. Ainsi en l'absence de sa femme, Adhémar se rapprochait de ses enfants. Il était chez Clément un soir, chez Claudette ou Louise ou Jacques, le lendemain. Il allait parfois jouer aux cartes ou au bingo. Il s'était coulé gentiment dans une petite vie oisive et bien tranquille. Et il restait en tout temps, grâce aux journaux, à la radio et à la télévision, témoin des aventures que vivaient sa femme et sa fille.

Elles étaient en tournée dans tout le Québec, l'est et le nord de l'Ontario, l'Acadie. Partout on parlait d'elles. Certains jours, de la mère presque autant que de la fille. Les journalistes s'intéressaient en effet de plus en plus à cette femme étonnante, quatorze fois maman, maintes fois grand-maman, qui répondait à leurs questions avec humour et assurance...

Madame Dion adorait la vie de tournée. Elle aimait rouler, voir du paysage, traverser des villes et des villages, regarder vivre les gens, leur parler, les écouter, prendre ici et là un bon bain de foule. Elle découvrait son pays, toutes ces villes qu'elle ne connaissait jusque-là que de nom, Chicoutimi, Val-d'Or, Rivière-du-Loup, Sherbrooke, même Québec, où elle n'avait jamais passé plus de quelques heures.

Mais partout et de plus en plus, les journalistes faisaient également état dans leurs papiers ou leurs reportages de la rumeur grandissante voulant que Céline et René Angélil soient en amour.

Un matin, madame Dion est entrée dans le restaurant d'un hôtel de Chicoutimi où René déjeunait, seul. Il lisait un journal qu'il a replié dès qu'il l'a aperçue. Elle s'est assise à sa table ; ils ont parlé de choses et d'autres. Dès son départ, elle a trouvé une copie du journal et a vu qu'il était encore, en long et en large, question de ces on-dit. Tout ça, la tournée, le succès, les ouï-dire étaient en train de prendre des proportions énormes. Et on ne pouvait arrêter le train en marche. Thérèse se sentait, ce matin-là, totalement impuissante.

À la fin de mai, la tournée arrivait à Montréal, à la Place des Arts, salle Wilfrid-Pelletier, la plus grande salle du Québec. La critique a été, comme partout ailleurs, dithyrambique. On a comparé Céline aux plus grandes chanteuses de l'histoire du show-business. On a parlé de cette voix qui touchait si profondément, dont le timbre était selon un tel « plus proche de Nicoletta et d'Irene Cara que de Mireille Mathieu ou Nana Mouskouri », qui rappelait à tel autre « Piaf et les plus belles chanteuses de jazz ».

Thérèse et Adhémar Dion, de nouveau réunis, formaient alors un couple vedette. Ils étaient photographiés ensemble, interviewés. On parlait avec admiration de la vie qu'ils avaient menée, de leur amour durable, solide, parfaitement réussi. Thérèse en était fort heureuse, mais elle se désolait toujours un peu de constater que ses enfants ne réussissaient pas tous leur vie de couple, qui, avec ses hauts et ses bas, pour le meilleur et pour le pire, constituait, selon elle, le socle de la famille et du bonheur. Plusieurs de ses enfants avaient connu des unions malheureuses. Et Céline, sa petite dernière, allait bientôt voler de ses propres ailes. Elle se préparait, elle aussi, malgré les avertissements de sa mère, des amours impossibles, invivables, inévitablement douloureuses. En même temps qu'une carrière magnifique.

Il ne se passait pas un jour sans qu'on parle d'elle, en bien ou en mal, dans les médias. Des fan-clubs étaient nés qui colligeaient renseignements, artefacts et rumeurs la concernant. Des reporters se rendaient à Charlemagne voir la maison de la rue Notre-Dame, où elle était née. Mais il n'y avait plus de Dion à cette adresse, ni même à Pointe-aux-Trembles.

Céline avait loué une grande maison à Duvernay, rue Condé, où elle avait emménagé avec papa et maman, parfois Manon, Paul et Pauline, qui ne tarderaient pas à quitter le nid familial. Six mois plus tard, toujours à Duvernay, rue Tracy, elle achetait une vraie belle grosse maison. De toutes celles qu'avait habitées Thérèse Dion, celle-ci était de loin la plus cossue, la plus spacieuse, la plus confortable, la mieux équipée. Elle avait hésité cependant avant d'accepter d'aller y vivre. Par un curieux orgueil ou cette déformation professionnelle dont quarante ans de vie ménagère l'avaient dotée, il lui était toujours plus difficile de recevoir que de donner.

« Je n'ai pas envie d'être la gardienne de la maison de ma fille. » Voilà ce qu'elle disait à son mari que ses réticences étonnaient.

Mais il y avait plus : elle sentait que Céline lui échappait, même si elle tenait à ce que ses parents vivent sous son toit. Elle-même n'y serait pas souvent. Elle-même avait désormais le cœur et la tête ailleurs. Et, au grand désespoir de sa mère, son bonheur aussi était ailleurs.

Céline n'avait jamais menti à sa mère. Celle-ci avait donc su avant tout le monde que sa fille était amoureuse. Mais elle ne s'était pas inquiétée tout de suite, persuadée que René ne s'intéresserait pas à une adolescente et que, tôt ou tard, son enfant rencontrerait un garçon de son âge et finirait par oublier ce premier et impossible amour. Marnay aussi avait vu et su ; il s'était inspiré de ce que vivait Céline pour écrire les chansons qu'elle interprétait, et décrire un bonheur qui inquiétait et, par moments, désespérait presque sa mère. Elle avait d'abord refusé d'y voir autre chose qu'une fiction, une vision d'auteur, mais avait fini par s'avouer qu'il y avait là du sérieux. Pire peut-être ! Du vécu.

Cependant, elle se rassurait en pensant à l'automne : Céline cesserait de donner des shows et de faire des tournées. Elle prendrait un congé sabbatique de plusieurs mois pour suivre des cours d'anglais, de danse, de chant, changer de look, de répertoire. Quant à Angélil, qui venait de divorcer, il avait l'intention de passer beaucoup de temps à Las Vegas, preuve, selon Thérèse, qu'il faisait bien peu de cas de la passion de sa fille envers lui. Quand il reviendrait pour de bon, elle l'aurait oublié. Voilà ce qu'espérait, ce que pensait Thérèse.

Or, à son grand désarroi, l'absence de René semblait avoir exacerbé les sentiments de Céline. Et, de même que la lune et le soleil ne font jamais autant parler d'eux que lorsqu'ils sont en éclipse, la retraite de Céline avait ravivé, au Québec et en France, les plus folles rumeurs. « Céline est entrée au couvent », « Céline est de nouveau enceinte », « Céline accouchera en cachette », « Elle donne son enfant en adoption à des Suisses ».

Puis, après qu'on l'a revue, devenue femme : « Céline et René Angélil se sont fiancés », « Céline et René se marient à Las Vegas »… Et bientôt, plus personne au Québec ne doutait qu'elle fût en amour.

Il y avait très certainement un fond de vérité. « La nature imite l'art », disait Oscar Wilde. Il arrive aussi, et plus souvent qu'on le pense, que la vie imite les médias. Ceux-ci avaient vu, ils avaient su, longtemps avant René, que Céline était en fol amour avec lui.

Toutes ces rumeurs, qui troublaient et inquiétaient de plus en plus madame Dion, semblaient réjouir Céline.

Dans les journaux à potins où on parlait d'elle, c'était tout ce qui l'intéressait, ces rumeurs d'histoire d'amour qu'elle vivait avec son bel imprésario.

Un soir, dans la cuisine de la maison de Duvernay, pendant que sa mère préparait le souper, Céline avait dit :

« Ce que vous ne comprenez pas, c'est que je l'aime, je l'aime. »

Elle avait éclaté en sanglots. Et elle disait encore :

« C'est vrai. Je l'aime pour vrai. »

Thérèse s'était essuyé les mains sur son tablier, elle s'était approchée d'elle, très douce, et elle l'avait prise dans ses bras. Céline avait mis sa tête sur l'épaule de sa mère.

« Je te crois, Céline, t'as plus besoin de pleurer, je te crois. »

Elle ne pouvait plus nier que sa fille était en amour. Mais elle croyait toujours que René, lui, ne se prêterait pas à ce jeu.

Or, quelques jours plus tard, sachant qu'elle peinerait sans doute sa mère, mais incapable de lui cacher cette merveilleuse vérité, Céline lui a dit que René lui avait avoué son amour. Et elle s'est mise à pleurer de nouveau. « Il m'aime, il me l'a dit, mais il ne veut pas m'aimer. » Elle a ajouté qu'elle ferait tout pour le faire succomber. Elle a même dit, sans penser au mal qu'elle allait infliger à sa mère :

« C'est pour lui que je fais tout ça. Juste pour lui. »

Ce qui ajoutait à l'inquiétude de madame Dion, c'était que René avait changé d'attitude et d'humeur. Il était songeur. Entre madame Dion et lui, une sorte de gêne s'était installée.

René était pour Thérèse et Adhémar, et pour tous leurs enfants, quelqu'un de très imposant et d'impressionnant. Il avait compris très vite que pour travailler avec Céline, il devait avoir l'accord total de sa famille. À commencer par sa mère Thérèse. Et il avait développé avec cette dernière

Une première avec le parolier Eddy Marnay. Thérèse et lui, si
différents par leurs origines et leur culture, sont devenus les
meilleurs amis du monde.

À l'été de 1982, à l'âge de cinquante-cinq ans,
Thérèse Dion prenait l'avion pour la première fois de sa vie
et s'envolait vers Paris avec sa fille Céline.

En octobre 1982, elle accompagnait sa fille Céline et son manager
au Festival Yamaha de Tokyo. Son plus beau, son plus vieux rêve,
parcourir le monde, devenait enfin réalité.

Pendant les années Marnay, Thérèse a fait de nombreux séjours
avec Céline à Paris, où elle s'ennuyait toujours un peu
de ses treize autres enfants.

En 1985, Thérèse et sa fille Céline sont reçues
par le pape Jean-Paul II. « Il nous a parlé en français,
il a béni tous mes enfants. »

Dernière rencontre, à l'hôtel Bristol, à Paris, des deux premiers
paroliers de Céline Dion. Thérèse Dion a toujours considéré
Eddy Marnay comme «l'un des hommes de ma vie»,
l'ami non de cœur, mais d'âme.

En 1993, maman Dion devenait femme d'affaires et lançait sa ligne de « pâtés », en présence de ses quatorze enfants et de toute la presse montréalaise.

La campagne de promotion des pâtés Maman Dion a été pour celle-ci une occasion fort appréciée de mieux connaître les gens de son pays.

Madame Dion, ici en compagnie de Michel Jasmin, recevait à son émission des vedettes de la télé, du sport, du showbusiness.

À soixante et onze ans, Thérèse Dion entreprend avec succès une carrière d'animatrice à la télévision. Avec Julie Snyder, la productice de son émission de télé, et Éric Salvail, son coanimateur.

Au fil des ans, une grande amitié s'est développée entre maman Dion et madame Lise Thibault, lieutenant-gouverneure du Québec. (Photo : Richard Gauthier.)

Avec son amie Monique Desrochers, Thérèse fait des courses, de la couture, des jeux, des voyages, et beaucoup de jasette, beaucoup de fous rires.

Le 19 mars 1997, lors du *Oprah Winfrey Show*, la famille Dion
(sauf Claudette, qui se trouvait à la Barbade) a créé tout un émoi
en interprétant *Ce n'était qu'un rêve*, la chanson fétiche de Céline,
dont maman Dion avait écrit les paroles.

Ses enfants lui ont dit : « Profitez de la vie, maman, vous l'avez bien
mérité. » Elle a décidé de les écouter, de profiter du soleil, de la
mer, des bonheurs et des douceurs qu'apporte la vie.

de véritables liens d'amitié. Il lui soumettait tous ses plans. Elle écoutait, réfléchissait, donnait son avis, avec parfois une brutale franchise. Mais René ne voulait surtout pas briser cette complicité, sans laquelle il lui aurait été pratiquement impossible de gérer la carrière de son artiste.

Celle-ci était, à dix-huit ans, une jeune fille autonome. Elle avait de l'argent, une voiture, une maison. Et, que sa mère le veuille ou non, un amour à vivre. Elle travaillait vraiment très fort, tous les jours : un show, un enregistrement, de la promotion… Et sa mère ne doutait pas qu'elle passait le plus clair de son temps avec René Angélil. Son bébé volait maintenant de ses propres ailes. Et elle, que pouvait-elle faire ? Elle aurait bientôt soixante ans, elle se sentait toujours en pleine forme, forte, elle avait toujours autant envie de voyager, de rencontrer des gens, de voir, d'écouter. Mais un temps viendrait, qui n'était pas si loin, où on pourrait (ou on souhaiterait sans doute) se passer de ses services. Et elle devrait comprendre. Elle aussi, à dix-huit ans, avait voulu sa liberté. Et elle avait marié, pour le meilleur et pour le pire, et sans l'approbation de ses parents, l'homme de sa vie.

Céline restait, au fond, une jeune fille sage, proche de ses parents, jamais en révolte contre l'autorité, contrairement aux garçons et aux filles de son âge. Mais Thérèse, qui la connaissait bien, qui voyait l'amour qu'elle lui portait toujours, la sentait hésitante et inquiète. Elle voyait bien que, au moment de s'envoler, Céline craignait de peiner ou de blesser sa maman. Un temps viendrait peut-être où elle devrait elle-même briser les ponts, larguer les amarres, laisser son bébé vivre sa vie.

Thérèse avait compris que sa grande fille allait bientôt lui échapper. Tous ses enfants – quoi de plus normal ? – étaient partis, l'un après l'autre. Céline était en amour…

Thérèse en eut la douloureuse confirmation un soir, à Chicoutimi. Elles étaient seules dans leur chambre d'hôtel quand Céline a dit :

« On est ensemble, René et moi. Et c'est pour la vie. On s'aime. On fait l'amour. »

Madame Dion était catastrophée, déçue. Et s'en voulait terriblement de n'avoir pu prévenir ce désastre, ce qu'elle considérait en tout cas à cette époque comme un irréparable désastre.

Pendant que Céline sanglotait dans son lit, sa mère a écrit une note qu'elle est allée glisser sous la porte de la chambre de René. Elle n'a pas gardé de copie. René a perdu l'originale, mais il n'a pas oublié les mots très durs de madame Dion. « Je regrette de t'avoir fait confiance. Tu ne le méritais pas, pas plus que tu mérites ma fille. Céline était ma princesse. J'espérais pour elle un prince charmant. Et la voilà amourachée d'un homme de vingt-six ans son aîné, deux fois divorcé. Tu aurais pu éviter ça. Tu as choisi de ne pas le faire. Tu me déçois profondément, René Angélil. Je n'ai plus aucune admiration, aucune sympathie pour toi. »

Le lendemain, René a tenu à parler à madame Dion, pour lui dire qu'il la comprenait. Ils se sont retrouvés dans un coin discret du hall de l'hôtel. « J'ai une fille, moi aussi. S'il lui arrivait ce qui arrive à Céline, je réagirais probablement comme vous. Je vous comprends. Je trouve que vous avez raison. Mais sachez que je l'aime, comme je n'ai jamais aimé une femme de toute ma vie. »

Il espérait un flot de bêtises. Ce fut pire. Un regard noir, pesant, froid… et pas un mot.

Madame Dion était inquiète pour sa fille, bien sûr. Elle était également peinée pour elle-même, fâchée contre elle, déçue. Elle n'avait pas su la prémunir contre ce danger. Parce que c'était en fait un danger imprévisible, improbable, proprement incroyable. Comment aurait-elle pu penser qu'une telle chose se produirait ? Elle était peinée aussi parce qu'elle n'aurait sans doute plus de rôle à jouer dans cette belle aventure qu'elle croyait désormais compromise. René aussi, elle n'en doutait pas, était inquiet. Il devait bien savoir que les fans de Céline n'accepteraient pas cet amour ou ce que ces deux-là croyaient être de l'amour.

Le 2 avril 1987, en même temps que l'album « Incognito », c'est un personnage qu'on lançait, une image nouvelle qui avait éclos pendant l'éclipse de Céline. Et cette jeune femme sexy, libre, qui chantait l'amour torride, n'avait ostensiblement plus besoin d'avoir sa maman continuellement auprès d'elle.

Thérèse s'est donc retirée. « On n'a plus besoin de moi, je m'en vais. » Et personne, à son grand désarroi, ne l'a retenue. Quand la tournée Incognito s'est mise en branle, à l'automne, elle est donc restée à Duvernay, dans la maison trop grande, trop vide. Elle n'avait plus d'enfants, plus rien à faire. Pauline venait de se marier, Manon avait un amoureux, elle partirait bientôt, Paul était souvent parti, plus souvent chez sa blonde qu'à la maison. Adhémar, lui, voyait ses amis. Thérèse restait seule à la maison, elle n'avait plus de job, elle n'était plus nécessaire à qui que ce soit. Et elle venait de perdre son bébé. Elle n'était plus que la gardienne de la maison de Céline. Digne fille d'Achille Tanguay, elle disait à Adhémar, qui ne comprenait pas ses hésitations, qu'elle aurait préféré avoir une tente à elle plutôt que de vivre dans un château qui ne lui appartenait pas. Il répondait : « Pas moi. »

À cette époque, il n'y avait pas que l'avenir de sa petite dernière qui préoccupait maman Dion. À l'aube de ses soixante ans, elle découvrait avec stupeur que sa famille n'était plus aussi unie qu'autrefois. Pour des raisons souvent insignifiantes, souvent même oubliées, toutes sortes de disputes avaient éclaté entre frères et sœurs, des clans pratiquement irréductibles s'étaient formés. La haine était entrée dans la famille, constatait maman Dion. Et ça lui était extrêmement douloureux, intolérable. Penser que certains de ses enfants ne se parlaient plus, pire, qu'ils ne pensaient parfois qu'à se nuire, lui brisait le cœur.

Elle ne tenait pas vraiment à connaître les diverses raisons pour lesquelles ils se disputaient. Selon elle, rien au monde ne pouvait justifier que des frères et des sœurs ne soient pas étroitement solidaires les uns des autres.

Elle a donc convoqué une assemblée générale à Duvernay. Seize personnes, à huis clos: un papa, une maman, quatorze enfants, pas de conjoints, pas de petits-enfants. Et tout le monde, à tour de rôle, a parlé. Il y eut des cris, quelques injures, des pleurs, des explications et des pardons donnés, des excuses reçues. Thérèse avait préparé un texte qu'elle a remis à chacun de ses enfants. Elle leur rappelait qu'ils appartenaient à une famille exceptionnelle. Et que: « Si au lieu de nous laisser diviser par la haine, nous laissions l'amour nous unir, nous formerions une famille unique. »

LES ANNÉES, LE TEMPS ET… LES ENFANTS

Soixante ans de ma vie offerte à ces êtres chéris, et ce, sans prétention.

Quelques fois, j'aurais voulu avoir un peu de temps à Moi, pour m'épanouir…

Quand je suis seule, je pense, je rêve. Ah ! vous dire combien de choses m'auraient tenu à cœur.

Mais le destin et surtout le temps ne me le permettaient pas et je ne leur en veux pas.

J'aurais aimé m'accrocher individuellement à tous ces amours pour les diriger dans leurs destinées respectives, mais hélas, ils ont dû s'en remettre à leurs propres ailes et se fier à l'instinct que je leur ai probablement transmis de nature !

Maintenant, ils sont tous partis, élever eux aussi leurs propres familles, suivre leur propre chemin, et je n'en suis que plus heureuse de les voir dans un entourage qui, je vous l'assure, m'est très familier.

Ce que je regrette, un peu, et cela est en moi, c'est que toutes ces années, entourée de mes enfants, je me surprenais à rêver, comme tant d'autres êtres vivants de cette planète, où je me voyais voyager, danser, chanter, et m'amuser durant de longues soirées, et pour en rajouter davantage... un clair de lune au bord de mer avec l'homme qui a partagé ma vie.

Maintenant que j'ai tout ce temps à ma disposition, voilà que je commence à m'ennuyer de mes enfants. Je les sens s'éloigner de plus en plus les uns des autres, au moment où j'aurais le plus besoin de les voir se rapprocher, et ce..., jusqu'à Moi.

Peut-être allez-vous penser que je suis un peu égoïste en disant ceci, mais j'aimerais vous voir plus souvent, et ce, en nombre autour de moi.

Non... pas pour ce que j'ai fait pour vous!!!
Non... pas pour ce que j'ai été pour vous!!!
*Mais pour la simple raison de ce que **Vous** êtes pour moi...*
Mes amours!

*Entre vous mes chéri(e)s, j'espère que le respect, l'intégrité et **l'AMOUR** gagneront la bataille et la guerre, contre cet orgueil, cette haine, et j'en passe, qui s'amusent à venir s'installer dans notre milieu familial.*

Regardez autour de vous! et dites-vous qu'une famille comme la nôtre... il n'y en a pas beaucoup, et si l'amour nous unissait l'un à l'autre, alors là nous serions UNIQUE.

*Tout ce que j'aimerais vous dire pour terminer, oubliez le passé, **pardonnez**, faites-vous un cadeau (un présent) agissez présentement, pour un meilleur avenir (à venir).*

Voilà les propos d'une fille, d'une femme, d'une mère, d'une grand-mère, d'une arrière-grand-mère, qui a su oublier le passé (par-donné), profiter du présent (cadeaux) en espérant un meilleur avenir (à venir).

JE VOUS AIME TOUS À ÉGALITÉ. XXXXXXXXXXXX

MOMAN

À l'issue de cette rencontre, les quatorze enfants ont conclu une sorte de pacte : il était désormais entendu que chaque fois qu'ils sentiraient monter de la colère ou du ressentiment entre eux, ils reliraient ce texte, et chaque fois qu'ils en éprouveraient le besoin, ils se réuniraient et se parleraient. La famille avait retrouvé sa cohésion, sa force. Et maman Dion, sa sérénité.

Cependant, l'inactivité lui pesait toujours autant. Elle songeait à faire du bénévolat, comme ses sœurs Jeanne qui, depuis des années, donnaient du temps à la Soupe populaire de La Tuque, et Jacqueline qui, à Trois-Rivières, aidait des mères de familles monoparentales dont elle gardait les enfants.

Or, bizarrement, dans cette inaction, Thérèse Dion avait commencé à ressentir une grande fatigue. Adhémar sortait, jouait un peu au golf, voyait ses amis. Mais parfois aussi, ils se retrouvaient tous les deux seuls à la maison, un vieux couple regardant la télé, il fumait, elle cousait ou tricotait ; après les nouvelles, elle lui faisait des toasts, un café… C'était une petite vie tranquille… Beaucoup trop à son goût.

Ce désœuvrement l'effrayait. Serait-ce ainsi que tout cela finit, à soixante ans ? Seul, sans enfants, on n'est plus utile à rien, ni à personne. Et on n'aurait plus qu'à attendre, qu'à se laisser aller, tranquillement, inexorablement?

« Ça ne sera pas ça, ma vie. »

De temps en temps, quand elle travaillait le soir, sa fille Linda lui demandait de garder Éric, le fils de son copain Alain Sylvestre. C'était pour Thérèse un réel plaisir. À tel point qu'elle téléphonait régulièrement à Linda pour lui rappeler qu'elle était disponible, qu'elle pouvait garder Éric. Alors, elle allait chez elle, ou Linda ou Alain lui amenaient l'enfant. Mais c'étaient de rares et courtes joies. Parfois aussi Adhémar acceptait d'aller jouer aux cartes chez Linda et Alain… Mais malgré les demandes réitérées de sa femme, il refusait d'aller au théâtre ou au cinéma, encore plus de partir pour la Gaspésie ou la Floride.

Thérèse avait pris des cours de conduite avec ses garçons et sa fille Linda, et elle s'était acheté une petite voiture, une Chrysler blanche, instrument par excellence de liberté. Adhémar n'avait jamais voulu lui prêter la sienne, pas plus qu'à ses filles, sauf à Manon. Dans son esprit, conduire était une activité d'homme, exclusivement. Il avait donc montré à conduire à Clément et à Michel, puis à Jacques, Daniel et Paul, dès qu'ils eurent atteint l'âge de treize ou quatorze ans. Il leur prêtait son auto avant même qu'ils aient leur permis, pour faire des courses, des ballades. Un jour, à quatorze ans, Michel s'était risqué, encouragé par ses amis, sur le pont Charlemagne et il s'était égaré sur l'île de Montréal, où la police l'avait arrêté et écroué. Adhémar était allé le chercher, l'avait un peu engueulé, mais, au fond, il était fier de son garçon.

Thérèse ne l'aurait jamais avoué à son mari – elle ne voulait jamais rien lui demander –, mais elle rêvait depuis toujours de conduire. Depuis ce jour lointain, à Saint-Bernard-des-Lacs, quand elle s'était emparée de la voiture de son père. Elle devait avoir treize ou quatorze ans. Elle avait verrouillé les portes et fait démarrer le moteur.

Antoinette, qui était dans le jardin, regardait la scène, effarée. Thérèse a avancé de quelques mètres, pesé sur la pédale d'embrayage, placé le levier de commande à reculons et ramené la voiture à son point de départ. C'était assez, elle savait qu'elle pouvait conduire. Mais ce n'est que quarante ans plus tard qu'elle a pu le faire régulièrement.

Elle pouvait désormais aller voir ses enfants ou se rendre au marché toute seule, à l'heure qui lui convenait, sans avoir à demander, à attendre. Elle allait chez Linda, chez Denise, chez Jacques, chez tous ses enfants qui l'accueillaient toujours à bras ouverts. Elle leur apportait des pâtés, des confitures, des chandails et des foulards, elle s'offrait comme gardienne, comme femme de ménage. Pour rien, pour le plaisir de rendre service, et d'être celle par qui l'ordre se fait.

Mais elle se rendait compte que ses enfants n'avaient plus vraiment besoin d'elle. Ils étaient tous occupés, ils avaient leur vie dans laquelle elle tenait désormais, lui semblait-il, bien peu de place. Ses petits-enfants étaient à l'école. S'ils n'y étaient pas, leurs mères savaient prendre soin d'eux. Thérèse aurait souhaité qu'on lui demande mille et un services, qu'on ait un urgent besoin de ses forces, de ses conseils, de son aide… Mais ses enfants, eux, souhaitaient au contraire décharger leur mère de toute tâche. Ils se le disaient, les uns aux autres : « Maman a travaillé assez fort toute sa vie, à nous maintenant de lui faciliter la vie. » Or, Thérèse Dion semblait incapable, à plus de soixante ans, de se contenter d'une vie facile et tranquille. Elle voulait, tout autant que lorsqu'elle avait quinze, trente ou quarante-cinq ans, de l'action, des défis, de l'ouvrage. Il lui semblait qu'elle gaspillait ses forces à ne rien faire.

Elle était, bien sûr, heureuse de voir comment ses filles et ses brus élevaient bien leurs enfants. Mais elle voyait bien qu'elle n'avait plus rien à leur apprendre. Et elle ne voulait surtout pas être l'insupportable belle-mère qui s'impose, donnant à gauche et à droite des conseils et des avertissements.

Elle enviait, par moments, la facilité avec laquelle son mari s'était coulé dans la vie de retraite. Pendant quarante ans, il avait, lui aussi, travaillé fort, il avait été utile, il avait sans cesse pourvu aux besoins de la famille. Il ne le faisait plus et il n'était plus utile aux autres, mais il savait profiter admirablement du bon temps, beaucoup mieux qu'elle.

Depuis qu'elle était plongée dans cette harassante inaction, Thérèse avait de brusques et brutales attaques de fatigue et de lancinantes douleurs à l'estomac. Elle se promenait parfois pendant une journée avec un poids sur le cœur. Et se retrouvait parfois à bout de souffle, rien qu'à monter un escalier ou à rentrer ses sacs d'épicerie. Elle tentait chaque fois de n'en rien laisser paraître. Une femme forte n'est jamais fatiguée. Or, Adhémar, qui n'était pas le champion de l'attention aux autres, s'était aperçu que quelque chose clochait. Sa femme n'avait plus l'entrain et l'énergie qu'il lui avait toujours connus. Mais il était toujours incapable de prendre une décision, de raisonner cette femme autoritaire et hyperactive qui persistait à dire que ce n'était rien, qu'elle digérait mal, que ça lui passerait.

Et malgré les protestations de son mari, sans doute pour lui prouver qu'elle n'était pas amoindrie, elle avait entrepris de nettoyer le plancher de marbre de la salle à manger qu'elle a d'abord poncé avec un tampon SOS pour enlever la vieille cire. Elle n'en avait pas frotté un mètre carré qu'elle s'est sentie affreusement fatiguée. Elle s'est assise dans un coin pour reprendre son souffle. Elle a pensé : « Ce plancher-là m'aura pas. » Elle s'est entêtée et a repris le travail. Elle a dû s'arrêter à plusieurs reprises, mais quand Adhémar est rentré pour souper, le sol était étincelant. Et Thérèse était contente. Elle avait fait du beau travail, elle avait eu raison de son plancher et, malgré son manque d'appétit, ne sentait plus ce terrible poids sur le cœur.

Quand Linda est passée la voir ce soir-là, comme elle faisait souvent après souper, elle a trouvé sa mère changée, les traits tirés, les mains tremblantes. Mais celle-ci protestait qu'elle était en forme. La preuve : elle irait le lendemain matin, toute seule s'il le fallait, au Salon de l'habitation qui se tenait ces jours-là au Stade olympique. Elle avait toujours adoré ce salon, qu'elle visitait presque religieusement chaque année. Elle s'intéressait aux nouvelles technologies de construction, aux matériaux inédits, aux styles architecturaux en vogue. C'était chaque fois une sorte de plongée dans le monde de son père, de son enfance. Elle avait toujours aimé les chantiers de construction. Et elle rêvait encore de se bâtir, ce dont Adhémar ne voulait rien savoir.

Inquiète et consciente qu'elle ne pourrait dissuader sa mère de sortir, Linda a décidé de prendre congé et de l'accompagner le lendemain matin au Stade olympique. Elle a aussi convaincu son père de se joindre à elles. Ils sont donc partis ensemble, de bonne heure le vendredi, dans l'auto d'Adhémar. Thérèse a tenu à s'asseoir derrière. Linda la connaissait assez pour comprendre que sa mère voulait cacher son malaise. Elle n'était visiblement pas bien, mais répétait que ça passerait, qu'elle digérait mal parce qu'elle avait mangé son muffin trop vite et bu son verre de lait trop froid. Plus tard, pendant qu'ils marchaient entre le stationnement et les salles d'exposition, elle a eu de violents haut-le-cœur et a dû faire une halte à deux ou trois reprises pour reprendre son souffle. Adhémar et Linda voulaient rentrer à Duvernay. Pas elle. Elle a tout de même décidé, elle qui adorait découvrir des constructions nouvelles, de s'arrêter à une buvette boire un thé, pendant que Linda et son mari visitaient en vitesse la maison modèle.

Sur le chemin du retour, elle s'est soudain sentie très bien, tout à fait détendue. Et elle s'est endormie sur la banquette arrière. À la maison, elle a entrepris de préparer le souper et de cuire une grosse sauce à spaghetti qu'elle distribuerait le lendemain aux enfants.

Céline est rentrée de tournée très tard, ce soir-là. Elle a eu un choc, le lendemain matin, en apercevant sa mère, livide et tremblante.

« Regarde-toi dans le miroir, maman. Faut que tu voies un docteur.

— Je veux rien savoir des docteurs. »

À part son ami, le docteur Émile McDuff, qui l'avait accouchée de ses dix derniers enfants et qui était pratiquement devenu un membre de sa famille, Thérèse Dion n'avait jamais eu beaucoup de respect pour les médecins. Ou plutôt, elle ne les prenait pas, comme faisaient beaucoup de gens, pour des savants infaillibles devant qui il faut se prosterner.

Céline a quand même téléphoné au docteur Choquette, qui avait effectué son bilan de santé et celui de René Angélil à la demande des compagnies de disques qui désiraient investir dans la production de ses albums. Sans même consulter sa mère, elle a pris rendez-vous le lendemain à quatorze heures. Thérèse Dion n'avait pas l'habitude qu'on décide pour elle-même : « J'ai soixante et un ans, ma fille, tu me diras pas quoi faire. » Cette femme détestait parler de ses ennuis de santé. Et en plus, elle avait pris des engagements. Elle avait demandé à Linda si elle pouvait garder Éric le lendemain. Et elle en avait bien l'intention. Prévoyant le coup, Linda a téléphoné une demi-heure plus tard pour dire, pieux mensonge, qu'Éric passerait la journée avec ses petits cousins.

Thérèse a finalement accepté de se rendre avec Adhémar chez le docteur Choquette, dont le bureau était situé à deux pas de l'Institut de cardiologie. Après l'avoir examinée et lui avoir fait faire un test à l'effort qu'il a dû interrompre après moins de deux minutes, le docteur décidait l'hospitalisation immédiate.

« Vous êtes à un cheveu d'un infarctus massif. » Elle voulait passer à Duvernay faire sa valise. « Pas question », a dit le docteur. Il a griffonné quelques mots sur un bout de papier qu'il a tendu à Thérèse. « Vous présenterez ça aux préposés à l'urgence. Ils vous attendent déjà. »

Elle a fait à pied le trajet de quelque cinq cents mètres séparant le bureau du docteur de l'urgence de l'Institut de cardiologie. Elle marchait lentement, aux côtés de son mari silencieux. Elle pensait, non sans effroi, à ce qui pouvait lui arriver. Mourir à soixante et un ans, peut-être. Du cœur, comme son père. Comme ses frères Henry et Lauréat. Tous les Tanguay étaient faibles du cœur. Et ses enfants étaient des Tanguay autant sinon plus que des Dion. Leur avait-elle transmis cette faiblesse ? Seraient-ils eux aussi en danger de mort ?

Elle avait peur. Elle était déçue surtout. « La maladie, pour moi, c'est un échec », avait-elle dit un jour à son mari. Elle considérait que mourir à cet âge, alors qu'il y avait encore tant de choses à accomplir, tant de monde à découvrir, c'était carrément rater sa vie.

Le docteur avait raison ; elle était à un cheveu de l'infarctus fatal. Dès que Thérèse a remis la note aux préposés de l'urgence, elle a pratiquement perdu tout contact avec la réalité. Elle est revenue à elle plusieurs heures plus tard. Céline, Manon et Linda étaient à son chevet. Et un médecin l'informait qu'elle subirait quatre pontages coronariens deux jours plus tard.

Dans l'après-midi, Adhémar passait à l'Institut avec Denise et Manon. Il était effroyablement mal à l'aise. Adhémar Dion ne voulait jamais voir la misère du monde, le malheur, la tristesse, la douleur, ni chez lui ni chez les autres. Il détestait plus que tout aller dans les hôpitaux. Il osait à peine s'approcher du lit où gisait sa femme, cette forte femme que, pour la première fois, il voyait totalement démunie.

Et elle, femme d'orgueil, avait une peur bleue de devenir un poids pour les autres. Elle qui ne montrait jamais sa peine, sa fatigue, ses peurs, qu'elle gardait toujours pour elle, presque jalousement, la voilà pour la première fois de sa vie d'adulte à la merci des autres, sans force, sans secret. Elle a même cru pendant un moment qu'elle ne serait plus jamais tout à fait autonome, s'imaginant dans ses pires cauchemars incapable de se nourrir, de se soigner, de se laver, comme était sa belle-mère Ernestine à la fin de sa vie.

Cette impression de défaite et ce sentiment de fragilité ont duré quelque temps. Peu après être rentrée à la maison, elle a vendu sa voiture à son fils Daniel. Ce fut un triste moment. Un an plus tôt, la voiture avait été pour elle l'instrument par excellence de la liberté. Elle y renonçait. Elle se sentait devenir inutile, incapable, faible. Tout ce qu'elle haïssait chez les autres.

Quand Céline est partie pour Dublin à la mi-avril, sa mère avait récupéré, mais elle était consciente que l'iné-luctable allait se produire, si ce n'était déjà fait. Et elle n'y pouvait rien. Tout lui échappait. Elle ne jouait plus aucun rôle dans la fulgurante carrière de sa fille. Elle était deve-nue une simple spectatrice, passive, de plus en plus loin-taine... Bien sûr, Céline lui parlait tous les jours. Mais, désormais, sa petite fille chérie lui cachait des choses, pour ne pas la blesser ou la peiner. Elle savait que ce qu'on racontait dans les journaux était vrai, toutes ces rumeurs qui l'avaient choquée et qui, elle s'en rendait bien compte maintenant, faisaient la joie de Céline.

Madame Dion était déchirée. Elle aimait bien René, même si elle avait eu des mots très durs pour lui et qu'elle était restée à son égard d'une implacable froideur. En fin de compte, il avait toujours été très correct avec toute la famille. Et il avait livré la marchandise. En 1981, il lui avait dit qu'il ferait de Céline une vedette importante au Québec et en France. Six ans plus tard, c'était chose faite. Céline était devenue une énorme et incontournable vedette. En plus, on venait d'apprendre qu'elle avait été choisie pour représenter la Suisse à l'Eurovision. Ce concours, auquel participaient chaque année une vingtaine de pays, donnait, en Europe surtout, une formidable visibilité. Cette fois, René n'avait pas fait de promesses aussi explicites, mais il était évident qu'il allait tout tenter et tout risquer pour imposer son artiste sur la scène internationale. Et force était de reconnaître que Céline était heureuse et épanouie depuis qu'ils étaient en amour.

En affaires, madame Dion n'avait jamais douté des décisions et de la fidélité de René. Quand, autrefois, il lui parlait de ses projets, même de ses projets les plus fous et les plus risqués, elle ne manifestait jamais beaucoup de surprise ou d'étonnement, mais elle avait confiance, elle comprenait et approuvait. Mais elle n'était toujours pas convaincue que ce qu'il vivait avec sa fille avait du bon sens. Elle ne pouvait s'empêcher de penser qu'étant donné son âge, il ne lui ferait pas d'enfant, et concevait difficilement qu'une femme puisse être heureuse ainsi.

Au retour de Dublin, à l'aéroport de Mirabel, dans la foule venue accueillir et ovationner Céline, René a tout de suite senti le regard noir de madame Dion se poser sur lui. Adhémar, qui savait certainement tout, est quand même venu lui serrer la main, rieur et chaleureux, pendant que Céline se jetait dans les bras de sa mère.

En fait, Thérèse était déchirée, elle aussi. Elle savait très bien qu'elle ne pourrait convaincre sa fille de renoncer à l'amour de René. Et qu'elle la perdrait, si elle tentait de le faire. Tout le monde serait alors terriblement malheureux. Elle avait compris qu'elle était incapable de lutter contre cet amour. Céline et René vivaient dans un monde à part, un monde à eux dont ils étaient, d'une certaine manière, les seuls habitants. Ils ne pouvaient plus se passer l'un de l'autre. Ils avaient la même âme, leur destin était à jamais lié.

Thérèse avait dit à sa fille, à peu de choses près, ce que son père Achille lui avait dit quand, à dix-huit ans, elle avait décidé de se marier : « Tu as fait ton choix. Mais il faut que tu assumes, que tu saches que tu ne pourras plus venir pleurer dans les jupes de ta mère. » Cela dit, elle savait fort bien que si jamais ça se produisait, si jamais Céline voulait venir pleurer dans ses jupes, elle lui ouvrirait grands les bras et ferait tout pour la consoler. Céline aussi le savait. Tous ses enfants le savent. Madame Dion n'avait plus vraiment d'autorité réelle sur la manière dont sa fille allait mener ses amours et sa vie. Mais elle savait qu'elle tiendrait toujours une place immense dans son cœur et dans son existence.

Adhémar, lui, n'avait jamais voulu intervenir dans le dossier des amours de sa fille. « Ce n'est pas de nos affaires, disait-il. Angélil a peut-être deux fois et demie son âge. Mais Céline est majeure. Mêle-toi pas de ça. »

Par choix délibéré, sans doute aussi parce que c'était moins compliqué, le père de Céline cherchait toujours à voir exclusivement le beau côté des choses. Il était par nature plus optimiste et plus positif que sa femme. Celle-ci, plutôt que de considérer le bonheur actuel de sa fille, imaginait parfois le pire, qu'elle serait tôt ou tard malheureuse, qu'Angélil ne voudrait pas avoir d'enfants avec elle, puisqu'il en avait déjà trois dont il s'était, paraît-il, plus ou moins bien occupé.

« Et quand elle aura mon âge, s'ils sont encore ensemble, il aura soixante-dix-huit ans.

— Même s'ils sont plus ensemble, répondait en riant Adhémar, il aura toujours vingt-six ans de plus qu'elle. Laisse-les donc vivre leur vie. Tu vois bien qu'elle est heureuse avec lui. »

Les enfants pensaient comme lui. Bien sûr, ils avaient tous été étonnés et franchement troublés d'apprendre que leur petite sœur et René Angélil étaient en amour, mais ils avaient vite compris qu'elle trouvait vraiment son bonheur et son inspiration auprès de lui. Ils s'étaient même faits complices de cet amour. Ils en parlaient entre eux, bien sûr, mais quand des journalistes ou des curieux en mal de sensations venaient les interroger, ils niaient tout, parce que Angélil ne voulait pas que ça se sache, pas maintenant.

Peu à peu, beaucoup parce que ses enfants s'ingéniaient à protéger la liaison amoureuse de leur petite sœur, Thérèse a commencé à se faire à l'idée que Céline pouvait réellement être heureuse avec René Angélil.

Par ailleurs, aucun de ses enfants n'en voulait à madame Dion de s'être occupée mieux de sa petite dernière et d'avoir été plus souvent auprès d'elle que d'eux tous. Louise avait dit un soir, sans méchanceté aucune, sans même le moindre soupçon d'envie, que Céline avait tout eu. Et ses sœurs, en riant, avaient décliné : la voix la plus puissante et la plus souple, le meilleur caractère, les jambes les plus longues, la bonne étoile et la plus brillante, la plus belle carrière, évidemment, et la plus grosse fortune, la meilleure chance, le plus bel avenir, la taille la plus fine, la plus élancée, la maman la plus présente...

À l'automne, Céline a loué un grand chalet à Sainte-Anne-des-Lacs pour que sa mère s'y repose et qu'on puisse organiser de grandes fêtes de famille. Tout le monde était là, même Clément et Michel descendus du Grand Nord. Thérèse avait remarquablement bien récupéré depuis son opération. Elle se sentait forte, elle n'avait plus ce poids insupportable sur le cœur, elle pouvait faire de longues marches dans les bois environnants en compagnie de ses enfants sans ressentir de fatigue. Il faisait beau et doux.

La mort subite de Valmont est venue assombrir cette belle saison. Dans la famille, on le savait menacé. Comme son père Achille, et comme ses frères Lauréat et Henry partis avant lui, Valmont était pris du cœur. Sa mort a secoué toute la famille de Thérèse. Il avait vécu presque toute sa vie adulte à Charlemagne, étant pour Adhémar une sorte de mentor, un ami. Brillant ébéniste, il avait montré à Clément, à Michel et à Daniel à travailler le bois. À Charlemagne, il était pratiquement la seule personne avec qui Thérèse pouvait parler de son enfance, de Saint-Bernard-des-Lacs, des Chic-Chocs et de la mer, du moulin à scie de leur père, et d'Henry et de Lauréat. Thérèse avait maintenant perdu ses trois grands frères.

Elle s'est laissée un temps bercer par sa peine et sa peur de mourir. Ses garçons et ses filles, la voyant triste et songeuse, venaient la voir tous les samedis et les dimanches ; et la maison était alors remplie de cris, de rires, de musique. Beaucoup grâce à eux, à ses enfants et surtout à ses petits-enfants, Thérèse s'est secouée et a repris goût à la vie.

Elle allait parfois chercher le petit Jimmy, le garçon de son fils Jacques qui habitait tout près, à Prévost. Elle lui a cousu des capes et des masques de héros et de bandits, et fabriqué des épées de carton et de bois ; elle se battait avec lui, jouant à Zorro un jour, Robin des Bois un autre, ou Batman ou Superman. Elle avait cinq ans, comme lui. Il était son copain.

La maison voisine du chalet qu'avait loué Céline, propriété de Dominique Michel, était à vendre. C'était une construction étonnante, construite à flanc de montagne, toute blanche, en dedans comme en dehors, planchers, murs et plafonds, fauteuils, couvre-lits, et baignée de lumière du lever au coucher du jour. Céline l'a achetée avec l'intention de l'habiter avec ses parents. Elle ne pouvait vivre avec l'homme de sa vie, celui-ci considérant que le public québécois réagirait mal. Et elle tenait à rester proche de ses parents.

Thérèse a commencé par protester. Elle ne voulait pas, répétait-elle, être la gardienne des maisons de sa fille. Elle se sentait jeune encore, elle aurait bientôt des projets qui l'occuperaient, elle en était sûre, et qui la combleraient. Puis elle tenait à rester autonome. Mais Céline eut tôt fait d'écarter ses réticences.

« J'ai besoin de toi, disait-elle à sa mère. J'ai besoin que tu sois près de moi. »

C'était vrai. Pendant leurs longues promenades, la mère et la fille avaient retrouvé leur complicité de toujours. Quand elles étaient seules à la maison, Thérèse préparait un feu de foyer ; elles bavardaient pendant des heures. Céline parlait à sa mère de ses amours, de ses projets, de la peine qu'elle avait de ne pouvoir dire au monde entier qu'elle aimait René Angélil.

Mais ayant retrouvé sa forme, Thérèse voulait à présent s'occuper réellement. Or, dans la grande et belle maison blanche, il y avait trop peu à faire, à son goût. Et pendant les jours de la semaine, ça manquait furieusement de vie. Dans un coin de la salle de séjour, Thérèse a installé une volière de colombes qui lui tenaient compagnie pendant ces longs après-midi qu'elle passait souvent toute seule.

*

Au début de l'année 1989, Céline et René partaient vivre à Los Angeles, seuls, en amoureux. Céline téléphonait à sa mère tous les jours pour lui parler de son bonheur. Et celle-ci comprenait qu'elle était enfin heureuse. Ils s'étaient installés, elle et René, au Malibu Inn, un tout petit motel séparé de la mer par un écheveau d'autoroutes. Céline préparait alors les chansons de son premier disque en anglais. Et toutes parlaient d'amour, et rien que d'amour... Thérèse ne pouvait raisonnablement plus en vouloir à René Angélil. Il avait fait de sa fille une superstar au Québec et en France ; il était en train de lui bâtir une carrière aux États-Unis. Et en plus, il la rendait heureuse. Mais Thérèse pensait encore que ce bonheur serait de courte durée ; l'un ou l'autre se lasserait.

Toutefois, l'hiver passait, et la vie de Céline ressemblait de plus en plus à un conte de fées. Elle enregistrait avec les plus grands compositeurs et producteurs, à Los Angeles, à New York, à Londres. Elle travaillait vraiment très fort, elle s'entraînait avec énormément de rigueur, de discipline, tous les jours, jusqu'à devenir une véritable mécanique, exécutant religieusement ses vocalises, s'entraînant comme une athlète de haut niveau, renonçant à plein de choses dont les jeunes de son âge ne veulent pas se passer.

Thérèse, elle, avait enfin convaincu son mari de partir revoir leur Gaspésie natale avec Jeanne et son mari Wilfrid. Ils n'étaient jamais retournés, ni l'un ni l'autre, dans le village perdu au cœur de la forêt où ils avaient passé leur enfance et leur adolescence, et qu'ils avaient quitté quarante-cinq ans plus tôt. Ce fut un émouvant pèlerinage. En fait, Saint-Bernard-des-Lacs n'était plus qu'un fantôme.

Thérèse constatait à quel point elle et son mari étaient encore en forme. Jeanne avait soixante-douze ans, mais elle était restée forte et vive, elle aussi, beaucoup plus que son mari Wilfrid, désormais un homme usé, fatigué, un vieillard...

Au cours de ce voyage, Thérèse s'est beaucoup confiée à sa grande sœur. Elle lui parlait de sa crainte d'avoir négligé ses autres enfants pour ne s'occuper que de Céline.

« Savoir que je l'ai aimée plus que les autres ou mieux que les autres, je m'en voudrais énormément, a-t-elle avoué.

«Tu l'as aimée autrement, a répondu Jeanne. Quand Denise est née, t'avais dix-neuf ans. Tu l'as aimée comme aime une mère de dix-neuf ans. Quand tes jumeaux sont nés, t'en avais trente-cinq, tu les as aimés comme peut aimer une femme de trente-cinq ans, comme une mère de onze autres enfants qui ne s'appartient pas. Quand Céline a eu treize ans, t'avais tout ton temps. »

Thérèse s'était toujours défendue d'aimer l'un de ses enfants plus qu'un autre. Si elle avait du plaisir à converser avec Daniel, par exemple, ou avec Denise, si pendant une période de temps, elle était pour une raison ou pour une autre plus proche de Ghislaine ou de Jacques, elle éprouvait une sorte d'inconfort et se portait alors vers les autres. Elle refusait même d'admettre que Céline lui donnait plus de satisfaction que n'importe quel autre de ses enfants. La seule différence, pensait-elle, c'était que la relation passionnelle que Céline entretenait avec elle était publique, largement médiatisée. Céline n'accordait pas une entrevue sans qu'il soit question de sa mère, de sa grande intelligence, de son énergie, de ses savoir-faire… Ainsi, de même que la mère avait, au début des années quatre-vingt, fait de sa fille une star, celle-ci faisait aujourd'hui de sa mère une grande vedette.

Le 19 juin 1991, lors du spectacle marquant au Forum ses dix ans de carrière, elle avait parlé de ses auteurs, Marnay, Diane Juster, Plamondon, Marcel Lefebvre. Puis elle avait parlé de sa mère en disant qu'elle était « pour [elle] la plus grande, celle qui a tout déclenché ». Et quand elle avait, par la suite, entonné *Ce n'était qu'un rêve*, le Forum entier avait chanté avec elle. Les spots géants avaient balayé l'espace pour aller se poser sur monsieur et madame Dion. Les gens s'étaient levés pour l'applaudir, elle, Thérèse Tanguay-Dion, auteur, compositeur, manager et, par-dessus tout, maman. Car elle était d'abord et avant tout maman, un métier très exigeant, mais ô combien valorisant.

Elle travaillait sans cesse à l'entretien de sa famille, comme un jardinier travaille à l'entretien et à l'embellissement de son jardin. Mais il y avait encore chez les Dion, il y aura toujours inévitablement, des conflits, des querelles intestines, comme dans toutes les grosses familles. Depuis quelque temps, certains enfants avaient parfois demandé de l'aide à Céline. Chaque fois, de plus en plus. Et celle-ci ne savait pas, et ne pouvait pas refuser. Et ceux qui ne demandaient rien étaient furieux qu'on mette leur petite sœur dans cette inconfortable situation.

Lors d'un *Tête à Tête*, émission de télévision avec Lise Payette, avant d'avouer avec force larmes qu'elle était en amour, mais qu'elle ne pouvait révéler le nom de l'élu de son cœur, Céline avait parlé très ouvertement des relations qu'elle entretenait avec sa famille, avouant que plusieurs de ses frères et sœurs lui avaient en effet demandé de l'argent. Quelques centaines de dollars d'abord, puis de quoi s'acheter une voiture, une maison, un commerce. Le temps était venu d'effectuer une mise au point.

À ses frères et sœurs, elle a rappelé, devant tout le Québec, à quel point elle les aimait, à quel point elle leur était reconnaissante de tout ce qu'ils avaient fait pour elle. Et elle a ajouté qu'elle était peinée et révoltée de voir leurs disputes et leurs déchirements. Et qu'elle craignait terriblement que la belle harmonie de son enfance ne se rompe à jamais.

Angélil et Céline, sûrs que leur amour secret serait dans cette entrevue un sujet incontournable, avaient eux-mêmes demandé à madame Payette d'aborder aussi celui de la famille. Céline était inquiète. Elle craignait que certains de ses frères et sœurs soient blessés ou choqués. « S'ils t'aiment, lui avait dit Angélil, ils vont comprendre. » Mais elle pensait surtout que sa mère serait peinée.

Thérèse l'était, bien sûr. Mais elle espérait que l'intervention de Céline dénoue la crise familiale. Et c'est ce qui s'est produit. Encore une fois, on a dû se parler, tenir une rencontre au sommet, se dire les uns aux autres ses quatre vérités. Et se rendre compte qu'au-delà de toutes les disputes et les conflits, on était très proches, très unis…

Cependant, il y a des coups du sort contre lesquels on ne peut rien. Le 3 mai 1993, Liette perdait sa petite Karine, tuée par la fibrose kystique à l'âge de seize ans. De tous les enfants de Thérèse, Liette avait été la plus éprouvée. Pendant seize ans, elle avait vu sa fille mourir jour après jour, inexorablement. Et son mari, incapable de vivre cette épreuve, l'avait quittée alors que Karine était encore toute petite. Thérèse avait alors été terriblement révoltée. Elle continuait de penser pour elle-même, et parfois de dire bien haut dans un élan de colère, que les hommes manquaient souvent de cœur, qu'ils étaient faibles, qu'ils ne pensaient qu'à eux. «Comment peuvent-ils, en leur âme et conscience, continuer à vivre sans remords?»

Liette, qui avait un grand garçon, s'était refait une vie. Sans révolte. Elle avait vécu son deuil. Et Thérèse l'admirait. Contrairement à beaucoup de gens qu'une grande peine rendait amers ou méchants, Liette était restée attentive aux autres, elle était devenue une femme douce et sereine, capable de sourire à la vie, d'aider, d'aimer. Et Thérèse lui a dit un jour ces mots qui l'ont vivement touchée: «Je t'admire.» Depuis, madame Dion a pris l'habitude de dire son admiration à ses enfants.

7

Femme d'affaires et dame de cœur

Dans les années soixante-dix, les pâtés de madame Dion étaient fameux à Charlemagne et à Repentigny. Les enfants, même les plus jeunes, Manon, les jumeaux, Céline, en livraient régulièrement, chauds ou froids, aux employés du marché Quintal et de l'abattoir qui se trouvait juste derrière. Ce petit commerce eut un tel succès que, bientôt, malgré l'aide de ses filles et de ses garçons, madame Dion ne pouvait plus suffire à la demande. Et a cessé de vendre ses pâtés. Mais elle a continué d'en cuisiner, presque chaque semaine, plusieurs dizaines qu'elle donnait à ses enfants quand ils passaient la voir.

Au début de 1993, son fils Paul est arrivé, une journée, quelques semaines avant la mort de la petite Karine, avec l'idée de commercialiser une gamme de produits alimentaires Maman Dion. En fait, l'idée lui était venue du

311

père de sa femme, Lucie Hébert, qui avait plusieurs fois goûté et apprécié la cuisine de Thérèse. Celle-ci s'est embarquée sans hésiter dans l'aventure que lui proposait son garçon.

Ils ont formé une compagnie, le Groupe Inther-Uni inc., qui s'est associée à un distributeur solidement implanté au Canada, les Aliments Maple Leaf inc. «J'arrive avec le nom et le produit, leur avait dit Paul, vous vous occupez du financement, des infrastructures, de la distribution.»

Afin de pouvoir suivre le développement de cette affaire, madame Dion s'est inscrite au cours Berlitz: *How to Do Business in English*. Elle était heureuse, enfin sortie de sa cuisine, femme d'affaires.

Elle a proposé trois pâtés (saumon, dinde et brocoli, bœuf et légumes) et une tourtière. Mais produire des pâtés en quantité industrielle exige de délicats ajustements. On a dû effectuer plusieurs essais. Tout naturellement, Adhémar fut chargé des dégustations. Au début, les pâtés étaient trop secs à son goût. Puis la pâte était trop molle, trop collante, la viande de bœuf pas assez relevée. On a recommencé maintes fois, jusqu'à ce qu'il donne son approbation et sa bénédiction.

Le 4 novembre 1993, dans ce magnifique restaurant art déco qui occupait à l'époque le dernier étage du magasin Eaton, rue Sainte-Catherine, à Montréal, maman Dion lançait sa ligne de «pâtés» en présence de ses quatorze enfants et de toute la presse montréalaise.

Thérèse avait déjà pris des bains de foule avec sa fille Céline. Cette fois, c'était elle qu'on venait voir, qui déplaçait les gens, qu'on regardait, qu'on photographiait et qu'on interviewait. C'était son show, son public. Et elle était dans son élément, contente des produits qu'on mettait en marché ce jour-là. Cependant, elle déplorait que l'usine soit à Toronto. «Pourquoi pas au Québec? demandait-elle. On a du saumon plus qu'en Ontario. On a du brocoli, du bœuf, de la dinde, autant qu'à Toronto. Et c'est le monde du Québec qui va manger mes pâtés. »

Elle a quand même fait beaucoup de promotion dans les marchés de la région métropolitaine, puis à Québec, à Sherbrooke, au Saguenay. On venait la rencontrer, lui demander des recettes, son opinion sur tout et sur rien, et des autographes. On lui parlait de Céline, bien sûr. Et de René. Tous les gens savaient alors qu'ils étaient en amour.

Ils avaient fait leur grande déclaration publique quelques jours après le lancement des petits pâtés Maman Dion, lors d'un autre lancement, au Metropolis, celui de « The Colour of my Love », le troisième album en anglais de Céline. Au dos de la pochette, elle révélait de façon très explicite qu'elle et René étaient amoureux. *Rene, you're the colour of my love.* Ces mots avaient infiniment réjoui Thérèse Dion. L'amoureuse qu'était Céline pourrait enfin sortir de la clandestinité.

Le public et les médias n'étaient pas encore au courant que, quelques jours plus tôt, René Angélil s'était rendu à Duvernay rencontrer Adhémar Dion pour lui demander la main de sa fille Céline. Il avait tenu à faire les choses ainsi. Céline et lui étaient maintenant ensemble depuis plus de cinq ans. Et visiblement, au comble du bonheur.

Thérèse a oublié son regard noir et a dit à René qu'elle était heureuse pour eux. Ils pouvaient désormais vivre ensemble au vu et au su de la planète entière. L'année précédente, ils avaient acheté, de Pierre Lacroix, l'homme de hockey, une grosse maison de pierre, à Rosemère, chemin de la Grande-Côte. C'est dans cette maison qu'ils ont commencé à habiter comme mari et femme. Lui, cinquante ans ; elle, vingt-quatre. Maman Dion, qui n'avait jamais été tout à fait favorable à cette union, devait toutefois reconnaître que tous les deux étaient rayonnants. Et qu'ils vivaient alors de grandes choses. Et cela expliquait ceci, selon elle. Ils vivaient de grandes choses parce qu'ils étaient heureux.

Mais ils n'étaient pas souvent à la maison. Ils vivaient alors dans un véritable tourbillon, continuellement en tournée ou en studio ou en promotion dans les grandes villes d'Europe, d'Asie et d'Amérique. Plus souvent au Bristol de Paris, au Bel Air de Los Angeles, au St. Regis de New York ou au Landmark de Londres, que sur le chemin de la Grande-Côte.

Céline avait fait aménager une partie de la maison pour ses parents, qui ont quitté Sainte-Anne-des-Lacs pour venir habiter chez elle, à Rosemère.

*

Le 17 décembre 1994, Céline, dernière enfant de Thérèse et Adhémar, épousait dans un faste inouï René Angélil. Son entrée à la cathédrale Notre-Dame, sa longue traîne soutenue par ses huit sœurs, son boléro de vison blanc, sa tiare de pierreries resteront longtemps gravés dans l'imagerie populaire québécoise. Plus tard, lors de la réception à l'hôtel Westin, il y eut de touchants discours, beaucoup de musique. L'émotion a culminé quand les treize frères et sœurs de Céline l'ont entourée et lui ont chanté *Qu'elle est belle, la vie*.

Mais le lendemain, 18 décembre 1994, Thérèse recevait un coup au cœur. Annette, sa jeune sœur, celle qui avait été, enfant, sa protégée, toujours pleurnicharde, décédait subitement à l'âge de soixante-six ans. Le cœur, encore. Annette avait dû faire son deuil du show-business parce que son mari, borné comme l'étaient souvent les hommes, ne voulait pas qu'elle chante. Elle avait vécu avec ce regret toute sa vie. Quand elle y pensait, Thérèse était en colère. Comment, de quel droit, pourquoi peut-on imposer aux autres de renoncer à faire ce dont ils ont envie ? Elle était aussi en colère après sa sœur. Pourquoi

314

ne s'était-elle pas révoltée, pourquoi n'avait-elle pas dit à son mari de se mêler de ses affaires ?

Certaines personnes prennent leur vie en main ; d'autres se laissent dériver. Louis-Olivier, le frère de Thérèse, appartenait à ceux-là. Il avait toujours été souffreteux, solitaire, taciturne. Il n'avait pas eu d'enfant. Il avait vécu toute sa vie rue Réal, à La Tuque, une existence étriquée, sans envergure, sans rêve, sans voyage. Quel contraste avec la vie de sa sœur Thérèse avec qui, autrefois, il se mesurait au bras de fer ! Thérèse avait toujours été plus forte, plus vite et plus vive que lui. Pit est mort à son tour, en juillet, six mois après Annette, deux semaines à peine après qu'on eut fêté le cinquantième anniversaire de mariage d'Adhémar et de Thérèse. Celle-ci se trouvait alors à Québec, où Céline rodait au Théâtre Capitol le show qu'elle promènerait ensuite dans le monde entier, en Amérique, en Europe, en Asie, jusqu'en Corée et au Japon, au Brunei et en Australie. Dix mois plus tard, en mai 1996, Noël, le plus jeune frère de Thérèse, rendait l'âme à son tour. En dix-sept mois, trois enfants Tanguay étaient disparus. Le cœur, chaque fois. Il ne restait plus de la famille au sein de laquelle Thérèse avait vécu sa lumineuse enfance à Saint-Bernard-des-Lacs que trois filles, Jeanne, Thérèse et Jacqueline.

Thérèse allait sur ses soixante-dix ans, quand Noël était mort. Elle se sentait toujours forte et remplie d'énergie. Mais voir la mort rôder ainsi autour de soi n'est jamais rassurant. Il fallait être prudent, ménager ses forces, se nourrir sainement, savoir et pouvoir profiter de la vie.

L'année précédente, Céline et René avaient acheté une maison à Palm Beach, dans laquelle monsieur et madame Dion avaient leurs quartiers et leurs habitudes. Adhémar partait au golf tous les jours ; Thérèse faisait de la couture et du tricot. Elle était reçue et traitée, bien évidemment, comme une reine. Une limousine l'attendait à l'aéroport. Quand son mari ne voulait pas voyager,

315

Thérèse invitait l'une de ses sœurs, Jeanne le plus souvent, parfois Jacqueline. À Palm Beach, elles avaient un atelier de couture que Céline avait fait équiper des meilleures machines à coudre. Thérèse Dion pouvait enfin, à près de soixante-dix ans, profiter de la vie.

Mais elle n'était plus très heureuse en affaires. McCain avait acheté Maple Leaf, le distributeur des petits pâtés Maman Dion, et modifié ses recettes. On utilisait son nom pour produire des pâtés qu'elle refusait désormais de « signer ». Adhémar était formel : ils n'avaient rien à voir avec ceux que faisait sa femme. Celle-ci avait d'ailleurs recommencé à en cuisiner chez elle, de vrais pâtés artisanaux, savoureux. Au moment de renouveler le contrat, Paul et elle, d'un commun accord, ont rompu leur association avec le distributeur. Ils avaient d'autres projets d'affaires.

Depuis cinq ans, la chaîne de restaurants Nickels, que dirigeait Paul Sara, un cousin de René Angélil, s'était affirmée dans le paysage québécois. Décoration très typée, un brin nostalgique, murs couverts d'affiches anciennes représentant les icônes les plus fortes de la légende hollywoodienne des années cinquante, James Dean, Marilyn Monroe, Humphrey Bogart, Elvis Presley. Et Chaplin, Abbott et Costello, les Three Stooges... Et Dick Tracy, Superman, Tarzan. Des sigles, des écussons de marques de prestige du rêve hollywoodien, la figurine de Rolls Royce, le cheval cabré de Ferrari, des modèles de voitures et de motos d'autrefois. Et de grands écrans de télé diffusant les matchs de baseball ou de hockey.

Thérèse a accepté d'emblée la proposition de Paul et a acheté avec lui une franchise Nickels à Repentigny. La restauration lui plaisait. Elle avait toujours adoré nourrir le monde, parler aux gens et les amuser. Mais aussi, elle voyait dans cette entreprise l'occasion de faire travailler ses enfants ensemble et de resserrer ainsi la cohésion familiale.

Elle a cependant proposé de changer quelque peu l'iconographie, de l'adapter en quelque sorte aux réalités familiales. Sur les murs du Nickels de Repentigny, on verra des disques d'or et de platine de Céline. Des photos de Céline avec Michael J. Fox, Prince ou Elton John. Dans les juke-boxes à l'ancienne, on retrouvera de la musique d'époque… mais aussi beaucoup de chansons de Céline. Et près de la caisse, des petites boîtes recueilleraient les oboles de la clientèle qui seraient versées à l'Association de la fibrose kystique dont Céline « marrainait » les campagnes de financement depuis 1982.

Le Nickels de Repentigny est vite devenu un centre d'attraction extrêmement populaire. On venait entendre Céline, bien sûr, mais surtout voir maman Dion, lui parler, lui demander conseil. Elle était désormais quelqu'un de connu. Les gens connaissaient sa vie. On lui parlait de sa Gaspésie natale, de Charlemagne, de La Tuque, de ses pontages coronariens, de son mari, de la maison qu'elle avait construite, du Centre TD et du Vieux-Baril, de ses enfants… Elle était devenue, plus ou moins malgré elle, une star. Pas uniquement parce qu'elle était la mère d'une chanteuse mondialement connue, mais parce qu'elle savait parler aux gens, les étonner par son énergie, par ses faits et gestes, ses idées.

Elle travaillait, parfois six ou sept jours par semaine, de longues heures au restaurant. Mais à la gestion et à l'administration qui l'ennuyait profondément, elle préférait l'action. Elle aidait aux cuisines, aux fourneaux, à la plonge, elle portait presque toujours un tablier. Et elle était toujours bien visible et accessible au public. Elle aimait bien, au fond, être reconnue, être un moment le centre d'attraction…

Plusieurs de ses enfants auraient aimé connaître ce bonheur. La gloire, comme le rêve, est une seconde vie. Elle procure d'inoubliables et voluptueuses sensations. Il est difficile, quand on y a goûté, de s'en passer. Certains enfants Dion l'avaient appris. Ils ont presque tous œuvré, seuls ou avec d'autres, dans le show-business. Et quelques-uns, comme Michel, ont dû s'habituer à vivre en exil de ce monde.

Michel l'a quitté, il y était revenu, il en est reparti. Après le naufrage de son groupe, Le Show, il était monté travailler dans le Grand Nord pendant quelques années. Puis René lui a offert de s'occuper des musiciens de Céline. C'était en août 1994. Michel a alors redécouvert sa petite sœur, sa filleule, dont il avait lui-même été autrefois le modèle quand il rêvait d'une grande carrière internationale. Désormais, les rôles étaient inversés. La petite sœur vivait sous les lumières, le grand frère, l'idole d'autrefois, travaillait dans l'ombre, dans les coulisses. Mais ils étaient restés très proches l'un de l'autre. Chacun heureux de sa vie. Maman Dion considérait cette nouvelle carrière de Michel comme une réussite, puisqu'il aimait ce qu'il faisait, et qu'il était, de l'avis de tous, efficace.

Souvent, elle avait craint que ses enfants traînent des rêves brisés comme des boulets aux pieds. Plusieurs avaient désiré très fort réussir dans le show-business. Et ils avaient, selon elle, tout le talent nécessaire. Peut-être même que ce sont eux qui lui ont inspiré ce thème du rêve qu'elle a mis la première dans le répertoire, et dans la vie de Céline Dion, thème qui sera par la suite toujours présent.

Michel a su être heureux, malgré cet immense désir qu'il avait porté en lui si longtemps et qu'il découvrait irréalisable. Et cela aussi, c'était admirable. Claudette, qui a toujours adoré la scène, a poursuivi sa vie, élevé ses enfants, renoué avec la chanson. Ghislaine et Daniel, malgré leur très grand talent, n'ont pas réussi dans le show-business. Ils ont dû se contenter d'un autre travail. Sans jamais pour autant perdre espoir qu'un jour ce soit leur tour.

Ce qui console maman Dion, c'est qu'aucun de ses treize premiers enfants ne manifeste, d'aucune manière, la moindre jalousie à l'égard de Céline. Ils suivent avec le plus vif intérêt sa carrière, son évolution. Certains aimeraient, évidemment, être à sa place, sur les plus grandes scènes du monde. Ils savent qu'il y a en elle un peu de chacun d'entre eux. Tous lui ont, à un moment ou un autre de sa vie, enseigné quelque chose.

Michel a raconté à sa mère qu'un soir, il est monté sur la scène que devait occuper Céline quelques heures plus tard. Et il s'est tenu un moment debout devant la salle vide. Il a regardé les fauteuils bien rangés, tout au fond, le vide obscur et terrifiant, si attirant. Puis il s'est dit qu'il venait de réaliser un vieux rêve, pas du tout comme il l'aurait cru, mais il s'était tenu debout sur la scène de l'Olympia.

« J'ai alors pris la décision de ne plus rêver, dit-il. Ce n'est pas tout le monde qui a la capacité ou la chance de réaliser ses rêves. Quand on n'y arrive pas, mieux vaut les mettre de côté. Et faire sa vie autrement. »

Pour Thérèse, Michel avait réussi sa vie.

Céline, elle, continuait de vivre le plus extraordinaire des rêves. À la fin de février 1996, elle entreprenait, en Australie, une tournée mondiale qui devait durer près de trois ans et culminer au Stade de France. Le 2 mars, sa famille était réunie au Nickels de Repentigny, où on fêtait les soixante-treize ans d'Adhémar. On avait installé dans la salle à manger un écran géant sur lequel les convives étonnés ont pu voir Céline, en direct du bout du monde, souhaiter un bon anniversaire à son père et lui demander de se rendre dans le stationnement où un cadeau l'attendait. C'était une grosse Mercedes sable.

La famille Dion était parfois drôlement secouée par le cyclone Céline. Personne ne pouvait ignorer ce qu'elle vivait. Mais peu à peu, Céline devenait l'enfant du Québec entier, la petite sœur de tous et toutes. Du haut des plus hauts plateaux (celui du gala des Oscars ou des Grammys, par exemple), elle saluait en français ce petit monde dont elle était issue, et sa famille en particulier. Avec des «je vous aime», «je pense à vous». Mais elle était devenue, même pour ses frères et ses sœurs, un être difficilement accessible. À part Manon, sa camériste, sa coiffeuse, son amie, et Michel, responsable des musiciens, les autres la voyaient rarement, et uniquement lorsqu'elle en avait le loisir et en manifestait le désir. À part René, une seule personne avait en tout temps accès à elle, directement, peu importait l'heure du jour ou de la nuit : sa mère. C'était toujours vers elle que Céline se tournait quand elle-même trouvait que le cyclone devenait trop harassant. Sa mère était son havre, son refuge.

Ainsi, à l'été 1996, peu après qu'elle eut chanté au spectacle d'ouverture des Jeux olympiques d'Atlanta, la plus grosse scène et le plus large auditoire qu'elle ait jamais connus, Céline n'a même pas eu besoin de dire à sa mère qu'elle avait des problèmes de santé. Rien qu'au son de sa voix, madame Dion avait compris que sa fille passait un mauvais moment.

« Qu'est-ce qui va pas, Céline ? »

Céline avait tenté de rassurer sa mère. Mais, deux jours plus tard, Manon téléphonait à Rosemère pour annoncer à sa mère que Céline avait été hospitalisée et que René avait annulé et reporté les trois shows qu'elle devait donner au cours des jours suivants sur la côte ouest américaine... René a parlé à Thérèse, il l'a rassurée. Son enfant était surmenée et stressée, ce qui était tout à fait normal après les fortes émotions qu'elle avait vécues et le trac provoqué. par l'énorme tournée mondiale en préparation. Les médecins lui avaient prescrit des médicaments qui, selon eux, seraient inefficaces si elle ne se reposait pas.

« Elle a besoin de vous, madame Dion, juste de vous. C'est vous le remède. »

À la mi-août, moins d'un mois après la performance d'Atlanta, Thérèse est allée attendre son bébé à l'aéroport de Dorval, rassurante, forte, déterminée. Pendant près d'un mois, elle allait veiller sur Céline comme une louve sur sa progéniture menacée. Elle a été intraitable. Personne ne pouvait déranger Céline quand elle se reposait, c'est-à-dire entre douze et quinze heures par jour. Ses frères et ses sœurs venus prendre de ses nouvelles ne pouvaient passer plus d'une petite demi-heure près d'elle. Et interdiction fut donnée à René de lui parler travail pendant tout ce temps. Pas un mot sur la tournée interrompue, sur les projets reportés, la promotion, les albums français et anglais en préparation...

Maman Dion bordait sa fille le soir dans son lit, elle l'emmenait marcher le jour (après sa sieste de l'après-midi), bien tranquillement, le long de la rivière des Mille-Îles, elle lui préparait des bouillons, des tisanes, des salades de fruits...

Elles ont été seules toutes les deux pendant des jours, des soirées entières. Tous les soirs, après souper, Adhémar partait rejoindre ses amis. Thérèse et Céline faisaient la vaisselle, restaient assises de longues heures dans la cuisine, se parlaient comme deux amies. Et comme lorsqu'elles étaient allées au Japon, quatorze ans plus tôt, Céline voulait que sa mère lui raconte son enfance.

« Je t'ai tout raconté quand on est allées au Japon.

— C'était il y a presque quinze ans. Raconte encore. »

Comme tous les enfants du monde, Céline aimait qu'on lui raconte la petite histoire de sa naissance et de son enfance... que sa mère lui rappelle pour la millième fois sa colère envers son mari quand elle s'était rendu compte de sa nouvelle grossesse. Comment elle avait craqué pour elle la seconde où une infirmière la lui avait mise dans ses bras. Et elle avait peu à peu pardonné à Adhémar. « C'était pas que sa faute, après tout. »

Quand, en septembre, le temps de partir est venu, Céline a voulu que sa mère demeure près d'elle le plus souvent et le plus longtemps possible. C'était, on le devinait, on le sentait, le grand départ pour la gloire de Céline. Et c'était la grande vie. Thérèse voyageait désormais en première classe, roulait en limousine, descendait dans les plus beaux palaces d'Europe et d'Amérique. Mais maman Dion n'était jamais tout à fait en paix. Après plusieurs jours passés dans ce grand luxe, elle voulait rentrer à Montréal, où elle avait ses affaires, ses enfants, ses petits-enfants, son vrai pays, sa famille chérie, et pour le meilleur et pour le pire, l'homme de sa vie.

*

Le 19 mars 1997 au matin, la veille de son soixante-dixième anniversaire, à la demande d'Oprah Winfrey qui voulait faire une surprise à Céline Dion, Thérèse se rendait à Chicago avec son mari et douze de ses enfants (Claudette était à la Barbade avec son chum). Ils ont dû jouer à cache-cache dans les studios de télévision où Céline, qui avait voyagé de nuit entre Orlando et Chicago, était arrivée quelques minutes avant eux. Elle a d'abord chanté *Because You Loved Me*. Pendant l'entrevue qui a suivi, Oprah l'a fait parler de son enfance. Et pendant que Céline racontait comment, quand elle était petite, ses parents, ses frères et ses sœurs la mettaient sur la table de la cuisine pour qu'elle chante, la lavette à la main en guise de micro, ils sont tous entrés sur le plateau.

Ils ont chanté *Ce n'était qu'un rêve*, toute la famille debout, Céline à genoux tournée vers ses frères et sœurs. Ensuite, elle a interprété, seule ou avec eux, d'autres chansons. Et il y a eu énormément d'émotion et beaucoup de larmes, surtout quand Céline a chanté *Fly*, une chanson écrite à la mémoire de Karine, la fille de Liette, morte de la fibrose kystique.

Pendant la dernière pause publicitaire, Oprah a demandé si la famille Dion connaissait une autre chanson.

Alors, devant des millions de téléspectateurs américains, Thérèse, Adhémar et treize de leurs enfants ont chanté *Les Cloches du hameau.* Céline venait de raconter que, lorsqu'elle avait treize ou quatorze ans, elle chantait des chansons en anglais dont elle ne comprenait pas les paroles. Et voilà que les Dion chantaient une chanson tirée du vieux fonds folklorique français devant des dizaines de millions d'Américains qui ne comprenaient sans doute pas, eux non plus. Mais ils étaient charmés, conquis.

Maman Dion était contente, elle aussi, ce jour-là. Ses enfants chantaient avec une parfaite harmonie, parce qu'ils s'entendaient bien. Rien ne la rendait plus heureuse que de voir ses enfants jouer ou chanter ensemble. C'était un signe, un symptôme rassurant. Elle souhaitait aussi qu'ils travaillent côte à côte. De même qu'elle leur avait taillé des vêtements sur mesure, elle cherchait sans cesse à créer des milieux de travail qui leur convenaient et où plusieurs pouvaient se retrouver.

Ainsi, elle était copropriétaire de trois restaurants de la chaîne Nickels. À Repentigny, avec Paul ; à Terrebonne, avec Claudette et Daniel ; à la Ronde, avec Pauline et son mari Marc. Linda et Ghislaine étaient serveuses occasionnelles dans l'un ou l'autre de ces restaurants. Elle avait confié à Jacques le soin de diriger et d'administrer ses commerces et de gérer sa carrière ; on lui demandait en effet de plus en plus souvent de rencontrer des groupes de l'âge d'or ou des adolescents ou des mères au foyer et de parler de ses expériences de vie. Ainsi, cinq de ses enfants travaillaient en étroite collaboration avec elle. Comme autrefois avec son petit centre commercial, maman Dion orchestrait la vie professionnelle familiale.

Elle brassait alors de plus grosses affaires et avait sans doute des revenus beaucoup plus importants que ceux que son mari avait touchés dans sa vie. Elle était enfin maîtresse de son existence, libre de ses faits et gestes, d'acheter ce dont elle avait besoin, de donner à qui elle voulait... Elle l'avait toujours dit : le travail, c'est la liberté. Et elle croyait tenir de ses parents cette certitude et ces principes qui étaient au centre de sa vie, qui commandaient souvent ses décisions et ses agissements. Elle croyait par exemple, profondément, intimement, qu'il fallait tôt ou tard mériter ce qu'on avait et aider autant que possible ceux qui étaient mal pris... ce qui a failli à plusieurs reprises lui jouer de vilains tours.

Plein de gens savaient que maman Dion passait le plus clair de son temps dans son Nickels de Repentigny. Et beaucoup croyaient que la mère de la plus grande chanteuse au monde qui vendait des dizaines de millions d'albums chaque année nageait littéralement dans l'argent. On savait aussi qu'elle aidait à l'occasion des gens dans le besoin. Elle avait payé un jour le loyer d'une pauvre femme seule avec trois enfants, elle offrait souvent des repas gratuits à des jeunes sans le sou ; à Noël, elle distribuait dans le quartier une quinzaine de dindes, des courtepointes, des foulards qu'elle avait tricotés.

En quelques mois, les demandes ont été si nombreuses qu'il était devenu difficile d'y répondre et plus encore d'en contrôler le bien-fondé. Jacques Dion eut alors l'idée de créer une fondation. On ramasserait des fonds qu'on distribuerait aux familles dans le besoin. Le 20 mars 1998, jour du soixante et onzième anniversaire de sa mère, il lui apportait à Rosemère la charte de la fondation à laquelle elle avait tenu à donner le nom de son père, Achille Tanguay, parce que, répétait-elle, elle tenait de lui cette habitude d'aider les autres.

Pendant l'été, elle a entrepris une tournée des médias pour parler de cette œuvre caritative. Elle a été reçue au *Point J*, le talk-show qu'animait Julie Snyder, à qui elle a parlé de la Classique Thérèse-Tanguay-Dion, un tournoi de golf destiné à amasser des fonds qui seraient distribués aux familles pauvres de la région de Repentigny. Julie

Snyder avait plusieurs fois rencontré madame Dion. Elle savait qu'elle était vive et brillante. Elle a quand même été estomaquée de voir l'accueil de la foule qui assistait en studio à l'enregistrement de l'émission et qui s'est levée d'un bond à l'entrée de la grande dame de soixante et onze ans. Au cours de l'entrevue, Thérèse Dion a manifesté une assurance peu commune, elle a su charmer et faire rire son auditoire en parlant, entre autres sujets, de son mari Adhémar, « mon petit dernier », a-t-elle dit, et du plaisir que lui apportaient tous les travaux de maison, y compris la lessive et la vaisselle.

Le lendemain, le producteur Louis Noël, qui avait assisté à l'enregistrement de l'émission, disait à Julie Snyder que madame Dion avait tout pour faire de la télé. Une minute plus tard, Julie avait joint madame Dion au téléphone et lui proposait d'animer une émission de télévision.

« Sur quoi ?

— Je sais pas. Les enfants, la couture, la cuisine… »

Il y eut un silence. Court. Dix secondes, quinze au maximum. Et madame Dion a dit :

« OK, Julie, ça m'intéresse. »

Elles se sont rencontrées deux jours plus tard. Julie et Louis Noël avaient déjà mis au point un concept, une formule d'émission. Ils savaient que madame Dion exerçait une grande fascination dans le milieu du show-business, de même qu'auprès des médias et du grand public. Elle pourrait facilement attirer sur son plateau des invités de prestige avec qui elle cuisinerait quelques plats et qu'elle ferait parler.

Thérèse avait follement envie de cette aventure. Parce que c'était un défi. Peut-être aussi parce que, dans le fond, ça l'effrayait un peu. Elle n'était pas allée beaucoup à l'école. Chaque fois qu'elle devait parler en public, elle craignait de faire des fautes. « Entre nous, c'est pas grave, disait-elle à Julie. Mais à la télé, c'est autre chose. Une femme peut pas cacher qu'elle n'est pas instruite. »

Lors de ses premières émissions, elle était nerveuse, mais jamais hésitante. Elle était assez sûre d'elle pour savoir que si elle parlait parfois gauchement, elle pensait adroitement. Et elle n'aurait pas avoué son trac pour tout l'or du monde. Thérèse Dion a toujours voulu se montrer forte, sans peur. Et ne jamais inquiéter les autres, surtout pas ses enfants, en leur laissant voir ses hésitations ou ses appréhensions.

Pendant deux ans, elle animera donc, en compagnie d'Éric Salvail, une émission de télé quotidienne au cours de laquelle elle échangeait des recettes de cuisine avec ses invités, vedettes du sport, de l'actualité, du show-business, de la littérature. Elle vivait de nouveau constamment entourée de jeunes. Le personnel de sa Fondation, de ses restaurants, la productrice de son émission, les réalisateurs, les régisseurs, la grande majorité de ses invités, tous étaient deux ou trois fois plus jeunes qu'elle. Et elle s'entendait à merveille avec eux, qui la considéraient pratiquement comme l'une des leurs. Pour faire rire ou mystifier ses invités, elle acceptait de se déguiser, elle leur racontait des histoires abracadabrantes, s'enfermait dans un frigidaire et, une fois en ondes, prenait plaisir à les déstabiliser. Maintes fois, par ses pitreries ou ses réparties, elle a déclenché un fou rire général sur tout le plateau.

À soixante et onze ans, cette femme étonnante, vingt-neuf fois grand-mère, de nombreuses fois arrière-grand-mère, avait entrepris avec succès une carrière d'animatrice télé, faisant montre d'un inébranlable sang-froid et déployant une énergie stupéfiante. Quand, après trois ans, elle aura épuisé son répertoire de recettes et sa liste d'invités de marque, elle animera une émission sur la couture où elle recevra ses amies du Club-Tissus, ses copines tricoteuses et brodeuses. Et, bien sûr, chaque fois qu'elle en avait l'occasion, elle parlait de sa Fondation. Cette femme sait être opportuniste. Surtout pour une bonne cause.

En septembre 1998, lors de la Classique Thérèse-Tanguay-Dion qui s'est tenue au club Mirage, propriété de Céline et René, la Fondation Achille-Tanguay a recueilli soixante mille dollars. Dès le lendemain, on a versé quinze mille dollars à la Maison des greffés du Québec ; depuis son opération au cœur et celles qu'avaient subies ses frères Henry et Lauréat, Thérèse avait développé une réelle admiration pour les médecins et les chirurgiens. Puis on avait cherché qui on allait aider avec l'argent restant.

Il a d'abord fallu filtrer les demandes, considérer une à une chacune des candidatures, chacun des cas signalés. On a retenu le cas de France, une jeune femme qui fuyait un mari extrêmement violent et que les services sociaux avaient parquée avec ses trois enfants dans un déprimant logement social d'un quartier où elle ne connaissait strictement personne.

La Fondation Achille-Tanguay a fait nettoyer et redécorer sa maison, a rempli son frigidaire et vêtu décemment ses enfants, leur a fourni du matériel scolaire, quelques jouets. Finalement, elle a engagé leur mère comme personne-référence. France avait l'expérience de la misère, de la solitude et de la peur. Et elle savait mieux que quiconque déterminer les besoins. C'est ainsi que la Fondation Achille-Tanguay a grandi, en utilisant les ressources de ce milieu.

Au printemps suivant, on a effectué une nouvelle collecte de fonds lors du Grand Bal annuel de la fête des Mères que présidait madame Lise Thibeault, lieutenant-gouverneure du Québec que Thérèse avait rencontrée sur un plateau de télévision. La Fondation avait alors organisé un concours avec le *Journal de Montréal* pour trouver la maman de l'année qu'on aiderait. On a reçu près de quatre cents lettres qu'il a fallu décortiquer une à une. On a retenu cinq candidates que Thérèse est allée rencontrer avec son garçon Jacques. Ils ont choisi une maman et, pendant un an, ils l'ont aidée à s'en sortir, ils ont payé l'électricité, le loyer, l'épicerie. Et ses études, après qu'elle eut manifesté le désir de devenir infirmière. Pour Thérèse Dion, présidente de la Fondation, nourrir, vêtir, loger les gens étaient certes important, mais jamais autant que de les rendre débrouillards, productifs et autonomes.

Le calendrier des grands événements caritatifs était maintenant bien établi : un tournoi de golf à l'automne, un bal à la fête des Mères. Deux des enfants de Thérèse, Jacques et Liette, travaillaient en permanence à la Fondation. Les autres faisaient du bénévolat, donnant à la Fondation quelques heures de leur temps ou quelques journées.

Mais encore une fois, une des filles de la famille traversait une rude épreuve.

Le 30 mars 1999, pour célébrer le trente et unième anniversaire de Céline, René avait invité ses parents et quelques amis à venir fêter avec eux, à Dallas, au Texas, où Céline chantait ce soir-là. Or, une bien mauvaise nouvelle attendait Thérèse et Adhémar quand ils sont montés à bord de l'avion, à Dorval. Paul Sara leur annonçait que son ami René avait un cancer de la gorge.

À Dallas, ils se sont rendus directement à l'hôpital où se trouvaient déjà les meilleurs amis de René. Ils ont appris qu'il serait opéré et qu'il subirait en plus de pénibles traitements de chimio et de radiothérapie.

Le cœur n'était évidemment pas à la fête. Thérèse prenait conscience que sa fille Céline se trouvait à un tournant de sa vie. Depuis plus de quinze ans, René avait pris pour elle presque toutes les décisions. Désormais, ce serait elle qui gérerait leur vie.

Thérèse aimait profondément son gendre René Angélil. Il était le manager de génie qui avait propulsé sa fille vers les plus hauts sommets du show-business. Mais il était aussi son amoureux, son mari. Et dans ce domaine aussi, il avait été impeccable, généreux, créateur. Il n'avait jamais pensé uniquement à la carrière de Céline. Il avait toujours tenu compte d'abord et avant tout de son bien-être, de son bonheur. Et, en prime, du bonheur de ceux et celles qu'elle aimait. Il lui avait fait mener la vie qu'elle souhaitait vivre, il avait organisé son agenda pour qu'elle puisse avoir auprès d'elle, aussi souvent et aussi long-temps qu'elle le désirait, sa mère, son père, ses frères et ses sœurs. Pour René, la famille était sacrée. Il avait dit à maman Dion qu'il désirait avoir un enfant avec Céline. Et il était en train de réorganiser leur vie quand cette épreuve l'avait frappé. Le beau projet de faire un enfant semblait compromis.

Thérèse est rentrée à Montréal attristée, fatiguée. Mais en même temps rassurée. Elle avait vu comment sa fille avait réagi, avec détermination, avec sang-froid, comme une combattante, comme sa mère Antoinette autrefois, quand elle avait ressuscité Lauréat.

Pour la première fois de sa vie, Céline lui avait de-mandé de les laisser seuls, René et elle. Tout le monde était parti. Même les très proches amis de René. Même ses enfants. Et Linda et son copain Alain qui, normalement, tenaient la maison, faisaient les courses et les repas. René avait refusé cependant que Céline annule sa tournée. Elle rentrait presque tous les soirs dormir à la maison de Jupiter Island. Et tous les jours, elle appelait sa mère pour la tenir au courant.

« Il ne mange que des popsicles », « Il a bu un peu de thé tiède », « Il veut du Jell-O », « Il a avalé un bouillon de poulet », « Il a mangé un petit-beurre avec son Jell-O », « Il a mangé une purée de navet, pas de sel, pas de poivre », « Il a pris du poulet dans mon assiette ». Puis un jour : « Il a redemandé des pâtes. » En juin, peu après le retour d'Europe de Céline, où elle avait triomphé au Stade de France deux soirs de suite devant quatre-vingt-dix mille personnes, René était sur pied ; à l'automne, il jouait au golf ; pendant l'hiver, il est allé à plusieurs reprises à Las Vegas ; au printemps, Céline était enceinte.

La maladie de René a fait peur à tout le monde dans la famille. Elle a fait réfléchir aussi. Chaque fois que la maladie rôdait aux alentours de son monde, maman Dion craignait, pour les siens, bien sûr, mais aussi pour elle-même. Elle savait qu'elle était toujours, à soixante-treize ans, essentielle à l'équilibre et à la cohésion de la famille. Et qu'elle devait, en tant que telle, se protéger, rester en forme et en santé, lucide et solide. À quoi bon vivre si on n'est plus de service ! À quoi bon vivre si on ne peut plus profiter des douceurs et des joies de la vie !

La maladie et la mort rodent autour de nous, mais, en même temps, la vie nous apporte d'extraordinaires cadeaux, des petits matins ensoleillés, un fou rire avec une amie, mais aussi et surtout des petits bébés tout neufs, pleins d'énergie et de force. Une jeune mère a le devoir de rester en bonne santé pour les nourrir et les protéger. Mais une grand-maman ? Mais une arrière-grand-maman ? Pour profiter de ces rayons de soleil, pour jouir de la vie, tout simplement.

Voilà pourquoi, autour de l'an 2000, entre la maladie de René et la naissance de René-Charles, son dernier petit-fils, la santé est devenue un sujet de préoccupation majeure pour madame Dion. Comme le faisait sa mère, comme elle l'avait toujours fait elle-même quand elle voulait, par exemple, comprendre les ados, les méfaits du pot ou trouver une recette de ciment ou de gelée de gadelle, elle s'est documentée ; elle s'est mise à lire sur les vertus et les dangers des aliments, sur les oméga-3, les gras trans, les lipides et les glucides, etc.

Depuis qu'elle animait son show télévisé, elle s'était retirée de la restauration et avait cédé ses actions de l'entreprise Nickels. Elle se retrouvait souvent seule à la maison, toujours occupée du matin au soir. Tous les jours, elle tricotait et cousait des vêtements que la Fondation Achille-Tanguay distribuait aux pauvres. Et pendant ce temps, le téléviseur de sa salle de couture était presque sans arrêt allumé.

Elle a ainsi vu un documentaire sur des abattoirs de volaille. Les caquètements affolés des poulets lui ont rappelé les tueries d'animaux d'autrefois, à Saint-Bernard-des-Lacs. Elle a pensé qu'elle avait, au fond, toujours détesté manger de la viande. Soudain, l'idée qu'on tue des poulets, des bœufs, des agneaux ou des cochons pour qu'elle puisse se nourrir – alors que les céréales, les fruits et les légumes, et un peu de poisson de temps en temps feraient fort bien l'affaire – lui était devenue intolérable. Elle a décidé sur-le-champ qu'elle ne mangerait plus de viande de sa vie...

Thérèse Dion a cette rare capacité de prendre des décisions irréversibles. Elle savait, ce soir-là, seule dans son atelier de couture de la maison de Rosemère, qu'elle ne mangerait plus de viande, comme elle savait, ce lointain jour d'automne 1982 quand, quelques minutes avant de prendre l'avion pour Tokyo, elle avait remis son paquet de cigarettes à son fils Paul, qu'elle ne fumerait plus. Et elle n'a plus jamais fumé. Comme elle n'a plus jamais mangé de viande, ni rouge, ni rose, ni blanche...

Elle a changé sa façon de cuisiner et de se nourrir. Parce qu'elle voulait vivre bien. Plus longtemps, si possible, mais surtout mieux. Et parce qu'elle se disait que si on ne sert à rien, parce qu'on n'a plus la santé, on n'est plus rien. Parce qu'elle voulait rester « de service », mais aussi savoir profiter de ces bonheurs qu'apporte la vie, que lui apportent en réalité ses filles, ses brus, ses petites-filles, « parce que faut pas oublier que jusqu'à nouvel ordre, ce sont toujours les femmes qui font les enfants et que, sans elles, y aurait pas de monde sur la Terre ».

Elle voulait aussi réaliser des rêves qu'elle traînait depuis longtemps. Comme retrouver son amie d'enfance Monique

331

Pelletier et revoir avec elle Saint-Bernard-des-Lacs, le village fantôme, les montagnes, le ciel de son enfance.

Elle est partie avec Adhémar pour la Gaspésie. Il aimait conduire, elle adorait voir du pays. Ils ont roulé lentement sous le beau soleil d'été. Le lendemain, Thérèse rencontrait son amie à Sainte-Anne-des-Monts. Et c'était comme autrefois. Avec en plus des millions de choses à se raconter, tout ce qu'elles avaient vécu, chacune de son côté, depuis plus d'un demi-siècle, les enfants, les grandes peines, les grandes joies, et encore les enfants. Elles ont parlé pendant des heures, pendant des jours. Elles sont allées se promener à pied sur le rang 9 qui traversait autrefois leur village, leur monde. Mais autour d'elles, il n'y avait plus rien, que la forêt, et beaucoup de soleil, un peu de vent.

Elles ont évoqué leur enfance. Thérèse a raconté à son amie son plus lointain souvenir qui remontait au temps d'avant Saint-Bernard-des-Lacs.

«J'étais toute petite. C'était dans notre maison de Sainte-Anne-des-Monts. J'étais allée dire à ma mère que notre chienne avait pris une souris et qu'elle jouait avec elle sur le divan. Mais, en réalité, elle était en train d'avoir des petits. Et ma mère s'était fâchée après moi, disant que j'avais sans arrêt le nez fourré partout, que je parlais tout le temps, que je voulais toujours me mêler de tout, tout voir, goûter à tout.

— Ta mère te connaissait bien », a dit Monique, en riant.

Elles sont revenues sur leurs pas, face au soleil couchant, pensant à ce qu'elles étaient devenues, à toutes ces femmes qu'elles avaient été depuis qu'elles avaient quitté ce beau pays, mères, ménagères, infirmières, économes, grands-mères, institutrices, bricoleuses, épouses, sœurs, arrière-grands-mères, consolatrices... Et elles ont pensé toutes les deux – elles se le sont avoué – qu'elles avaient fait de très belles vies. «Mais Seigneur, que ça passe vite », se disaient-elles.

8

La femme forte

À un an, René-Charles, le fils de Céline et René, avait une idole : Adhémar Dion. Même tout petit bébé, il était fasciné par lui, par les grimaces et les mimiques, et surtout par la musique que lui jouait son grand-père. Adhémar, qui ne s'était jamais autant occupé de ses enfants, le prenait dans ses bras, le faisait sauter sur ses genoux, le promenait sur ses épaules, et le poupon riait aux éclats. Pourtant, René-Charles n'était pas un enfant rieur. « C'est une vieille âme », disait souvent sa mère. Il était en effet grave et plutôt réservé. Sauf avec son grand-père. René-Charles a été la dernière personne pour qui Adhémar Dion a joué de l'accordéon. Pendant des heures, dans la belle grande maison de Rosemère qui appartenait à ses parents, puis dans celle de Sainte-Rose, propriété de sa grand-mère, ils s'amusaient ensemble, le grand-père assis sur une chaise droite, l'accordéon sur les genoux, le bambin debout devant lui, émerveillé, dansant, infatigable, sur *Le Reel de Sainte-Anne* ou *Le Reel du Pendu*, ou sur l'air de *L'Oiseau moqueur* qui, chaque fois, rappelait immanquablement à sa grand-mère sa jeunesse et ses premières amours avec l'homme qui partageait sa vie depuis plus d'un demi-siècle...

À la fin de l'an 2000, quelques mois avant sa naissance, les parents de René-Charles avaient acheté une île de plusieurs hectares sur la rivière des Mille-Isles et avaient entrepris d'y bâtir un véritable château en pierre grise, énorme, avec des tourelles, des terrasses et, tout autour, un immense parc aménagé. Céline, digne fille de Thérèse et Adhémar, avait travaillé, beaucoup plus que son mari, avec les architectes, les décorateurs et les aménagistes. Comme deux ans plus tôt, à Jupiter Island, en Floride, quand ils avaient acheté un terrain et fait construire, près de l'eau, la maison de leur rêve. Céline avait passé des mois à choisir le mobilier, les plans, les couleurs, les meubles...

Bâtir sa propre maison, à son goût, une maison qui lui ressemblait et dont elle serait la maîtresse absolue, c'était encore et toujours le rêve de Thérèse Dion, qui, à soixante-quatorze ans, s'est mise à feuilleter les magazines d'architecture, à ramasser des images et des idées partout où elle allait. Elle regardait comment étaient fabriquées les fenêtres et les portes, les moulures, les toitures. Elle faisait des plans et cherchait un terrain. Au bord de l'eau, autant que possible ; elle a toujours aimé l'eau. Mais pas à Montréal ; elle n'a jamais aimé la grande ville qu'elle trouve brutale, étouffante. En matière d'habitat, elle a d'ailleurs communiqué ses goûts à tous ses enfants. Aucun d'entre eux n'habite sur l'île de Montréal ; deux seulement, Clément et Denise, ont élu domicile à Laval, tout à fait au nord de l'île, à Sainte-Rose. Les autres habitent la ceinture nord-est, Lachenaie, Repentigny, Charlemagne, L'Épiphanie, L'Assomption.

Yvon Dodier, le mari de Denise, a trouvé, une vieille bicoque à vendre, au milieu d'un grand terrain qui donnait directement sur la rivière des Mille-Isles. Thérèse l'a achetée et l'a fait démolir pour ériger à sa place la maison qu'elle avait en tête. Elle a travaillé avec les architectes et les décorateurs, elle a choisi avec eux les plans et les matériaux, l'ameublement. En juin 2001, elle emménageait avec son mari dans sa maison, une grosse maison de pierre de taille grise au bout d'une petite rue qui descend en pente douce vers la rivière des Mille-Isles et qui porte le nom d'une grande dame qui s'est battue autrefois pour les droits des femmes canadiennes. Sur le toit du garage double, au fond de la grande cour asphaltée, il y a une girouette en forme de canard. Et sur la façade de la maison, des lucarnes, des œils-de-bœuf. Elle y tenait. « Pour me rappeler les girouettes que mon père et mes frères mettaient sur leurs maisons. »

Denise et Yvon se sont installés à l'étage. C'est vaste, lumineux. Par les baies vitrées, le regard porte sur la rivière et sur l'autre rive. Il y a plein d'arbres tout autour. Et beaucoup de paix.

Il y a loin, huit cents kilomètres et près de trois quarts de siècle, entre le petit campe de bois rond de Saint-Bernard-des-Lacs qu'a depuis longtemps avalé la forêt et ce lourd bâtiment cossu, impeccable ; il y a bien loin du rêche paysage gaspésien à ces pelouses et ces plates-bandes soigneusement entretenues. Thérèse Tanguay-Dion est arrivée ici au terme de son voyage, « ma dernière maison », dit-elle. Cette femme a connu des milieux de vie très divers ; elle a toujours su s'y sentir à l'aise, y trouver son équilibre et, bien souvent, son bonheur.

Adhémar, lui, a gardé dans cette nouvelle maison, ses bonnes vieilles habitudes. Presque tous les midis, il partait dans sa grosse Mercedes, que Céline et René faisaient changer tous les deux ans, et s'en allait dîner chez Spagio, au cœur de Laval, où il retrouvait ses amis, certains que

Thérèse considérait comme de mauvais compagnons parce qu'ils entraînaient parfois son mari à prendre un coup de trop, d'autres comme Robert Arseneault en qui elle avait toute confiance. Monsieur Arseneault était devenu avec le temps un proche, un intime de la famille Dion. Il était, au début des années cinquante, gérant de la cour à bois L. Villeneuve, à Charlemagne ; il est aujourd'hui le grand patron de l'entreprise dont le siège social se trouve à Montréal, à l'angle de la rue Bellechasse et du boulevard Saint-Laurent. C'est lui qui a fait confiance à Thérèse et Adhémar quand ils ont voulu se construire, rue Saint-Jacques. Et c'est chez lui, cinquante ans plus tard, que Clément, maître d'œuvre du chantier de construction de Thérèse, s'est approvisionné en matériaux.

En 2001, au moment où elle prenait possession de sa maison de Sainte-Rose, Thérèse animait toujours son émission de télé, elle présidait sa Fondation et faisait à temps perdu de la couture et du tricot. Elle se préparait à couler avec son « vieux » une belle vieillesse, active et heureuse. Mais la vie lui réservait une méchante surprise.

Un soir, elle a remarqué que son homme claudiquait. Et chaque fois qu'il s'assoyait ou se levait, il se massait la hanche en grimaçant.

« J'ai rien, disait-il. Je me suis tordu une patte au golf, en descendant de mon kart. »

Mais après une dizaine de jours, il était devenu évident qu'il avait très mal et qu'il ne s'agissait pas d'une simple foulure. Or, Adhémar Dion ne consultait jamais de médecin. Il ne leur faisait pas confiance. Selon lui, un médecin ne pouvait logiquement annoncer à ses patients que de mauvaises nouvelles, puisqu'on le consulte uniquement en cas de douleur quelque part. S'il avait un malaise, il passait à la pharmacie, regardait les médicaments sur les rayons, en choisissait quelques-uns qui lui semblaient appropriés. Il prenait des cachets, se frictionnait, et surtout, il niait son mal. Comme il disait aux enfants quand, tout petits, ils s'étaient fait un bobo : « Penses-y pas, parles-en pas, ça fera pas mal. » Il croyait que parler de la maladie, c'était lui donner raison, lui prêter la vie. « T'as une tumeur, tu meurs », affirmait-il.

Thérèse elle, surtout depuis son opération au cœur, avait appris à faire confiance à la science et aux médecins. Elle était fascinée, émerveillée par ce qu'ils avaient réussi à changer dans sa vie. Et ils avaient prolongé celle de ses frères. Henry avait vécu pendant des années grâce un stimulateur cardiaque. Valmont et elle-même avaient beaucoup mieux vécu après avoir été opérés à cœur ouvert.

Voyant que le mal dont souffrait Adhémar ne passait pas et sachant qu'il refuserait obstinément de lui en parler, elle a fait appel à son garçon Clément qui habitait tout près. Clément est un homme sage, un bon gars, intelligent, responsable, serviable. Il a géré avec compétence et beaucoup de doigté de nombreux chantiers de construction, dont ceux du domaine de Céline et René, et de sa mère. Très tôt, un matin, il est venu voir son père. Il a remarqué, avec une surprise feinte, qu'il n'avait pas l'air en forme et semblait fatigué, rajoutant : « Et tu boites, on dirait. » Il l'a convaincu d'aller consulter le médecin. Ils s'y sont rendus ensemble le jour même.

Connaissant son père, Clément avait demandé au médecin qui l'a examiné de ne pas lui donner de mauvaises nouvelles, s'il y en avait. À la fin de la matinée, dès qu'Adhémar est parti retrouver ses amis chez Spagio, Clément est allé chez sa mère. Les yeux pleins d'eau, il tenait une grande enveloppe dans ses mains, les radiographies de la hanche de son père. Quand il a annoncé à Thérèse qu'Adhémar avait un très grave cancer des os, elle a eu un élan qu'elle n'a pu réprimer, elle lui a donné un solide coup de poing en pleine poitrine et elle est restée debout devant lui, sans larmes, enfermée dans sa froide et impuissante colère. Thérèse Dion a ponctué l'histoire de sa famille de ses fameux coups de poing, rares mais fermes, mémorables. Quand, par exemple, elle était arrivée avec sa fille Pauline à l'hôpital Le Gardeur et qu'une infirmière l'avait informée que Noël, son jeune frère, venait de mourir, elle a frappé très fort le chambranle de la porte. Un coup seulement, chaque fois.

Lorsque son mari est rentré pour le souper, ce soir-là, elle avait retrouvé son calme ; elle avait appelé tout son monde, ses enfants, ses sœurs Jeanne et Jacqueline et quelques proches amis, dont Robert Arseneault, pour leur communiquer la triste nouvelle.

Deux semaines plus tard, toujours en compagnie de Clément, Adhémar est allé passer d'autres tests, à l'Hôpital général de Montréal. La tumeur avait grossi. Selon les médecins, le mal était irréversible. Adhémar Dion en avait pour six mois, peut-être huit. Ils proposaient cependant de l'opérer, afin qu'il souffre moins.

À la fin de novembre, un avion affrété par Céline est venu chercher Adhémar qui s'est rendu avec Clément dans un grand centre d'oncologie, en Floride, d'où ils devaient rentrer le soir même. Restée seule dans la grande maison de Sainte-Rose, Thérèse essayait de coudre, de lire, de faire à manger, d'écouter la radio. Mais elle laissait tout en plan. Elle ne pouvait qu'attendre et espérer que Clément lui apporte dans la soirée de bonnes nouvelles, sans trop y croire cependant, parce que, contrairement à son mari, elle n'aime pas vivre dans le déni et déteste se bercer d'illusions. La neige tombait à plein ciel sur la rivière des Mille-Isles dont les eaux, à l'approche de l'hiver, étaient noires et glacées. La nuit est venue, et la tempête a forci, estompant les lumières des maisons et des rues de l'autre côté de la rivière. À dix-neuf heures, Céline a téléphoné pour prévenir sa mère que l'avion n'avait pu atterrir à Montréal à cause de la tempête et qu'il retournait en Floride où il passerait la nuit. Ce n'est que le lendemain matin qu'Adhémar est rentré à la maison. Il souriait, fumait, mangeait avec appétit, faisait celui que rien ne menace.

Le jour même, peu après qu'Adhémar fut parti rejoindre ses amis, Clément est venu dire à sa mère la cruelle vérité, qu'elle avait exigé de connaître. Le diagnostic et les pronostics des oncologues américains étaient exactement les mêmes que ceux de leurs confrères québécois. Comme eux, ils recommandaient qu'Adhémar soit opéré pour soulager la douleur. Mais ne laissaient aucun espoir. Six mois, peut-être huit.

À Noël, avec l'aide de sa sœur Jacqueline et de sa fille Denise, Thérèse a préparé une grande fête pour son mari. Elles ont réuni cent cinq personnes dans la maison de Sainte-Rose, tous les enfants, brus et gendres, petits-enfants, conjoints des petits-enfants, arrière-petits-enfants, quelques amis. Elles avaient accroché plein d'ampoules multicolores partout dans la maison et tout autour, aux fenêtres et aux lucarnes, dans les grands arbres et les haies. Adhémar était assis dans son fauteuil, près de la baie vitrée qui donnait sur la rivière, heureux, visiblement, René-Charles sur ses genoux. Ses enfants savaient que ce serait le dernier Noël de leur père. Ils venaient à tour de rôle s'asseoir près de lui et lui parler. Après souper, ils ont joué ensemble toute la musique qu'il aimait.

Adhémar a été opéré le 9 janvier. On lui a introduit une longue tige de métal dans le fémur. Après quelques jours en fauteuil roulant, il a réussi à faire quelques pas, aidé d'une poussette ; et dès qu'il a pu marcher avec une canne, il a recommencé à sortir, tous les midis, souvent le soir. Thérèse, inquiète, songeait à lui enlever ses clés d'auto. Mais il avait prévu le coup et les cachait dès son arrivée à la maison.

Mais au printemps, le mal ayant progressé, il a renoncé de lui-même à conduire. Il demeurait à la maison, avec sa femme, ce qui n'était à peu près jamais arrivé, sauf lorsqu'il y avait de la menuiserie, de la peinture ou de la plomberie à faire. Elle lui cuisinait ses repas, comme d'habitude. Il ne s'était jamais préparé un café ou une toast ou un œuf de sa vie. Les gars de chantiers ne touchaient jamais un chaudron, ne s'approchaient jamais du poêle. Adhémar avait donc depuis toujours cette habitude, jamais remise en question, de se faire servir. Il ne touchait pas non plus à la vaisselle. Et c'était beaucoup parce qu'elle avait voulu qu'il en soit ainsi, que la cuisine soit son royaume exclusif. Dans ses armoires et ses tiroirs, Adhémar n'aurait pas su trouver la farine, ni ranger les tasses à café ou les cuillères à soupe.

Ils étaient seuls donc, deux vieux époux se rappelant certains soirs de lointains souvenirs, s'en expliquant parfois des troublants, perdus par moments dans de longs silences. Elle avait fait installer un lit d'hôpital dans sa chambre, près du grand lit où elle dormait désormais toute seule. Adhémar avait repris sa poussette, puis il ne circula plus qu'en fauteuil roulant. Elle lui avait cousu deux couvertures de laine, de la grosse laine qu'il aimait, un peu piquante, avec une bordure en satin. Adhémar avait toujours été frileux. Même jeune, il ne s'était pratiquement jamais baigné ; s'il s'étendait au soleil, c'était toujours habillé des pieds à la tête. Il portait, de novembre à avril, des combinaisons de flanelle.

Parfois, ils ont réglé de vieux comptes. Ainsi, un jour qu'il se plaignait de ne pouvoir sortir, elle n'a pu s'empêcher de lui rétorquer : « Figure-toi donc, Adhémar Dion, que pendant quarante-cinq ans, j'ai presque jamais pu sortir, moi non plus. Et tu t'en es pas préoccupé. Tu t'es même jamais aperçu que je m'ennuyais à mourir. »

Le soir, à sa fille Denise, il a dit : « Je pense que ta mère est fâchée après moi. As-tu une idée pourquoi ? »

Cet incident a déclenché de longues conversations entre les époux.

Le 14 février, comme chaque année depuis leur première Saint-Valentin, celle de 1946, elle lui a cuisiné un gâteau en forme de cœur, avec le crémage à l'érable qu'il aimait particulièrement. Elle lui avait acheté un gros chandail de laine. Depuis cinquante-huit ans, elle lui avait toujours offert un cadeau à Noël, à la Saint-Valentin et à son anniversaire, le 2 mars. Lui, jamais, sauf au jour de l'An et à l'anniversaire de Thérèse qui avaient précédé leur mariage. Il lui a dit, ce soir de la Saint-Valentin 2003 :

«Je t'ai jamais donné de cadeau, moi.

— Tu m'as jamais fait de cadeau, c'est vrai!»

Mais quelques jours plus tard, elle a ajouté :

«Tu m'as fait le plus beau des cadeaux, tu m'as donné quatorze beaux enfants et tu m'as laissée vivre ma vie.»

Il regardait la télé. Deux fois par semaine, Denise allait lui acheter des billets de loto, de 6/49, des gratteux. Il attendait de guérir, il attendait le jour où il pourrait retrouver ses chums chez Spagio. Il voyait son médecin de temps en temps. Mais jamais il n'a parlé devant sa femme et ses enfants ou ses amis de sa maladie, jamais il n'a prononcé le mot «cancer», jamais il n'a parlé de la mort. Les médecins avaient dit huit mois au plus. Mais à l'automne, il mangeait toujours avec beaucoup d'appétit. Il souffrait. Mais jamais longtemps. Clément, Denise ou Thérèse lui injectait régulièrement de la morphine.

Adhémar est parti le 30 novembre 2003, à 8 h 07, vingt-sept ans jour pour jour après que Thérèse eut perdu sa mère. C'était un dimanche matin. Il s'était assis dans son grand fauteuil au fond du solarium baigné de lumière. Après avoir mangé ses toasts, il a fumé une cigarette, puis a dit qu'il était fatigué. Il a laissé sa tête tomber sur sa poitrine.

Lorsqu'il fut dans son cercueil, Denise a glissé dans la poche de son veston, sans même en noter les numéros, les billets de loto qu'elle avait achetés pour lui et dont personne, ici-bas, ne saura s'ils portaient des numéros gagnants.

Au matin des funérailles d'Adhémar, Thérèse ne parvenait pas à décider laquelle de ses montres elle porterait.

Elle a finalement décidé de ne pas en mettre. Le lendemain, quand elle a voulu les ranger dans sa boîte à bijoux, elle a remarqué qu'elles étaient toutes arrêtées à 8 h 07, l'heure exacte de la mort de son mari. Ce même jour, quand Céline s'est rendue dans la chambre de son père pour un dernier adieu avant de repartir pour Las Vegas, elle a trouvé sa montre à lui sur la table de chevet. Elle marquait, elle aussi, 8 h 07.

Adhémar Dion aura finalement vécu trois mois de plus que ce que lui avaient prédit les médecins. Sur le mur, près de la table du Spagio où il mangeait tous les jours de la semaine avec ses copains, on a fixé une plaque : *Adhémar Dion, 1922-2003*. Quelques mois plus tard, un incendie détruisait le Spagio.

Un malheur ne vient jamais seul, dit-on. Très tôt, au matin du 21 janvier 2004, moins de deux mois après la mort d'Adhémar, le téléphone sonnait chez Thérèse. C'était Jacques, son garçon, qui lui annonçait, la voix brisée :

« Jimmy a eu un accident de ski. »

Jimmy ! Seize ans ! Il avait été pendant des années le compagnon de jeu de Thérèse, son « 5 étoiles » comme elle disait, son rayon de soleil, son ami, le preux chevalier avec qui elle avait parcouru les bois de Sainte-Anne-des-Lacs, pour qui elle cousait des costumes de Zorro, de Batman, de Robin des Bois.

« Il s'est cassé le cou, maman. »

Elle aurait pu penser : « Pourquoi mes enfants veulent-ils toujours m'annoncer les malheurs qui les frappent ? » Même du vivant d'Adhémar, quand l'un d'eux avait une peine d'amour ou une grosse grippe ou qu'il s'était cassé une patte ou s'était fait voler son auto, c'était toujours elle qu'ils appelaient en premier, avant le docteur ou la police.

« Jimmy ne pourra peut-être plus jamais marcher. »

Jacques pleurait à gros sanglots. Elle a pleuré, elle aussi, un moment, très court. Puis elle s'est ressaisie et a dit :

« Écoute-moi, mon garçon. On est forts dans la famille. On est ensemble, tu le sais. Jimmy va s'en sortir. »

Voilà pourquoi ils l'appellent tous. Pour sa force tranquille, sa foi inébranlable. Et aussi parce qu'elle est en contact avec cette autre puissance tutélaire qui veille sur la famille, le couple Céline et René. Il faisait encore nuit à Las Vegas quand ils ont téléphoné à Jacques pour lui dire, comme dit toujours René : « Tout va être correct. » Et la machine s'est mise en marche. Jimmy a été entouré de soins, d'amour, des meilleurs thérapeutes, des plus efficaces technologies... Jacques a cédé à son frère Paul la direction de la Fondation qu'avait créée leur mère, il a cessé de gérer la carrière de celle-ci pour s'occuper à temps plein de la réadaptation de son fils qui, malgré son handicap, terminera son cégep en art et lettres, et étudiera en cinéma à l'Université Concordia. Grand-maman Dion, qui l'appelle toujours son « 5 étoiles », avait raison : Jimmy s'en est sorti, il s'est ouvert au monde, il fait aujourd'hui ce qu'il aime, il a des projets, un but dans la vie.

Elle est toujours là quand un drame, comme celui qu'a vécu Jimmy, frappe la famille. Elle écoute, console, conseille. Mais depuis quelques années, depuis qu'ils sont devenus à leur tour des hommes et des femmes mûrs et responsables, des papas et des mamans, et même des grands-parents, ses enfants la surveillent et s'inquiètent parfois pour elle, eux aussi. S'ils s'informent de sa santé, elle répondra immanquablement, et quel que soit son état, que tout va bien, qu'elle est au mieux de sa forme. Mais ils savent aujourd'hui déceler dans sa voix et dans ses gestes, sa fatigue, ses angoisses, ses inquiétudes.

Au cours des semaines de grand froid qui ont suivi la mort de son mari et l'accident de Jimmy, ils ont tous remarqué qu'elle était songeuse et taciturne. Elle avait vécu toute sa vie dans des maisons remplies d'enfants, et cette dernière année, avec un homme qui requérait des soins constants. Et puis plus rien. Rien à faire, personne à qui parler, personne à nourrir, à soigner.

Elle avait un nouveau statut civil : après avoir été une enfant, une adolescente, une jeune fille, une jeune mariée, ménagère et maman, grand-maman, arrière-grand-maman, elle était maintenant une veuve, une femme seule, une femme en deuil. Elle devait, à soixante-dix-sept ans, apprivoiser la solitude et passer, pour la première fois de sa vie, des jours entiers, de longues soirées, toutes ses nuits, sans personne à ses côtés. Bien sûr, ses enfants étaient tout près qui l'observaient, qui prendraient soin d'elle. Mais elle ne voulait justement pas dépendre de qui que ce soit. Pas de sollicitude, pas d'apitoiement. Elle cherchait même à s'émanciper de sa famille, surtout ne jamais être « à charge », mais rester libre et active, autonome.

Il lui fallut un certain temps pour se ressaisir. Elle lisait sans parvenir à se concentrer, recommençant plusieurs fois la même page de son livre. Elle pensait, elle jonglait avec des idées noires. À ce qu'elle avait été, à ce qu'elle était devenue, surtout à ce qu'elle serait bientôt, plus tard. Et elle n'appelait pas ses enfants.

Elle sentait le besoin de sortir un peu de cette maison où tout lui rappelait les derniers moments de son mari. Pendant des mois, presque un an, ils avaient vécu très proches l'un de l'autre, jour et nuit. Et Adhémar était encore partout présent, elle se butait tous les jours au fauteuil dans lequel il était mort, elle apercevait son cendrier, sa canne. Elle avait gardé tous ses vêtements dans la garde-robe du hall d'entrée… Il faudrait bien qu'une journée, sans pour autant effacer sa mémoire, elle fasse un grand ménage dans tous ces souvenirs, qu'elle donne les habits, les outils, toutes ces choses ayant appartenu à son mari et qui pouvaient encore servir.

Mais, comme toujours, ce qui lui pesait le plus, c'était l'inactivité. Elle trouvait toujours aussi difficile et angoissant de rester plus d'une heure à ne rien faire. Elle aurait pourtant bien pu se dire qu'elle avait réussi sa vie, que son travail sur Terre était terminé, se reposer, regarder passer le temps comme beaucoup de gens de son âge ; elle en était incapable. Elle craignait toujours, si elle se tournait les pouces assise devant la télé, de sombrer dans la tristesse, de s'engluer dans le passé, alors que la vie était là, battante, palpitante, juste à côté.

Elle avait cessé de faire de la télévision de façon régulière. Le contact avec le public qu'elle avait connu très intimement pendant cinq ans lui manquait beaucoup. Paul et Liette pouvaient fort bien gérer tout seuls la Fondation. Ils demandaient un coup de main à leur mère pour promouvoir les collectes de fonds et animer les galas. Mais, à part ces quelques semaines d'activités très intenses, à part ses travaux de couture, madame Dion trouvait le temps bien long, de plus en plus long. Elle commençait à classer les milliers de photos qu'elle avait entassées année après année dans des boîtes, à lire des livres qu'elle gardait depuis des années... Mais elle avait envie d'autre chose, d'action, de grand air, de liberté.

« J'ai toujours fait ce que j'ai voulu dans la vie, disait-elle. Même quand j'avais pas le choix. Je m'arrangeais avec ce que la vie me donnait. Ce qui m'arrivait que j'avais pas désiré, je choisissais de le vivre du mieux que je pouvais. On n'est pas toujours libre de faire ce qu'on veut dans la vie, mais on est libre d'aimer ce qu'on est obligé de faire. »

Mais arrive un moment dans la vie où, justement, on n'est plus obligé de faire quoi que ce soit, où les enfants ne demandent plus rien aux parents. « N'être plus bon à rien, c'est une épouvantable tragédie. Il faut servir à quelque chose. »

Comme une enfant confinée à la maison pendant un interminable jour de pluie, elle avait furieusement envie d'aller «jouer dehors». L'occasion lui en fut finalement donnée au cours de l'été 2004.

Sa fille Claudette est arrivée un jour annonçant qu'elle partait en tournée. Après avoir élevé sa famille et vécu elle aussi un pénible divorce, elle avait renoué avec le show-business où elle se bâtissait une jolie carrière. Au cours de l'année précédente, elle avait présenté un spectacle fort apprécié de chansons d'Édith Piaf. Et on lui avait proposé de participer à la tournée Santé & Prévention qui couvrait alors tout le Québec, le Nouveau-Brunswick et une bonne partie de l'Ontario francophone.

«Chanceuse! lui a dit sa mère. Je donnerais cher pour être à ta place.»

Claudette a rapporté, sans arrière-pensée, les propos de sa mère à l'organisateur de la tournée, Bernard Arsenault. Celui-ci, avec son frère Serge, avait administré le Marathon de Montréal de 1979 à 1990. L'événement étant devenu moins populaire, il avait créé le Festival Santé & Prévention qui répondait mieux, selon lui, aux besoins des baby-boomers vraisemblablement lassés de la compétition et des grands attroupements. Plutôt que d'inviter les gens à participer à un événement sportif terriblement exigeant, il avait entrepris d'aller vers eux avec une équipe médicale, des animateurs, des artistes, des conférenciers, un chef cuisinier. On faisait de l'information et du dépistage (diabète, hypertension, emphysème), on devisait sur les grandeurs et les misères de l'alimentation. On offrait un repas santé. Puis une vedette de la chanson: Claudette Dion, en 2004, qui présentait un spectacle rappelant aux baby-boomers et aux aînés les belles années de leur jeunesse.

Quelques heures après que Claudette eut lancé à l'organisateur de la tournée que sa mère rêvait d'en faire partie, celui-ci a réaménagé son équipe et proposé à madame Dion de se charger de la conférence et de préparer le repas santé. Elle a, bien évidemment, tout de suite accepté. Et elle est partie en tournée, dans la grosse Mercedes d'Adhémar, en compagnie de Claudette et de Denise, engagée comme chauffeur.

À l'automne de 2004, maman Dion et ses deux filles aînées ont donc écumé le pays, parcourant plus de dix mille kilomètres depuis l'Acadie jusqu'au fin fond de l'Abitibi, de Sudbury et North Bay à la Côte-Nord, en passant par l'Estrie et le Cœur-du-Québec. Deux mois de fous rires et de confidences. Dans la voiture, maman Dion s'est mise à raconter sa vie à ses filles comme jamais elle ne l'avait fait. Et Thérèse s'est liée d'amitié avec le compositeur et chef d'orchestre Cyrille Beaulieu, qui accompagnait Claudette dans son tour de chant.

On lui avait demandé de préparer une conférence sur un sujet de son choix relié à l'alimentation et d'illustrer son propos par une recette de son cru. Elle a choisi de parler des oméga-3, ces acides gras insaturés présents, par exemple, dans les poissons gras ou le soja et très bénéfiques pour le système cardiovasculaire. Comme démonstration, elle préparait devant son public sa morue aux carottes, un repas sain, respectant à la lettre le *Guide alimentaire canadien.*

Ce public était toujours composé majoritairement, aux deux tiers, parfois aux trois quarts, de femmes. Entre elles et maman Dion, le contact était toujours presque immédiat, extrêmement chaleureux, souvent très émotif. Beaucoup de ces femmes avaient connu les mêmes réalités que la conférencière. Leurs enfants étaient partis l'un après l'autre, puis leur mari était décédé, elles s'étaient retrouvées seules, désœuvrées, souvent tristes, se sentant inutiles, perdues. Elles écoutaient maman Dion, la preuve vivante qu'il y avait encore une vie après le départ des enfants et la mort de l'époux. Elle les faisait rire aux éclats, chaque fois. Elles lui parlaient de leur vie, de leurs joies et de leurs peines.

En moins de deux mois, maman Dion, soixante-dix-sept ans, a présenté sa conférence et préparé sa morue aux carottes dans trente-six villes du Québec. Elle a adoré faire de la route, traverser les villages, les paysages de son pays, parler avec tous ces gens, qui s'informaient de sa famille, lui parlaient d'Adhémar et de son veuvage, et avec qui elle échangeait des recettes, des trucs de couture.

Grâce à un remarquable sens de l'adaptation, maman Dion s'est intéressée à cet univers troublant des personnes âgées. Elle s'est davantage rapprochée de ses sœurs Jeanne et Jacqueline, et de Monique Pelletier, son amie d'enfance qu'elle a invitée à Las Vegas, à l'hiver 2005.

À soixante-dix-neuf ans, Monique n'avait jamais pris l'avion de sa vie. Lorsqu'elle est montée à bord du jet qui les emmenait à Las Vegas, elle tenait Thérèse par la main. Elles ont beaucoup ri. Elles ont parlé, comme à chacune de leurs rencontres, du bon vieux temps, de leurs enfants. Monique était émerveillée de voir Thérèse tout aussi à l'aise dans les aéroports, les avions, les limousines, les palaces et les grands salons, qu'elle l'était autrefois à Saint-Bernard-des-Lacs. « T'es chez toi partout, on dirait. »

Le 30 mars, Thérèse et Monique se sont rendues voir Céline, le bébé de Thérèse, dont c'était le trente-sixième anniversaire. Les trois femmes sont restées debout un long moment, Monique et Céline intimidées, rieuses. « Ah ! Que c'est beau, ici ! », disait Monique. Depuis qu'elles étaient parties de Montréal, elle n'en finissait plus de s'étonner, d'admirer…

Monique avait apporté un cadeau à Céline. Thérèse lui avait pourtant dit : « On peut pas faire de cadeau à Céline. Elle a tout. Elle trouve qu'elle a trop de choses à elle. Son cadeau, c'est toi, je te jure, c'est toi qu'elle veut voir. »

Thérèse avait parlé à sa fille de cette amie d'enfance retrouvée. Et pour la première fois, Céline avait commencé à imaginer sa mère enfant, comme si elle la voyait, courant pieds nus à travers champs ou chantant dans la chorale du village. «C'est comme si on s'était jamais perdues de vue, Monique et moi», avait dit Thérèse. Céline avait été intriguée et charmée. Elle avait souvent demandé à sa mère de lui parler de son enfance, mais celle-ci ne le faisait jamais vraiment ou bien elle racontait des petites histoires, toujours les mêmes, qui ne lui étaient jamais arrivées à elle, mais à sa sœur Jeanne qu'elle aimait tant ou à ses grands frères Henry ou Lauréat ou Valmont, que Céline avait connus autrefois, charmants vieillards. Ou elle répétait que sa mère et son père, Antoinette et Achille savaient tout faire et qu'ils avaient toujours réussi à se débrouiller dans la vie. Or, depuis qu'elle avait retrouvé Monique, Thérèse s'était mise à parler d'elle, de sa vie à Saint-Bernard-des-Lacs, des jeux, des paysages, des visages de son enfance, des odeurs et des couleurs de l'été, même de ses premiers flirts, à quatorze ou quinze ans...

Monique n'était pas du tout autoritaire, ni têtue ni extravertie, pas du tout du genre à n'en faire qu'à sa tête, mais elle avait quand même apporté son cadeau à Céline. Et Thérèse avait trouvé son idée fort bonne. Mais une fois dans la luxueuse résidence de Las Vegas, se voyant entourée de bibelots magnifiques, de mille objets extraordinairement beaux, chers et rares, et en présence de l'enfant de son amie qui était devenue une star immense, Monique hésitait. Son cadeau était si petit, presque rien. C'est Thérèse qui a dit à Céline :

« Monique a quelque chose pour toi, Céline. »

Monique a sorti de son sac la soucoupe du service à thé miniature que Thérèse, son amie, lui avait donnée autrefois.

« C'est un cadeau que ta mère m'a fait pour ma fête, quand nous étions enfants, dit-elle. Je l'ai toujours gardé. Aujourd'hui, je te l'offre, c'est pour toi, pour ta fête. »

Thérèse a ajouté :

« C'est rien, presque rien. Mais, dans le temps, on n'avait pas beaucoup de belles choses. Et ça, c'en était une. »

Céline, émue, tournait et retournait dans ses mains la petite soucoupe de porcelaine fleurdelisée d'or. Elle avait les larmes aux yeux quand elle a embrassé Monique et sa mère. Elle a dit :

« Je peux m'acheter tout ce qui me fait envie, des bijoux, des maisons, des voitures, des vêtements. Mais ça, je n'aurais jamais pu. Ça ne s'achète pas. C'est pas rien, au contraire, ce sont des objets qui ont traversé soixante-dix ans d'histoire, soixante-dix ans de la vie de ma mère, de votre vie à vous, Monique. C'est l'objet le plus précieux que je possède. Et je le garderai toujours. »

Les liens qui unissaient autrefois Thérèse et Monique étaient restés indéfectibles. Elles seront toujours amies d'enfance et amies de cœur, même si elles se sont un peu perdues. Elles habitent à plus de dix heures de route l'une de l'autre. Et elles n'ont jamais été bien « écriveuses », ni l'une ni l'autre. Elles se voient une ou deux fois par année, se parlent de temps en temps au téléphone. Ce n'est pas assez pour étancher la soif d'amitié de Thérèse. Elle aime coudre, cuisiner, magasiner, voyager avec une compagne. Elle a découvert sur le tard, ce que son mari avait toujours connu, le plaisir d'avoir une gang, quelques amies proches qui partagent ses goûts, qu'elle fait rire, avec qui elle prépare des projets, des voyages. Il y a ses filles, bien sûr, Denise surtout, qui est sa voisine et qui s'occupe de son agenda, qui est son chauffeur, sa confidente, son amie. Il y a les copines du Club-Tissus de Laval où se rencontrent des femmes passionnées de couture qui échangent des idées, des patrons.

On ne sait jamais tout à fait comment naît une amitié. Le plus souvent, dans une vie, c'est affaire de jeunesse. Rarement, dit-on, des amitiés se nouent entre gens d'un certain âge. Rarissimement, entre deux grands-mères. C'est pourtant ce qu'a réussi Thérèse Dion à plusieurs reprises. D'abord avec madame Lise Thibault, lieutenant-gouverneure du Québec. Elles se sont rencontrées une première fois sur un plateau de télévision où madame Dion, malgré toute son expérience et son assurance, ne se sentait pas ce jour-là tout à fait à l'aise. Les deux dames ont parlé ensemble de leur enfance rurale, de leurs familles, de leurs enfants. Quand elles se sont laissées, à peine une heure plus tard, elles avaient la certitude qu'elles se reverraient. Quelques mois plus tard, Lise acceptait d'être la présidente d'honneur de la campagne de financement de la fondation de Thérèse. Elles se sont revues, sont devenues et restées de grandes amies. Sans doute parce qu'elles avaient gardé toutes deux leur vivacité d'adolescente, une grande curiosité pour le monde, un désir de savoir, d'aider, de grandir.

Au cours de l'été 2005, Thérèse s'est également liée d'amitié avec Monique Desrochers. Monique, jeune sexagénaire lavalloise, est une femme très indépendante et autonome, très attachée à la famille aussi, extrêmement active, passionnée de couture, totalement dévouée à ses enfants, ses petits-enfants, son mari. Quand ceux-là n'ont pas besoin d'elle et que celui-ci est au travail, elle va seule au cinéma ou au théâtre, elle fait parfois aussi des petits voyages dans tout le Québec au cours desquels elle descend, plutôt qu'à l'hôtel, dans des couvents de sœurs.

En décembre 2005, pour la deuxième année consécutive, sept des enfants Dion tenaient l'affiche du Casino de Montréal. Pendant près de deux heures, Claudette, Liette, Daniel, Ghislaine, Manon, Paul et Pauline interprétaient seuls ou tous ensemble, en français et en anglais, des chansons d'autrefois et des succès de l'heure, des cantiques de Noël, des berceuses. Et une chanson, *La neige de mon pays*, dont Thérèse avait écrit les paroles sur une musique de Cyrille Beaulieu, le pianiste qui accompagnait Claudette en tournée. Pour Liette et Pauline, participer à ce spectacle était une véritable thérapie. Elles ont toujours été plus réservées que Claudette et Ghislaine, plus timides. Pauline aimait chanter, mais elle n'avait jamais osé le faire vraiment devant sa famille. Elles sont montées sur la scène du Casino comme on se jette à l'eau. Et elles y ont connu de grandes joies, pures et simples. Daniel aussi appartenait à la branche timide de la famille.

Daniel avait toujours été un homme très secret, très solitaire aussi. Il a une âme d'artiste et d'extraordinaires talents manuels. Mais il n'a jamais vraiment su quoi faire de tous ces dons. Parce qu'il n'a jamais rien osé. Or, dans ce spectacle, il se révélait incontestablement comme le plus talentueux de tous. Son *Minuit chrétien* lui valait chaque soir une ovation debout. À quarante-neuf ans, enfin, il connaissait le bonheur, il sortait de sa coquille.

Un dimanche, Thérèse a invité Monique Desrochers à venir assister avec elle au spectacle que donnaient ses enfants au Casino. C'est à cette occasion peut-être, dans la voiture que conduisait Denise, que l'étincelle de l'amitié a jailli. Alors qu'elles parlaient toutes les deux de leur mère qu'elles avaient tendrement aimée et admirée. Thérèse a fait une sorte de demande en amitié.

« Si tu veux, j'aimerais qu'on soit des amies, toi et moi. »

Elles ont brunché au Casino, regardé le spectacle des enfants Dion, soupé chez Moishe's, le fameux steak house du boulevard Saint-Laurent. Puis elles ont pris très rapidement l'habitude de faire leurs courses ensemble, les lundis et vendredis. Avec parfois Denise, et Jacqueline qui vient régulièrement de Trois-Rivières voir sa grande sœur. Elles vont à la banque, chez le nettoyeur, au Marché public 440, chez Zellers voir les nouveautés et les prix, au Club-Tissus, où elles trouvent de nouvelles idées, des patrons inédits ; elles s'arrêtent régulièrement le vendredi midi au Friand d'Œufs de Laval, où madame Dion prend toujours le pâté au saumon, « le meilleur que j'ai mangé de ma vie ». Elles rentrent les bras chargés. Elles ont acheté des kilos de fraises qu'elles passent l'après-midi à équeuter, et elles font des confitures, des « magnums » de confitures pour les enfants, les amis... Ou elles cousent, brodent, tricotent. Et, pendant tout ce temps, elles discutent. Énormément. Maman Dion a toujours eu la parole facile. Mais elle n'a jamais parlé beaucoup d'elle-même, par pudeur. À Monique, cependant, elle a tout raconté. Son enfance, ses jeux, sa forêt en Gaspésie, ses amours avec Adhémar, ses accouchements, les problèmes qu'ont eus ses enfants, les peines que certains lui ont faites quelquefois, les grandes joies qu'ils lui apportent tous. Des heures de confidences. Monique parle elle aussi de sa mère, de sa famille, de son mari... Et elles se posent l'une et l'autre mille et une questions. Et elles rient beaucoup. Deux petites filles espiègles et intarissables.

En février 2006, maman Dion est partie pour Las Vegas. Elle allait retrouver là-bas ses filles Linda et Céline, ses garçons Clément et Michel. Elle prendrait ensuite des vacances à Anguilla avec Céline, René et René-Charles. Puis retour en mars à Las Vegas, où Claudette et Monique viendraient se joindre au joyeux groupe.

Thérèse avait un but en allant là-bas : séduire son petit-fils René-Charles qui, depuis la mort de son grand-père, boudait un peu sa grand-mère et ne voulait plus allez chez elle, dans la maison de Sainte-Rose où Adhémar le faisait autrefois danser sur ses genoux et lui jouait des airs d'accordéon. La séduction a marché. Pour la première fois, les choses ont vraiment cliqué entre René-Charles et sa grand-mère, qui lui a montré à jouer à la bataille des oreillers, lui debout sur son lit, elle sur le tapis en face de lui, se frappant à grands coups d'oreiller au corps ou à la tête jusqu'à ce que l'un ou l'autre tombe.

Il y avait beaucoup de bonheur dans ce temps-là. Et tout à coup, de l'inquiétude, de la peur.

Clément n'était pas bien. Il disait à sa mère qu'il digérait mal, qu'il avait mangé trop vite. « Conte-moi pas des peurs, lui disait-elle. Je suis passée par là. Je sais comment tu te sens. Un rien t'essouffle. T'as un poids gros comme la maison sur le cœur. Je sais aussi que tu t'en vas chez le médecin demain matin. »

Bien sûr qu'elle connaissait le mal dont souffrait son fils. Il avait l'âge auquel son père à elle, Achille Tanguay, avait commencé à souffrir du cœur. Et elle-même, depuis quelque temps, ressentait des malaises qui lui rappelaient ceux qu'elle avait connus en 1988 quand son entêtement l'avait menée à deux cheveux d'un grave infarctus. Elle avait encore, elle aussi, par moments, un énorme poids sur le cœur. Le moindre effort lui était pénible et la laissait à bout de souffle. Avant de lui faire de nouveaux pontages, opération très invasive, pénible et dangereuse, ses médecins allaient tenter un traitement par médicaments. Dans la famille, tout le monde se parlait tous les jours, on appelait les médecins, ceux de Montréal réclamaient quotidiennement de ceux de Las Vegas des nouvelles de la maman. A-t-elle l'air fatigué ? Dort-elle bien ? Est-elle inquiète ? Mais elle, comme d'habitude devant ses enfants, faisait celle que rien n'inquiète, celle que rien ne menace, celle qui n'a peur de rien.

Le 19 mars, la veille de son soixante-dix-neuvième anniversaire, elle se rendait à l'aéroport de Las Vegas accueillir son amie Monique Desrochers, venue participer à un congrès de couture qui réunissait au Caesars Palace les meilleurs artisans en couettes et courtepointes d'Amérique. Et au cours des jours suivants, elle a parlé à Monique, et à elle seule, de ses peurs, de toutes ses peurs, de celle que lui avait faite Clément avec son angine de poitrine, celle qu'elle éprouvait quant à son propre avenir.

Quand elle est rentrée au Québec, à la fin d'avril, madame Dion était toujours dans l'expectative. Ses médecins voulaient attendre encore quelques semaines avant de prendre une décision. Elle a quand même préparé son bal annuel de la fête des Mères. Elle a procédé avec Paul à la restructuration de sa Fondation, dont ils ont redéfini les objectifs et à laquelle ils ont trouvé de nouveaux partenaires, dont la Banque Nationale, Saputo, Brault et Martineau, Procter & Gamble.

Le 10 mai 2006, devant quelque deux cents invités réunis à l'hôtel Reine Elizabeth, ils ont annoncé que la Fondation se nommerait désormais Fondation Maman Dion et qu'elle se consacrerait principalement à aider des jeunes de milieux défavorisés en leur versant quatre cents dollars en bons d'achat de fournitures scolaires et de vêtements. Pour atteindre les familles à faible revenu, Paul était allé chercher l'appui des journaux régionaux de Quebecor et de Transcontinental. La Fondation Maman Dion était ainsi bien établie dans les ligues majeures des organismes caritatifs du Québec.

Maman Dion avait eu une bonne nouvelle, la veille de ce bal annuel : constatant qu'elle réagissait bien aux médicaments, ses médecins avaient décidé qu'elle ne serait pas opérée. Mais elle eut, quelques jours plus tard, au lendemain de la fête des Mères, une très mauvaise nouvelle. Elle a frappé très fort dans le mur. Elle était en colère ; les mauvaises nouvelles contre lesquelles on ne peut rien la mettent toujours en colère. Ses enfants lui apprenaient que son fils Daniel avait un cancer de la gorge.

Mais il y avait une raison supplémentaire à cette colère : ses enfants, après s'être consultés, lui avaient caché l'état de son fils pendant plusieurs semaines.

« On n'a pas le droit de cacher à une mère que son enfant est malade », a-t-elle lancé.

Elle était fâchée, humiliée. Si ses enfants avaient voulu l'épargner, c'est qu'ils ne la considéraient plus comme la femme forte et indispensable qu'elle avait toujours été, qu'elle croyait toujours être. Et cette idée lui était intolérable. Alors, elle a fourbi ses armes : courage, force, autorité, sang-froid, foi, espérance, charité. Et elle est partie en guerre contre le cancer qui avait attaqué son fils Daniel à la gorge.

Thérèse enrageait de voir que le mauvais sort s'acharnait encore une fois sur son garçon. De l'avis de tous, il avait été la grande vedette du spectacle présenté au Casino. Pour la première fois de sa vie, Daniel avait chanté de tout son cœur et avec toute son âme et eu droit chaque soir à une vibrante ovation. Et il avait été formidablement heureux. Il avait eu des propositions de divers producteurs de spectacle. Jacques, son frère, l'avait convaincu de faire un album de ses chansons préférées. Au cours de l'hiver, les deux frères avaient commencé à choisir des ballades qui mettraient en valeur la superbe voix de *crooner* de Daniel. Et voilà que, juste comme il sortait enfin de sa coquille et avait de beaux projets, le sort lui assénait un coup terrible.

Il s'était enfermé chez lui. Il ne répondait pas au téléphone, faisait dire par sa fille qu'il ne voulait voir personne. René Angélil, qui, sept ans plus tôt, avait vécu une semblable épreuve, a réussi à le joindre et l'a persuadé d'aller vivre chez sa mère pendant la durée de ses traitements de chimiothérapie qui débutaient au début de juin. Daniel a résisté. Il voulait rester chez lui, prétextant qu'il devait s'occuper de sa fille qui avait des problèmes d'ado. En fait, il ne désirait plus sortir de sa coquille. Mais la famille s'est mobilisée ; on s'est occupé de son ado. Et Daniel est venu vivre à Sainte-Rose l'enfer de la chimiothérapie.

Thérèse pensait à la manière dont sa mère Antoinette avait autrefois ramené son frère Lauréat du monde des morts. Elle a pris soin de Daniel, lui faisant ingurgiter par le tube qui lui entrait dans le ventre deux litres d'eau par jour et les nutriments dont il avait besoin. Le forçant, malgré l'écrasante fatigue qu'il ressentait, à se lever régulièrement pour effectuer quelques pas, pour s'accrocher à la vie. Elle l'assoyait un moment dans une chaise longue pour qu'il voie les arbres, la rivière, les oiseaux, la vie. Avant la fin de l'été, Daniel était tout à fait remis. Sa voix n'avait pas été altérée, son projet d'album tenait toujours.

9

La grande dame aux pieds nus

Aujourd'hui, maman Dion vit très bien. Elle a de l'argent. Elle est libre, comblée par la vie. Mais elle se demande encore certains jours si elle a vraiment mérité tout ce qu'elle possède, tout ce qu'elle a reçu. Elle sait bien qu'un homme ne se poserait jamais ce genre de question. Jamais dans cent ans, dans mille ans. Jamais un homme ayant eu et élevé quatorze enfants, mis en marché une vedette internationale de la chanson et animé à l'âge de soixante et onze ans un show télévisé (devenant ainsi dans son pays une icône populaire) se croirait indigne de vivre dans une maison cossue et d'avoir un train de vie de millionnaire.

« Ce sont les femmes qui font les enfants et qui les élèvent, dit Thérèse Dion, mais elles n'ont jamais, comme les hommes, la certitude que le monde leur appartient. La liberté ne leur est jamais donnée, elles doivent la gagner, comme un salaire… Quand elles ont mérité ce salaire, elles ont toutes les raisons du monde d'être fières. »

Maman Dion est fière. Elle a le respect de l'argent. C'est du travail, du temps, des efforts que quelqu'un a faits quelque part. Et c'est de la liberté pour ceux et celles qui en ont. Pour elle, voir de l'argent par terre, ne serait-ce qu'une cenne noire, est un signe, celui de la chance. Un jour, sa fille Céline lui a dit de ne pas ramasser la pièce à ses pieds présentant son côté pile. Seulement quand elle est côté face.

« Pile, il faut la laisser par terre. C'est du malheur. »

Thérèse, qui n'est pas superstitieuse, s'est penchée, elle a ramassé la pièce et l'a lancée en l'air, deux ou trois fois, jusqu'à ce qu'elle retombe sur le côté face. Alors, elle l'a mise dans sa poche.

« Faut faire sa chance soi-même, mon bébé. »

Tout ce qui peut servir, elle le ramasse. Elle l'a toujours fait. Comme son père et sa mère. À Saint-Bernard-des-Lacs, on ne jetait jamais ce qui était récupérable ; à Charlemagne non plus, ni à Duvernay ni à Rosemère. Au début de l'été 2006, elle a fait repeindre plusieurs pièces de sa maison ; les peintres sont partis en laissant derrière eux ces grandes toiles qu'ils étendent sur les meubles pour les protéger. Thérèse les a apportées chez le nettoyeur et, pendant des semaines, avec sa fille Denise, parfois sa sœur Jacqueline, son amie Monique, elle a cousu dedans des sacs d'épicerie, faisant doublement œuvre écologique.

Il y a une remarquable convergence entre les idées qu'a toujours défendues cette femme et celles qui, nées des grandes idéologies écologiques, ont cours aujourd'hui. Le recyclage et la récupération, les Dion ont toujours connu ça. Et les enfants de Thérèse s'étonnent et s'amusent de voir surgir aujourd'hui des valeurs qui semblent nouvelles à la majorité des gens, mais que leur mère leur a inculquées dès leur plus jeune âge.

Quand elle fait de la promotion pour parler de sa Fondation, elle ne manque jamais de parler « récup ». Plein de gens lui font parvenir du tissu, des rubans, de la dentelle, de vieux vêtements qu'elle recycle et avec lesquels elle coud d'autres vêtements ou des courtepointes que la Fondation distribue aux miséreux. En septembre 2006, un monsieur des Cantons-de-l'Est qui fermait boutique lui a envoyé des millions de boutons, des centaines de livres de boutons de toutes couleurs, de toutes formes et de toutes dimensions. En vrac. Que faire de tout cela ? « Le temps va arranger ça, si on lui donne un coup de main », a dit maman Dion.

Un coup de main, ça veut dire trier, mettre de l'ordre dans ce formidable chaos. Tâche monstrueuse à laquelle elle a travaillé presque tous les jours pendant des semaines. Elle a trouvé des organismes caritatifs ou des groupes de maniaques de couture à qui elle a distribué ces boutons. Il existe tout un réseau parallèle, pour ne pas dire underground, qu'elle connaît bien, de fabricants de vêtements bénévoles, d'organismes à but non lucratif qui habillent les enfants des femmes de milieux défavorisés.

La dame de Sainte-Rose se lève toujours très tôt, hiver comme été, beau temps, mauvais temps. Rarement passé six heures du matin, même si elle s'est couchée souvent très tard. Elle a toujours tiré beaucoup de fierté de ne pas dormir beaucoup. Et à tout près de quatre-vingts ans, comme elle dit, il est un peu tard pour changer ce genre d'habitude. Mieux vaut s'y faire. « De toute façon, quand on vieillit, on bouge beaucoup, la nuit, on se réveille souvent, on jongle avec des idées pas toujours drôles. »

Quand les idées sont noires, elle préfère se lever. Elle a reçu son *Journal de Montréal* qu'elle lit dans le petit salon qui donne sur la rivière, en écoutant *Salut Bonjour* à la télé. Elle boit son thé lentement, si lentement qu'elle doit le réchauffer au micro-ondes à deux ou trois reprises. Et elle mijote sa journée.

Elle est souvent pieds nus, hiver comme été. « Être nu-pieds, c'est la liberté, c'est mon enfance qui dure. Et mon enfance, c'est beaucoup de bonheur, vraiment rien que du bonheur. » Elle a réaménagé le boudoir où Adhémar allait fumer. Sur le petit bureau, il y a deux photos encadrées : Adhémar et Eddy, « les deux hommes de ma vie ».

Dans sa vie, Thérèse Dion a plus souvent ri que pleuré. Sa peine, ses larmes, elle a toujours tenté de les ravaler, de les refouler le plus loin possible, sans doute un peu, peut-être même beaucoup, par orgueil, surtout face à ses enfants. « C'est pas très utile, des larmes, dit-elle. Ça ne sert qu'à montrer aux autres la peine ou la peur qu'on a ou qu'on pense avoir. » Selon elle, une vraie femme forte ne pleure pas. Ses parents qu'elle a toujours admirés ne pleuraient presque jamais. Ni son père ni sa mère. Par pudeur, sans doute un peu par orgueil aussi, par principe certainement, parce que c'était ainsi qu'ils avaient appris à vivre et à être avec les autres. Ils ne baissaient jamais les bras non plus. Vivre, c'est travailler, lutter, construire. « Le jour où tu t'arrêtes, c'est fini », disait Achille Tanguay. Il était déjà gravement cardiaque quand il a bâti sa dernière maison. Son médecin lui avait laissé entendre qu'il ne l'habiterait probablement pas longtemps. Après y avoir vécu plus de quatre ans, Achille a dit à sa fille Jeanne qu'il serait sans doute déjà mort s'il ne l'avait pas construite.

Thérèse n'a jamais revendiqué les remerciements ou les honneurs auxquels elle savait avoir droit. Une vraie femme ne quémande pas, même pas ce qui lui est dû. Mais elle a toujours eu, comme son père et sa mère, l'intime conviction qu'on finit toujours par avoir ce qu'on mérite. Et là aussi l'orgueil, le légitime orgueil, joue un rôle fondamental et dynamique. Thérèse Dion savait et sait toujours qu'elle est le pilier, la *mater familias*, la gardienne du temple et l'âme dirigeante, la *godmother* de cette grande famille qui s'est développée autour d'elle, la femme forte vers laquelle tous se tournent quand un coup de vent un peu fort secoue le bâtiment. Elle a toujours su qu'elle pouvait s'imposer, par son intelligence, sa force tranquille, sa culture. Elle est, au fond, très sûre d'elle-même, de son pouvoir sur les autres, de l'influence bénéfique qu'elle peut exercer sur eux.

Quand il y a du nouveau dans la famille, c'est toujours vers elle qu'on se tourne. Ses filles l'ont toujours appelée la première, souvent avant leurs propres maris, pour dire qu'elles étaient enceintes, ou quel était le sexe du bébé qu'elles attendaient, ou encore le poids du bébé qui venait de naître.

Elle est, pour tous ses enfants, un modèle. Ils le disent tous, chacun dans ses mots, mais toujours avec la même conviction. Ils lui vouent tous une admiration et une reconnaissance sans bornes. Ils disent aussi qu'elle les aide à vivre mieux, qu'elle les force, par son exemple, à rester attentifs aux autres.

Il y a des gens qui, dans la vie, regardent souvent derrière eux, comme s'ils étaient poursuivis ou comme s'ils voulaient mémoriser, tel le Petit Poucet, les détails du chemin, au cas où ils souhaiteraient revenir sur leurs pas. Et d'autres qui vont de l'avant, qui foncent, comme s'ils voulaient se rendre le plus loin possible, là où personne n'est encore allé. Thérèse Dion est de ceux-là.

Il lui arrive cependant, avec l'âge, de regarder parfois en arrière. Elle pense souvent, de plus en plus souvent, à son heureuse enfance à Saint-Bernard-des-Lacs, sa jeunesse impatiente à La Tuque, ses belles années à Charlemagne pendant qu'elle créait avec Adhémar ce qu'elle considère comme l'une des grandes merveilles du monde, sa famille, ses quatorze enfants. Et toutes ces époques et ces étapes de sa vie lui semblent aujourd'hui dénuées de tristesse, de misère. Comme si elle ne retenait que le bonheur, que le beau côté des choses et des gens.

Ses enfants ont grandi. Elle a adoré les voir mûrir et vieillir, hésiter, revenir sur leurs pas. Elle en a plusieurs aujourd'hui, huit en fait, qui ont dépassé cinquante ans, qui sont grands-parents (elle a trente petits-enfants, bientôt dix-huit arrière-petits-enfants). Ils ont atteint l'âge de la sagesse, eux aussi. Elle les a vus changer, réfléchir, elle les découvre moins torturés, moins inquiets. Et elle est plus proche d'eux que jamais. « C'est bon, mais je ne peux rien leur cacher maintenant. Si je suis fatiguée ou nerveuse, ils le voient tout de suite. » Ils savent tous par exemple que lorsqu'elle se gratte la lèvre supérieure avec l'ongle du pouce, c'est qu'elle est préoccupée. Ils savent au son de sa voix qu'elle est fatiguée, à son regard qu'elle est fâchée.

Certains de ses enfants ont eu, comme leurs oncles paternels, des problèmes d'alcool dont ils se sont tous sortis à temps, sans trop de dommages. Plusieurs ont connu des déboires amoureux, de pénibles divorces. Il y a eu entre eux des disputes, des conflits. Cela arrive encore parfois. Mais cela ne dure jamais longtemps. En 1987, Thérèse Dion elle-même a créé, au sein de la famille Dion, une sorte d'institution ou d'instance qui permet de dénouer les conflits. Elle avait convoqué une assemblée générale au cours de laquelle on avait décidé de tout se dire. À l'issue de ce premier sommet, tous s'étaient engagés à participer à ces assemblées chaque fois qu'un membre de la famille en ferait la demande.

Il y en a eu une au cours de l'été 2006, le jeudi 3 août, dans les bureaux de la Fondation Maman Dion, à Charlemagne ; Manon, qui avait décelé de la mauvaise humeur et de la rancœur dans divers recoins de l'univers familial, avait convoqué la fratrie. Les quatorze enfants étaient là. Presque tous avaient en main le texte écrit par leur mère près de vingt ans plus tôt, le jour de la première assemblée générale. Elle leur disait tout son amour, le bonheur qu'ils lui apportaient et la peine qu'elle éprouvait quand elle les sentait divisés.

Ils se sont dit leurs quatre vérités, pendant des heures, jusqu'à trouver une solution à chaque conflit. Il y a eu des pleurs, des rires et encore des pleurs. Puis ils ne voulaient plus se quitter. Le soir même, l'aînée Denise et la benjamine Céline décidaient de faire une surprise à leur mère, chez elle, à Sainte-Rose.

Ils se sont retrouvés devant chez elle, le lendemain soir, les quatorze, sans conjoints, sans enfants. Cette fois, ils avaient apporté des guitares, des violons, des accordéons... et le repas. Après souper, ils ont fait de la musique, ils ont chanté en chœur. Le ciel de Sainte-Rose était rempli d'éclairs qui se reflétaient dans la rivière des Mille-Isles, et le tonnerre parfois couvrait leurs voix. Puis il y a eu une panne de courant. La ceinture nord de Montréal et toutes les Basses-Laurentides ont été plongées dans le noir pendant des heures.

Les enfants Dion sont restés ensemble très tard, dans la pénombre que constellaient les flammes des chandelles et des bougies, se parlant tout doucement, admirant le grandiose spectacle du ciel électrique. Ils étaient bien, au chaud, ensemble. Ils se sont expliqués, tous, à tour de rôle. Ils ont dit à leur mère : « Ça nous fait toujours plaisir que tu partes avec Céline à Las Vegas, ou dans les Antilles, ou à Paris. Tu l'as bien mérité. Profites-en. » Et aussi : « On t'achalera plus avec nos disputes, promis. »

Elle a répondu : « Donnez-vous jamais la peine de me cacher quoi que ce soit. Si vous ne m'appelez plus, si vous ne m'achalez plus, si vous ne me dites plus ce qui se passe entre vous, je le saurai quand même, je vais toujours le voir. »

À cet instant précis, foi d'enfants de Thérèse Dion, quand elle a dit « je vais toujours le voir », la lumière est revenue. Et le bonheur est resté. Et il y a eu encore beaucoup de pleurs et de grandes émotions.

« Vous êtes mes amours et mon bonheur, a ajouté Thérèse. Je vous remercie, mes enfants, de m'avoir permis de grandir avec vous. »

Le bonheur est aujourd'hui l'un des grands thèmes des réflexions et des conversations que la maîtresse de céans entretient avec ses enfants et ses amis. Elle tient à le dire et à le répéter, comme un message qu'elle veut à tout prix transmettre à ceux qui l'entourent : la vie est belle, malgré les guerres qui ne cessent jamais et les peines qu'on se fait parfois les uns aux autres, et les blessures qu'on reçoit à tout bout de champ, et même si, en cours de route, on perd fatalement des êtres chers.

« La vie est belle et généreuse. Oubliez jamais ça, mes enfants. Il n'y a pas de plus beau voyage. »